国家社会科学基金艺术学项目"基于多元网络大数据的文旅融合成效评估研究（23BH149)"研究成果

大数据驱动的
文旅服务要素配置优化研究

胡　峰　金怡洁　伍丽彤　钦琪华　著

科 学 出 版 社

北　京

内 容 简 介

在信息科技的浪潮下，旅游业正经历着由数据引领的深刻转型。本书从游客体验与满意度的核心视角出发，深度挖掘服务要素配置的内在逻辑，揭示影响游客体验的三大关键维度（服务属性的重要性、表现性及其影响满意度的非对称性）的运作机理。本书提出一种基于大数据分析的高维旅游服务优化模型——非对称影响-情感-表现分析（AISPA）模型，为旅游服务的精细化管理提供全新视角和科学的工具。

本书既适合旅游研究领域的学者、旅游行业的资深从业者，又吸引着对大数据技术充满好奇的学生和对未来旅游体验有独到见解的探索者。对于渴望利用大数据提升服务质量的行业专家，以及寻找实操案例来指导业务发展的从业者，本书将带领他们在数据驱动的旅游新时代中发现无限可能，开启一场智慧旅游的创新之旅。

图书在版编目(CIP)数据

大数据驱动的文旅服务要素配置优化研究／胡峰等著 . -- 北京：科学出版社，2024. 10. -- ISBN 978-7-03-079759-9

Ⅰ. G124；F592.3

中国国家版本馆 CIP 数据核字第 2024ET1171 号

责任编辑：李晓娟／责任校对：樊雅琼
责任印制：徐晓晨／封面设计：无极书装

科 学 出 版 社 出版

北京东黄城根北街 16 号
邮政编码：100717
http://www.sciencep.com

北京中石油彩色印刷有限责任公司印刷
科学出版社发行　各地新华书店经销
*

2024 年 10 月第 一 版　开本：720×1000　1/16
2024 年 10 月第一次印刷　印张：13 1/2
字数：300 000

定价：168.00 元
（如有印装质量问题，我社负责调换）

前　言

在这信息爆炸的时代,数据如潮水般涌动,每次波澜都在悄然塑造着我们的世界。尤其在旅游业这片蓝海中,数据的力量正以前所未有的方式颠覆着行业生态,激发着服务创新的火花,点亮着体验升级的明灯。我们正置身于一个由数据编织的世界,每条数据线背后都隐藏着故事与价值的宝藏。尤其在旅游领域,数据的重要性如同日出东方,日益显赫。从游客的足迹追踪,到酒店的运营效率优化,再到目的地魅力的量化评估,大数据正以其独有的魔力,重塑着旅游业的生态链条,让每次旅行都更加智能、高效且充满惊喜。本书在这股时代洪流中应运而生,它不仅是对大数据与旅游服务深度融合的一次深刻洞察,更是引领未来旅游业迈向智能化、个性化新时代的导航图。

文旅服务的高质量发展,离不开精准的服务要素配置。学术界对此进行了深入探讨,从服务属性的重要性、表现性及其影响满意度的非对称性三个维度,挖掘服务要素配置的奥秘。

维度一:服务属性的重要性,聚焦于服务属性在顾客心目中所占的相对地位,即属性影响顾客的决策过程和总体满意度的权重。维度一回答哪些属性是影响顾客的关键因素。

维度二:服务属性的表现性,实际上是评估服务特性在执行层面的具体表现,即服务是否在实际操作层面满足顾客需要(或满足了多少)。维度二回答服务属性是否需要优化。

维度三:服务属性表现影响顾客满意度的非对称性,即服务属性的表现性是如何影响顾客满意度的(线性或非线性)。维度三回答服务属性如何优化。

基于这三个维度,研究人员在服务领域的学术探索与实践中,创立了一些著名的方法论工具和模型,特别是重要性-绩效分析(importance-performance analysis, IPA)法与 Kano 模型,对服务属性、顾客需求与满意度的深层次关系、资源优化配置进行了深入的探索,收获颇丰。

然而,这些经典研究也存在一定的局限性:研究视角狭窄,往往只从单一维度(重要性、表现性或非对称性)切入,难以提供全面、系统的优化指导(不能系统和全面地解答"哪些、是否、如何"三个问题);此外,传统研究方法多依赖于问卷调查,不仅费时费力,数据质量还受制于问卷设计的精细程度和参与者的态度。

本书创新性地提出基于大数据的文旅服务要素配置优化解决方案:挖掘旅行大数据细粒度知识,作为优化研究的坚实基石,解决数据偏差问题;将旅游产品/服务属性的重要性和表现性以及满意度的非对称性三者巧妙地融合于同一高维模型[非对称影响–情感–表现分析(asymmetric impact-sentiment-performance analysis,AISPA)]中,科学和全面地解答服务属性优化的"哪些、是否、如何"三个关键问题,构建起基于大数据的旅游体验综合评价及优化系统。通过系统分析属性在各维度上的变化规律,结合海量旅行数据,实现服务要素的精准优化配置,为文旅服务质量的全面提升铺就了一条新路。

本书第一部分(第1~2章),以生动的笔触描绘大数据时代旅游服务要素优化配置的全景图,阐述服务要素配置、服务质量与游客体验三者之间的内在联系,不仅剖析游客体验形成的理论根基与技术支撑,更深入浅出地展示大数据时代这一领域的最新动态与机遇挑战,为读者架设起一座通往未来的桥梁。

第二部分(第3~6章),专注于模型构建,不仅全面梳理现有的经典服务优化分析模型与方法,更重要的是,创造性地提出一套基于大数据的旅游服务要素优化配置模型(AISPA模型)。这一模型不仅弥合大数据时代服务优化理论与实践之间的鸿沟,更为旅游业带来前所未有的精准决策能力,让数据驱动的服务优化成为可能。

第三部分(第7~10章),则以酒店业为试验田,通过一系列鲜活的案例分析,将前两部分的理论与模型付诸实践。通过对真实游客评论大数据的深度挖掘,本书不仅提供具体的服务要素配置优化方案,更揭示大数据在提升客户体验、优化资源配置方面所蕴含的巨大潜能,为行业实践提供宝贵的参考与启示。

本书不仅是大数据驱动下的旅游服务要素配置研究专著,更是一本实用的旅游服务优化指南。无论你是深耕旅游服务的研究人员,是投身旅游行业的从业者,是对大数据技术充满热情的学习者,还是对未来旅游体验怀揣梦想的探索者,本书都将是你旅途中不可或缺的良师益友,引领你穿越数据的迷雾,发现旅游服务的新大陆。

作 者

2024 年 6 月

目 录

第1章 | 绪 论

1.1 研究背景与研究问题

1.1.1 研究背景

1. 旅游高质量发展要求旅游服务要素配置优化升级

旅游服务质量是衡量旅游高质量发展的重要指标之一，直接影响着游客的体验和满意度，进而关系到旅游业的整体形象和竞争力（宋瑞等，2024）。然而，在追求旅游高质量发展的道路上，旅游服务的质量方面仍存在一系列不容忽视的现实问题，其中人力资源短缺与技能不匹配、资金投入与收益不平衡、信息不对称与市场失灵、科技创新与应用不足等问题尤为突出，构成了制约行业进步的关键因素。

首先，人力资源短缺与技能不匹配的现象在旅游业中根深蒂固。尤其在旅游旺季，行业对专业人才的需求激增，但市场上却常常出现供不应求的局面。与此同时，现有从业人员的服务意识、专业技能和综合素质难以跟上高端旅游市场的发展步伐，这不仅限制了服务品质的提升，还阻碍了旅游业向更高层次迈进的步伐。因此，如何有效培养和吸引高素质的旅游人才，成为摆在行业面前的一道紧迫课题，需要通过教育、培训和激励机制的创新来解决。

其次，资金投入与收益不平衡是另一个棘手难题。旅游服务要素配置，无论是基础设施建设、市场营销还是技术创新，都需要大量资金的支撑。然而，在实际运营中，资金的投入与预期的收益往往难以达到理想的比例，尤其在偏远地区或小众旅游目的地，投资回报周期漫长，风险系数较高。这就要求行业管理者深入思考，如何在资金分配上做出更精细的规划，提高资金使用效率，确保经济效益与社会效益的双重丰收，实现资源的最优配置。

再次，信息不对称与市场失灵同样不容忽视。在旅游市场中，游客与旅游供应商之间的信息差异，容易滋生价格欺诈、虚假宣传等不良现象，损害顾客权益，破坏市场秩序。为此，构建一个公开透明的旅游信息平台，增强市场透明度，不仅是保障顾客权益的必要措施，还是促进公平竞争、维护市场健康的基石。

最后，科技创新与应用不足是旅游业迈向现代化的瓶颈。虽然科技在旅游业的应用日渐广泛，但从整体上看，科技创新和新技术的融合程度仍有待提高。特别是对于中小旅游企业和乡村旅游业而言，受制于资金和技术，数字化、智能化水平相对落后，难以适应现代旅游市场对高质量服务的迫切需求。因此，加大科技投入，推动旅游科技创新，不仅是提升服务质量和效率的必由之路，更是推动整个行业转型升级的关键所在。

面对人力资源、资金配置、市场信息和科技创新等方面的挑战，旅游业的高质量发展之路显得尤为关键。这些挑战不仅仅是旅游业内部结构的问题，它们还深深植根于行业发展的每个环节，从人才的培养到资金的有效配置，从市场的规范运作到科技的创新应用，无不考验着旅游业的智慧与韧性。正是在这样的背景下，近年来，中国政府深刻洞察旅游业发展的内在需求和外部环境的变化，相继发布了一系列重要政策文件，为旅游业的提质增效和旅游服务要素配置的优化升级提供了明确的方向和有力的政策支持。这些政策涵盖了从宏观战略规划到具体实施路径的全方位指导，不仅强调了人才培育、资金引导、市场规范的重要性，还突出了科技创新在推动旅游业高质量发展中的核心作用。

2021 年 5 月，文化和旅游部印发的《关于加强旅游服务质量监管提升旅游服务质量的指导意见》明确提出，加强旅游服务质量监管、提升旅游服务质量是推进旅游业供给侧结构性改革的主要载体，是旅游业现代治理体系和治理能力建设的重要内容，是促进旅游消费升级、满足人民群众多层次旅游消费需求的有效举措，是推动旅游业高质量发展的重要抓手。该文件以坚持质量第一为价值导向，以数字化创新驱动为理念引领，从落实旅游服务质量主体责任、培育优质旅游服务品牌、夯实旅游服务质量基础、加强旅游人才队伍建设、加快推进旅游信用体系建设和加强行业旅游服务质量监管六大方面共二十九条具体任务对旅游服务质量监管提升，为助推旅游业高质量发展作了详细而明确的要求。

2023 年 9 月，国务院办公厅印发的《关于释放旅游消费潜力推动旅游业高质量发展的若干措施》提出了一系列具体的工作措施。其中，加大优质旅游产品和服务供给、激发旅游消费需求、加强入境旅游工作、提升行业综合能力以及保障措施等方面，都强调了旅游服务要素配置优化升级的重要性。该文件明确指出，要推进文化和旅游深度融合发展，实施美好生活度假休闲工程，发展生态旅游产品，优化旅游基础设施投入，提升旅游管理和服务水平，改善旅游消费体验，建立完善以游客为中心的旅游服务质量评价体系，培育旅游服务质量品牌等，这些都是旅游服务质量提升和旅游服务要素配置优化升级的重要内容。

为贯彻落实上述政策文件精神，进一步释放旅游消费潜力，推动旅游业实现质的有效提升和量的合理增长，更好地满足广大人民群众多层次旅游消费需求，2023 年 11 月，文化和旅游部印发了《国内旅游提升计划（2023—2025 年）》。该计划强调了加强旅游基础设施建设、丰富优质旅游产品供给、优化旅游服务体验等方面的工作，为旅游服务要素配置优化升级提供了更加具体和可操作的指导。

综上所述，旅游高质量发展是新时代旅游业发展的必然趋势，对旅游服务质量、旅游服务属性配置不断提出新要求，以满足游客日益增长的多元化、个性化需求（厉新建等，2024）。因此，旅游业需要与时俱进，持续创新，不断提升旅游服务质量和要素配置水平，以期在新时代下为游客创造更优质、更有价值的旅游体验，推动我国旅游业走向更高层次的发展。

2. 信息化时代下，海量游客在线评论蕴藏巨大价值

随着信息化时代的蓬勃发展和互联网技术的广泛应用，中国网民数量呈现出惊人的增长态势。据统计，截至 2023 年 12 月，我国网民规模已高达 10.92 亿人，互联网普及率达到了 77.5%（中国互联网信息中心，2024）。这一庞大的网民群体，不仅在日常的社交、娱乐、学习等方面展现出了对互联网的深度依赖，更在旅游领域展现出了巨大的影响力，互联网已成为人们日常生活中的关键要素。

网络购物的兴起成为推动旅游在线评论增长的关键因素。产业研究院发布的《2024—2028 年中国网络购物市场前景预测及投资咨询报告》显示，网络购物已经成为人们生活中不可或缺的一部分，其中旅游产品的在线预订更是占据了重要地位。越来越多的游客选择通过网络平台预订机票、酒店和旅游线路，这种便捷性不仅提升了旅游服务的效率，还为游客在线评论的生成提供了土壤。具体而言，游客在体验旅游服务后，往往会通过网络平台分享自己的旅行体验，包括对酒店、景点、餐饮等各方面的评价。这些评论不仅反映了游客的真实感受，还为其他潜在游客提供了宝贵的参考信息。

以猫途鹰（Tripadvisor）和携程为代表的在线旅游平台，不仅成为连接全球旅行者与目的地的桥梁，更是海量游客在线评论大数据的集散地，这些数据蕴含着巨大的价值，正逐渐改变着旅游业的格局与未来。成立于 2000 年的 Tripadvisor 是全球最大的旅游评论网站之一，覆盖了全球数百万个酒店、餐厅、景点和航空公司，拥有超过 8 亿条用户评论和建议。这些评论不仅仅是简单的文字描述，它们还包含了旅行者的亲身体验、照片、视频以及详细的评分体系，为其他旅行者提供了全面且深入的目的地信息。Tripadvisor 通过数据分析能够精准洞察游客偏好、旅行趋势，甚至预测未来的热门目的地，为旅游业的决策提供强有力的数据支持。而携程作为中国领先的综合性旅游服务公司，不仅提供机票、酒店预订服务，还有旅游度假、商旅管理及旅游资讯等一系列服务。携程平台上积累了数以亿计的用户评价和反馈，这些大数据资源成为公司优化产品和服务的重要依据。通过对用户行为的深度分析，携程能够实现个性化推荐，提升用户体验，同时为企业战略调整、市场预测提供关键的数据支撑。

游客在线评论的积累，形成了海量的数据资源。这些评论数量庞大且蕴含着丰富的信息，包括游客的偏好、需求、满意度等。通过对这些海量评论的深入挖掘和分析，我们可以获取大量有价值的信息（徐君宜，2023）。例如，通过对评论中关键词的提取和频率分析，我们可以了解游客对某一旅游目的地的整体印象和主要关注点（Hu，2020）；通过对评论情感的判断和分析，我们可以评估游客对旅游服务的满意度和忠诚度；通过对评论中提及的问题和建议的整理和分析，我们可以发现旅游服务中的不足和潜在问题，为企业的改进和创新提供方向。

这些在文化和旅游活动中产生的各种数据集合被称为文旅大数据，包括但不限于游客的基本信息、旅行偏好、消费行为、在线评论、社交媒体互动、地理位置轨迹等多维度的数据。这些数据来源于各种线上平台（如旅游网站、社交媒体）、线下场景（如景区入口、酒店前台）以及移动设备（如智能手机、可穿戴设备）。通过深度学习算法和人工智能技术，文旅大数据被赋予了生命，实现了从数据到信息再到知识的转化，为文旅行业的决策者提供了前所未有的视角和工具（史达等，2020）。

在宏观层面，文旅大数据帮助政府部门和文旅企业洞察行业趋势，预测市场变化，制定科学合理的政策和战略。例如，通过分析历史旅游数据，可以预测节假日的旅游热点，指导景区的应急管理，避免过度拥挤带来的安全隐患；又如，利用文旅大数据分析游客来源地分布，可以精准地投放广告，吸引特定地区的潜在游客，提高营销效率。在微观层面，文旅大数据的应用则更加贴近游客的个性化需求。借助于人工智能和机器学习技术，文旅企业能够根据游客的历史行为和偏好，提供定制化的旅游建议，如推荐符合个人兴趣的景点、餐厅，或是规划最合适的旅行路线（Hu，2020）。此外，文旅大数据还能助力智慧景区建设，通过实时监测景区内的人流密度，智能调度交通和安保资源，确保游客的安全和便利。

文旅大数据的另一大贡献在于推动文旅资源的数字化转型。通过对文化遗产、自然景观等进行数字化记录和展示，不仅能够为游客提供沉浸式的虚拟旅游体验，还能有效地保护和传承珍贵的文化遗产。同时，数字技术的应用使得文旅资源的管理和利用更加高效，例如，通过建立数字档案，可以方便地进行资源检索和信息共享，促进文旅项目的创新与合作。可以看到，文旅大数据正以前所未有的方式影响着文旅行业的方方面面。它不仅提高了行业整体的智能化水平，还为游客创造了更加丰富、便捷和个性化的旅游体验。随着技术的不断进步和应用场景的持续拓展，文旅大数据的潜力和价值将得到进一步释放，引领文旅行业走向更加繁荣和可持续的未来。

总而言之，信息化时代下，海量游客在线评论蕴藏的巨大价值不容忽视。这些评论不仅反映了游客的真实需求和感受，还为旅游企业和目的地的发展提供了宝贵的市场反馈和推广资源，无论是对于提升游客体验、优化行业管理，还是激发行业创新，都有着不可估量的推动作用。因此，深入研究和分析这些在线评论，对于推动旅游业的持续健康发展具有重要意义。

3. 大数据挖掘技术在旅游业展现出巨大发展潜力

在 21 世纪初，随着互联网的迅猛发展和数字技术的广泛应用，人类社会开始进入一个数据爆炸的时代。在这个时代里，每时每刻都有海量的数据被创造出来，覆盖了从社交媒体、电子商务到科学研究、医疗健康等几乎所有的领域。这些数据的规模大、种类多、生成速度快，远远超出了传统数据处理技术和工具的能力范围，催生了一个全新的概念——大数据（Liu et al.，2017）。

大数据的概念最早可以追溯到 20 世纪 90 年代，当时的数据分析师和计算机科学家已经开始注意到数据量的快速增长。然而，直到 21 世纪初，随着互联网的普及和移动设备的兴起，数据的生成和存储达到了前所未有的规模，大数据才真正成为一个全球关注的焦点。大数据通常被描述为具有"3V"特征的数据集，即 volume（海量）、velocity（高速）和 variety（多样），后来这一概念被扩展为"4V"，增加了 value（价值）这一维度，强调了数据潜在的价值和重要性。

数据量的激增使得传统的数据处理方法已无法满足需求。此时，数据挖掘技术开始崭露头角，旨在从海量数据中发现有价值的信息和模式。最初的应用集中在学术研究领域，研究人员利用统计学、机器学习等方法，对大规模数据集进行分析，探索数据背后的规律和关联性。随着 Dean 和 Ghemawat（2008）分布式计算框架的出现，大数据挖掘技术迎来了快速发展期。这一时期，大数据挖掘技术开始走出实验室，走向实际应用。企业开始意识到大数据的价值，纷纷投入资源，利用大数据挖掘技术进行市场分析、客户行为预测、供应链优化等（Liu et al.，2017）。例如，零售行业通过分析购物记录，预测消费趋势，实现精准营销；金融机构利用大数据挖掘技术进行信贷风险评估，提高贷款审批效率。

进入 21 世纪第二个十年，大数据挖掘技术进入了成熟应用阶段。云计算、物联网、人工智能等技术的融合，进一步拓展了大数据挖掘技术的应用边界。大数据挖掘技术在医疗健康、城市规划、环境保护、教育科研等多个领域发挥着重要作用。在医疗健康领域，大数据挖掘技术用于疾病预测、药物研发，提高了诊疗效率和治疗效果；在智慧城市项目中，大数据挖掘技术助力交通管理、公共安全，提升了城市管理的智能化水平。

在信息化浪潮的推动下，大数据挖掘技术也逐渐拓展到旅游业，成为旅游业发展的重要引擎，展现出强大的发展潜力。通过对海量数据的深度分析和处理，大数据挖掘技术能够为旅游业提供精准的市场洞察、有效的服务优化以及创新的商业模式，从而推动整个行业的转型与升级（赵磊，2022）。

大数据挖掘技术在旅游业的应用，首先体现在对海量旅游数据的收集与处理上。旅游业涉及众多的信息点，包括游客的出行习惯、旅游偏好、消费能力等多方面。这些数据以往难以被有效整合和利用，但借助大数据挖掘技术，我们可以轻松地对这些数据进行收集、分析和处理，从而揭示隐藏在数据背后的规律和趋势。

大数据挖掘技术的应用，使得旅游服务属性的配置更加精准和高效。通过对游客数据的挖掘和分析，旅游企业可以更加准确地了解游客的需求和喜好，从而有针对性地提供个性化的旅游服务。例如，根据游客的历史行程和偏好，为其推荐合适的旅游线路、酒店和餐饮等，不仅可以提升游客的满意度，还能增加企业的收益（Hu，2020）。同时，大数据挖掘技术还可以帮助旅游企业预测市场趋势，提前调整服务属性的配置，以应对市场的变化。

大数据挖掘技术还能够优化旅游业的资源配置，提高整体运营效率。传统的旅游服务要素配置往往依赖于经验和直觉，缺乏科学的数据支持。而大数据挖掘技术的应用，使得资源配置更加科学和合理。通过对旅游资源的全面分析和比较，可以找出资源配置的短板和优势，进而提出优化方案。这不仅可以提高旅游资源的利用效率，还可以降低运营成本，提升整个行业的竞争力（Hu and Trivedi，2020）。

综上所述，大数据挖掘技术在旅游业展现出强大的发展潜力。它不仅能够提高旅游服务要素配置的精准性和高效性，还能够优化资源配置、推动创新发展。因此，深入研究大数据挖掘技术在旅游服务要素配置优化中的应用方法，对于提升旅游业的整体水平和竞争力具有重要意义。未来，随着大数据挖掘技术的不断发展和完善，相信其在旅游业的应用将会更加广泛和深入，为旅游业的持续健康发展注入新的活力。

1.1.2　研究问题

在大数据时代来临之前，传统研究方法，如抽样调查、问卷调研及实验设计等，一直是各领域研究的基石，扮演着举足轻重的角色。这些方法在特定的历史背景和研究场景下，无疑发挥了不可替代的作用，帮助我们理解世界、指导决策。然而，随着数据量呈指数级增长，以及业务环境复杂度的显著提升，传统研究方法的局限性逐渐暴露无遗，亟须我们重新审视（Liu et al.，2019）。

首先，样本代表性问题成为一大挑战。传统研究方法往往受限于有限的样本数据，这不仅限制了研究的广度和深度，而且样本的选取极易受到地域、时间、人群等多重因素的制约，使得研究结果难以全面、真实地反映整体情况。尤其在快速变化的市场环境中，样本数据的时效性和代表性问题突出，难以准确捕捉瞬息万变的市场脉搏（Liu et al.，2017）。

其次，数据获取与处理的难度不容忽视。传统研究方法下的数据收集过程耗时且成本高昂，特别是当研究跨越不同领域和地区时，这一问题更加凸显。加之数据格式的多样性和复杂性，数据清洗和预处理工作变得异常繁重，严重阻碍了研究的进展速度和执行效率。

再次，分析精度与深度的局限性成为瓶颈。受限于数据量和处理能力，传统研究方法在处理复杂关系、识别深层模式方面显得力不从心。面对高度非线性、高维或多变量的数据关系，传统统计模型往往捉襟见肘，难以精准捕捉数据间的内在联系，进而影响分析结果的解释力和预测能力。

最后，应对不确定性与动态环境的能力不足也是传统研究方法的一大软肋。在日新月异的市场环境下，传统研究方法往往难以实现数据的实时更新与模型的灵活调整，以适应不断变化的现实情况。这种滞后性不仅削弱了研究的实际应用价值，还限制了其为决策提供强有力支持的能力。

虽然传统研究方法在过去发挥了不可或缺的作用，但在大数据时代，其固有的局限性日益凸显，迫切需要新型研究方法和技术的介入，以克服现有挑战，释放数据的真正价值。面对传统研究方法的局限性，大数据挖掘技术应运而生，为服务质量优化、资源配置优化提供了全新的解决方案。

随着在线旅游平台的广泛应用，游客可以自由地在线分享他们的旅游经历及体验，反映出游客对旅行吸引物的具体意见（Wang et al.，2018；Jin et al.，2016）。在线旅游平台上的用户生成内容（user generated content，UGC）正在逐渐取代传统的市场渠道，帮助旅游经营管理者了解游客行为及体验，并辅助其制定经营管理决策。UGC 大数据挖掘可以分析来自在线平台的游客自主反馈的信息，从而形成基于游客导向的、无偏见的、具有细颗粒度特征的科学见解。通过挖掘在线旅游平台上的 UGC 来研究游客的期望、感知及满意度已成为近年来的热点方向。

在旅游业蓬勃发展的今天，游客对于旅游服务的需求和期望日益多元化和个性化。识别并深入理解游客所关注的旅游服务属性，动态掌握这些属性的重要性、表现性和对游客满意度的影响程度和范围，是旅游企业和研究者亟待解决的问题。从宏观背景来看，随着旅游市场的不断扩大和竞争的加剧，旅游企业为了吸引和留住游客，必须不断提升服务质量，满足游客的多样化需求。同时，信息技术的快速发展，特别是大数据和人工智能技术的应用，为旅游企业提供了更加精准和高效的服务手段。因此，基于大数据驱动的旅游服务要素配置优化研究具有重要的时代价值和现实意义。本书重点关注的研究问题具体如下。

1. 如何基于大数据鉴别旅游服务的关键属性

基于游客大数据的旅游服务属性提取和分类是研究问题之一，即了解游客关注哪些旅游服务属性。旅游服务属性通常包括但不限于以下几方面：服务质量、价格水平、景点特色、交通便利性、住宿条件、餐饮体验等。通过对游客大数据的挖掘和分析，旅游经营管理者可以有效地提取出游客关注的旅游服务属性（Liu et al., 2017）。对这些属性进行分类和归纳也是至关重要的。旅游服务属性分类则可以帮助旅游企业更好地理解游客需求的层次和结构，为旅游企业提供更精准的服务策略。例如，旅游服务属性可以分为基础性属性和增值性属性，前者是游客旅游过程中必须满足的基本需求，后者则是提升游客体验的关键因素。

2. 如何基于大数据测度游客对旅游服务的感知

游客对这些属性的表现有何看法（表现性）？这些属性对影响游客体验及满意度是否重要（重要性）？这些属性又是如何影响游客满意度的（影响程度及范围）？在大数据时代，游客的在线评论、社交媒体分享等信息构成了海量的数据资源，这些数据为我们深入了解游客对旅游服务属性的看法提供了可能。通过细粒度情感分析，我们可以精确地把握游客对于各个服务属性的情感倾向，如对于景点景观的满意度、对于酒店服务的评价等。这种深入的情感分析有助于我们更准确地识别游客的需求和痛点，进而为旅游企业提供有针对性的改进建议。

与此同时，游客在去往某一旅游景点或享受某一旅游服务之前，往往对旅游服务各项属性抱有希望和期待，也就是游客认为某个产品或服务在体验过程中的重要程度（韩春鲜，2015；赵春艳和陈美爱，2019）。例如，一些游客认为服务质量和景点特色很重要，而另一些游客则可能认为价格水平和交通便利性更为重要。深入了解游客对各项旅游服务属性的重要性水平，可以更好地帮助旅游经营管理者在资源有限的情况下科学有效地进行资源配置，进而节省成本又赢得游客的赞赏，实现"双赢"。

另外，旅游服务属性对游客总体满意度的影响，通常涉及一个复杂的交互过程。不同的服务属性可能以不同的方式影响游客的满意度。例如，服务质量的提升可能直接增加游客的满意度，而价格水平的合理性则可能通过影响游客的感知价值间接影响满意度。此外，这些属性之间也可能存在相互作用，共同影响着游客的满意度。因此，有必要进行深入研究和分析，揭示旅游服务属性与满意度之间的复杂关系。

3. 如何基于大数据优化要素配置提升服务质量

基于大数据的服务优化研究的模型构建是研究问题之三。基于游客在线评论细粒度情感分析和现有旅游服务优化模型，本书将旅游服务属性的重要性、表现性及其影响满意度的非对称性三大维度整合于一个高维模型。重要性维度反映了游客对不同服务属性的关注程度；表现性维度则描述了游客对各个服务属性实际表现的评价；而影响满意度的非对称性则体现了不同服务属性在影响满意度时可能存在的差异。该模型能够更加全面和深入地理解旅游服务的内在机制，为旅游企业的资源配置和服务优化提供有力支持。

1.2　研究内容与意义

1.2.1　研究内容

本书按照"明确研究问题—相关概念界定、理论模型介绍—提出大数据分析方法—构建高维旅游服务优化模型—实际案例分析"的总体研究思路，基于旅游大数据开展"问题（旅游体验–服务优化）←→数据（情绪表达–旅游体验）"双向路径的旅游行为洞察及服务要素配置优化研究。具体研究内容涉及理论基础、分析方法、模型构建和应用案例四方面，具体内容如下。

1. 游客满意度及旅游服务优化相关理论及模型研究

明晰旅游服务相关概念，深入梳理相关理论发展脉络，剖析主要方法与模型，并了解现有实践应用成果，无疑是构建旅游服务要素配置优化研究框架的坚实基础。本书针对旅游服务与满意度的相关机理及模型，进行详尽而深入的探讨。在概念界定方面，准确定义服务要素、服务属性、属性表现性、属性重要性、游客满意度、属性表现对满意度的影响程度等核心概念，明确旅游大数据的概念、特征和类型的界定，并探索旅游大数据与旅游服务优化之间的内在关联。在理论模型梳理方面，系统梳理传统的服务优化理论、模型和方法，如重要性–绩效分析（IPA）模型、Kano 模型、Vavra 重要性网格模型等，并比较和评述每个模型的适用场景和优缺点，为后续研究及实际应用提供重要依据和有益参考。

2. 基于旅游大数据的游客体验细粒度信息挖掘

1）旅游大数据的采集和预处理

从各大旅游网站、社交媒体平台、论坛以及 APP 评论区等广泛而多元的数据源中，运用网络爬虫技术或应用程序编程（API）接口获取海量的旅游相关在线评论数据。这些评论包含了大量的非结构化文本信息，如旅客对景点、酒店、餐饮、交通等各种旅游服务属性的真实反馈和情感表达（Liu et al.，2017）。除此之外，也可以从航空公司、旅行社、信用卡消费记录中获取交易数据，这些数据能够反映出游客的购买行为和消费习惯。在采集到原始数据后，通常需要对原始数据进行清洗和预处理，具体包括去除无关信息如超文本标记语言（HTML）标签、停用词、重复词，对文本进行分词处理，并对用户身份识别码（ID）、时间戳、地理位置等元数据进行整理和结构化等操作，以便后续分析。

2）旅游服务属性及其属性的提取

旅游服务属性及其属性的提取是一个至关重要的环节，它帮助我们深入理解顾客的需求、喜好和痛点，从而推动旅游产品的改进和服务质量的提升。首先，借助自然语言处理（natural language processing，NLP）的文本预处理技术，对海量的旅游在线评论进行标准化处理，包括但不限于去噪、分词、词干提取、同义词归一化等，确保数据准确无误地反映游客的实际感受。其次，运用实体和概念抽取技术，从非结构化的文本数据中精确识别出与旅游服务紧密相关的各类要素及其属性（Hu et al.，2024）。例如，通过对评论内容进行关键词抽取和命名实体识别（named entity recognition，NER）可以确定游客提及的具体服务项目，如餐厅的食物质量、酒店房间的舒适程度、周边环境的便捷性（如靠近市中心或景点）、客房服务的速度和质量、交通状况，以及工作人员的服务态度等。

接下来，利用机器学习算法来发现隐藏在评论背后的深层次规律和模式。例如，通过聚类分析，可以将评论划分为多个类别，每类代表一种特定的服务特征组合，如"高品质餐饮+优越地理位置"或"舒适房间+优质客户服务"，这样可以帮助企业快速定位到哪些服务特征组合最受客户青睐或者最需改进。另外，关联规则挖掘也是常用的方法之一，它可以揭示不同服务属性之间的关联关系，如"顾客在提到高性价比的同时，往往也会强调早餐的丰富多样"，这种关联有助于指导旅行社或酒店管理者制定更有针对性的产品优化方案和营销策略。

3）基于游客在线评论的细粒度情感分析

高效准确地提取旅行 UGC 中的旅游吸引物关键信息，能够为研究提供详尽的数据支撑（Hu et al.，2024）。但单纯对旅客评论语句进行主题挖掘及情感极性判断，并不能提供有效的信息。同一句旅客评论中可能包含对多个对象的多个观点，如"这家酒店位置较偏，不过服务态度好，装修也很豪华"。因此需要进一步确定情感词描述的对象，得到<位置，较偏，消极>、<服务，好，积极>、<装修，豪华，积极>的具体结果，即方面级观点分析（aspect- based sentiment analysis）。方面级观点分析能够从旅客评论中抽取属性级的评论对象、评论范畴以及情感极性。然而，不同的旅游产品评论涉及的产品/服务属性差异较大，传统的有监督方面级观点分析的数据标注过程极为烦琐，为不同类型的旅客评论建立规范标注语料库将耗费大量的资源，依赖于标注数据集的有监督方法将很难应用于缺乏标注语料的评论领域。此外，传统的方面级观点分析结果缺乏可读性，即很难将聚类结果与原文（其他研究变量）联系起来。因此，在实际应用中方面级观点分析结果很难被用于更深层次的统计分析。

本书通过设计"可索引的无监督方面级观点分析方案"解决在线旅游平台上的 UGC 中信息准确、高效提取及索引的问题。该方案需要实现三个功能：方面级观点分析，即提取 UGC 讨论的范畴、范畴对象以及游客对该对象的情感极性；无监督，即无须耗费大量资源为不同类型 UGC 构建训练集；可索引，即方面级观点分析结果可以追索到 UGC 原文（对应原文其他变量）。

3. 基于大数据的服务优化研究模型

传统服务优化理论模型在实践应用中展现出了一定的价值，但随着行业的发展和顾客需求的变化，这些模型逐渐暴露出局限性。以 IPA 模型为例，该方法着重探讨服务属性的表现性与其重要性之间的关系，但仅局限于简单的线性关联假设，忽视了现实中服务属性间可能存在复杂的交互效应和非对称影响。例如，某些服务属性即便表现优秀，但如果顾客并不认为其特别重要，也可能无法显著提升满意度；反之，某些看似表现一般的服务属性，由于顾客极其看重，反而可能成为决定满意度的关键因素（Mikulić and Prebežac，2012a；Chu and Choi，2000）。Kano 模型虽然在一定程度上弥补了 IPA 模型的不足，强调了服务属性性能与顾客总体满意度之间的非线性关系，但它侧重于分类服务属性，并未直接提供量化的改进路径和优先级排序（Albayrak et al.，2016），导致企业在面对如何具体优化服务以提升满意度时仍面临挑战。

鉴于此，构建一个全新的、高维的旅游服务优化模型显得尤为必要。这一模型旨在整合并超越既有理论框架，综合考虑旅游服务的三个核心维度：服务属性的表现性，即实际服务质量；服务属性的重要性，即顾客需求权重；以及服务属性对满意度影响的非对称性，即不同的服务改进措施可能会产生不同程度的满意度提升效果。该模型致力于探索旅游服务属性在满足基本需求、创造惊喜体验以及防止负面感知等方面的动态变化，力求通过多角度、多层次的分析，提炼出更为精准、更具针对性的服务优化策略，并进一步量化服务属性间的相互作用关系，明确改进优先级，在资源有限的前提下，为企业科学合理地提升旅游服务质量和顾客满意度提供有力的理论依据和实施工具。

4. 旅游业实际应用案例分析

为了检验基于游客在线评论的旅游行为及体验细粒度信息挖掘分析方法和高维旅游服务优化模型的可行性、有效性和实用性，本书选取中国酒店业为研究对象，以精心挑选的位于全国十大热门旅游城市的三大代表性豪华酒店品牌——香格里拉、皇冠假日和希尔顿酒店的在线游客评论数据为例。作者研究团队通过先进的网络爬虫技术和数据抓取技术，系统地采集上述酒店在过去一段时间内的大量在线评论数据。这些评论包含游客对酒店服务、设施、环境、地理位置等多个维度的细致评价，真实地反映游客的入住体验和满意度。

在数据获取的基础上，作者研究团队运用自然语言处理技术，对评论文本进行深度的细粒度信息挖掘。首先，通过文本预处理和关键词抽取，识别出评论中涉及的各类酒店服务属性，如客房清洁度、餐饮质量、员工服务态度、设施完善度等。其次，采用情感分析技术对每条评论进行情感极性判断，分析游客对各项服务属性的情感反应，区分出正面、负面和中立意见。

在此基础上，将数据结果载入高维旅游服务优化模型中进行深入分析，以得到细致的服务属性配置优化策略。具体来说，首先对海量的酒店在线评论数据进行深度解析和整合，将其中蕴含的服务属性表现性、重要性指标以及顾客情感反馈等信息转化为高维旅游服务优化模型可识别的数据形式。其次通过高性能计算和复杂数据分析技术将这些数据载入高维旅游服务优化模型中进行精细建模和运算。经过高维旅游服务优化模型的深度学习和智能分析，可以精准地辨识出各个服务属性对酒店整体顾客满意度产生的非对称性影响，以及各种服务属性之间的相互作用关系。由此，高维旅游服务优化模型能够为酒店经营者提供一份具有针对性的服务优化方向清单，并按照优先级进行科学排序，确保改进策略的高效落地执行，从而为提升酒店服务品质、满足顾客差异化需求提供务实且行之有效的解决方案。

总而言之，通过对实际案例的深入剖析，本书成功地验证了基于在线评论的旅游行为及体验细粒度信息挖掘方法的有效性和实用性。研究成果不仅揭示了游客需求的多元化和个性化特点，还展示了高维旅游服务优化模型在指导酒店企业提升服务质量、优化服务属性配置、增强顾客满意度等方面的巨大潜力。

1.2.2　研究意义

1. 理论意义

本书的理论/模型梳理和总结对顾客满意度、服务优化研究具有重要的参考意义。以往研究多运用单一模型对产品或服务的满意度进行分析，然而，不同的模型有不同的侧重点，采用单一模型只能获得内在的部分价值。例如，IPA 模型专注于根据服务属性的性能与顾客满意度对称相关的假设来得到服务改进策略，却忽略了两者之间可能存在的非对称性影响。反之，Kano 模型强调探索服务属性性能、重要性和顾客满意度之间的非对称性，但在制定可行的服务实现策略方面存在不足。由于不同的模型各有其侧重点，通过不同模型分析获取的结论也不尽相同。本书系统全面地整理和分析现有服务属性与满意度研究领域内的主要理论模型，详细介绍每种模型的功能特点和适用场景，并总结和分析各自的优缺点。这对于未来研究人员根据自身需求选择科学适用的模型，获取客观有效的研究发现有极大的帮助。

本书所构建的新模型，对于大数据时代顾客满意度、服务优化研究具有理论指导意义。本书基于旅游大数据，从更客观、更全面的顾客视角提出了一个新的高维旅游服务优化模型。该模型集成服务重要性、表现性及其影响满意度的非对称性三大维度，并充分考虑组织资源有限，将服务属性分为 12 类，构建一个大数据驱动的旅游体验评估和旅游服务优化系统，更准确地解释服务属性对旅游体验的影响，提供更具体、更详细、更深入的服务提升和资源配置建议。

2. 方法意义

本书对于基于游客在线评论挖掘和理解旅游服务属性重要性、表现性和非对称性影响机制，完善和发展基于情感分析等技术的旅游服务属性分类及要素配置优化方法具有重要意义。虽然已有学者对旅游服务属性分类、旅游体验影响因素和要素配置优化等进行了探讨，且取得了一定成果，但大多数研究仍局限于有限的分析维度，难以提供全面且系统的优化方向。传统研究多依赖于问卷调查数据，而这种方法耗时耗财，且结果的可靠性受问卷设计和调查对象响应度的影响。随着互联网通信技术的发展，大量的在线评论充斥互联网，提供了关于服务的直接反馈，包括顾客的情感、意见和建议。这些在线评论不仅是用户自发生成的，全天候公开在线，拥有丰富的信息量，而且收集成本较低，便于企业监控和管理，这无疑为研究提供了新的数据源。

基于旅游大数据挖掘，本书创新性地引入了惩罚-奖励-对比分析（penalty-reward-contrast analysis，PRCA）方法以精准捕捉性能极高或极低的属性对顾客满意度和不满意度的影响程度。与此同时，本书利用游客在线评论内容中完全积极和完全消极的句子来匹配传统 PRCA 中极高和极低的属性性能。这种方法的运用极大地提升了游客在线评论情感分析的精准度。它使旅游企业能够更准确地把握游客的真实感受，并为其提供有力的决策依据。同时，它有利于完善和发展基于情感分析等技术的旅游服务属性分类和要素配置优化的方法体系。

3. 实践意义

本书的研究发现对于推动旅游研究与实践的深度融合，提升旅游业的整体服务水平，促进旅游业高质量发展，具有重要的参考意义。本书对旅游研究者、旅游企业等主体，辨识和归纳旅游服务属性，洞察和解决旅游服务质量提升，优化资源要素配置，提升游客旅游服务体验具有现实意义。

本书介绍数据采集和观点挖掘的方法，探讨如何基于游客在线评论对旅游服务属性进行识别和分类，例如，通过对海量游客在线评论的深度分析，可以有效地识别出旅游服务的各类属性，如服务质量、价格水平、景点特色等。情感分析技术的引入，则使得我们能够通过大数据手段捕捉和测度游客对不同服务属性的情感态度和倾向，进而揭示旅游服务属性的重要性、表现性和对游客满意度的非对称性影响。本书基于游客在线评论和现有服务属性满意度模型，构建了一个高维旅游服务优化模型，并通过实际案例验证基于游客在线评论旅游服务属性提取、服务属性多维评价方法和高维旅游服务优化模型的可行性、有效性和实用性。通过该模型，可以提出一系列针对性强、切实可行的服务属性配置优化方法和改进策略。这些宝贵的见解能够帮助旅游企业更精准地把握游客需求，优化服务流程，提升服务质量，从而在激烈的市场竞争中脱颖而出。

第 2 章 理 论 基 础

2.1 核 心 概 念

2.1.1 服务要素与属性

1. 服务属性

1) 概念

服务属性作为市场营销与服务质量管理中的核心概念，承载着满足顾客需求与提升顾客体验的重任。国内外许多学者的研究揭示了服务属性的多样性和复杂性，从不同的视角对其进行了界定和分类。一些学者认为服务属性是能够使顾客通过购买和使用服务或产品而满足其某些需求的特性。该定义强调了服务属性的根本目的是满足顾客期望，从而提升其满意度和忠诚度。另一些学者则认为服务属性是指构成服务本质特征、决定服务性能与价值的一系列内在特质或条件，既包含反映服务本质特性的内在属性，又包括体现市场形态与顾客体验的外在表现。尽管学者对服务属性的具体定义存在一定的差异，核心理念却高度一致，即服务属性指的是那些构成服务本质，或是附加于服务之上的特征、特质或特点（Hu，2020）。

2) 分类

根据服务属性的呈现形式，Jacoby 等（1971）将服务属性划分为内在属性与外在属性。内在属性被视为服务或产品的本质构成部分，它们与服务的核心功能，如产品质量、性能、耐用性等直接相关，在不改变产品本质的情况下保持相对稳定。相比之下，外在属性则是非内在组成部分但与服务紧密关联的一系列特性，如品牌、包装、广告、价格、售后服务等，这些属性往往更具可塑性和易变性，企业可通过营销策略对其进行调整以适应市场变化和顾客偏好。

受"双因素理论"的启发，日本著名的质量管理专家狩野纪昭（Noriaki Kano）在 1984 年构建了 Kano 模型，将服务属性分为五类，分别是魅力属性、期望属性、必备属性、无差异属性和反向属性（Kano，1984）。魅力属性是超出顾客预期，带来惊喜，显著提升满意度，如酒店提供的个性化欢迎礼物或智能客房控制系统；期望属性是顾客明确要求且与满意度正相关的服务属性，如餐馆的菜品质量、上菜速度；必备属性是顾客认为理所应当存在的，缺失会导致其强烈不满，如零售店的商品完好无损、价格标注清晰；无差异属性是无论提供与否，顾客满意度不受影响，如超市购物时附赠的无关紧要的小礼品；反向属性是某些情况下提供反而引起顾客不满，如餐厅主动提供顾客并不喜欢的食物替代品。

基于期望确认理论（expectation confirmation theory，ECT），也有研究者将服务属性划分为实用属性与享乐属性两大类（Brakus et al.，2009）。实用属性主要关注服务或产品在实现顾客功能性、功利性目标方面的效用，通常与满足基本生活需求、提高效率、解决问题等实用价值紧密相连（Lehdonvirta，2009）。享乐属性则更侧重于服务或产品带给顾客的情感体验、心理满足以及娱乐享受，它关乎个体的感觉、情绪、审美等主观感受，与愉悦、兴奋、新奇、独特等心理状态密切相关（Brakus et al.，2009）。

2. 服务要素

1）概念

服务要素作为构建优质服务的核心组成部分，涵盖了从实体设施到无形服务、从流程管理到员工素质等一系列能够满足顾客多元化需求的基本单元。在精心设计或持续改进服务的过程中，服务要素可以拆解和细化为多个具体的服务属性，以确保服务的全面性、精准性和高效性。服务要素和服务属性之间的关系是包含与被包含的关系，即服务要素包含多个服务属性。此外，服务要素也是服务的基础构建块，而服务属性是对这些要素质量和效果的评估。服务要素与服务属性之间的关系如图 2-1 所示。

顾客对服务的整体满意度是由服务属性决定的，而这些属性又直接依赖于服务要素的有效管理和执行。例如，一家餐厅的核心服务是提供食物，辅助服务可能包括酒水和甜点，支持性设施包括餐厅的装修和卫生条件。而顾客对服务的评价，则会基于食物的味道（功能性属性）、服务速度和礼貌（过程和人员属性）、

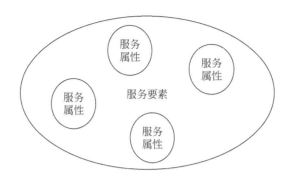

图 2-1　服务要素与服务属性之间的关系

餐厅的环境和氛围（物理属性）等。简而言之，服务要素是服务的实际构成，而服务属性则是顾客对这些构成要素的感知和评价。两者相互作用，共同决定服务的质量和顾客的体验。

2）分类

服务要素的分类可以从不同的角度来划分，但一个常见的分类方法是将其分为四大类：服务设施、服务内容、服务流程、服务人员。

（1）服务设施：这一服务要素涵盖了提供服务所需的硬件环境，如优雅舒适的就餐环境、便捷高效的交通接驳设施、科技感十足的信息交互设备等。它们不仅是服务得以开展的基础条件，还是塑造品牌形象、营造服务氛围的重要载体。对于"餐饮"服务而言，服务设施可能包括整洁明亮的餐厅布局、现代化的厨房设备、温馨雅致的餐具摆设等。

（2）服务内容：指企业向顾客提供的实质性产品或活动，如丰富的菜品选择、专业的健身课程、个性化的旅游线路等。以"餐饮"为例，其服务内容可以细分为"午饭"、"自助餐"和"特色早餐"等多种形式，以满足不同时段、不同口味偏好的顾客需求。

（3）服务流程：指服务实施过程中的操作步骤和互动模式，它决定了服务的顺畅程度和效率。合理的服务流程应确保顾客能轻松获取所需服务，避免冗余环节带来的困扰。例如，餐饮服务中，从顾客入座、点餐、上菜、结账到离店的整个过程，应设计得简洁明了，尽量减少顾客的等待时间，提升其用餐体验。

（4）服务人员：具体包括服务人员的态度和技能等方面，也是服务要素中的重要部分，直接关乎服务质量与顾客满意度。服务人员不仅要具备专业技能，如厨师的烹饪技艺、服务员的接待礼仪，还要具备良好的沟通能力、问题解决能力及同理心，能够敏锐洞察并及时响应顾客需求，提供超越期待的服务。

值得注意的是，服务要素不仅包含那些可以直接度量的属性，如服务设施的新旧程度、服务内容的种类数量、服务流程的耗时长短等，还涵盖了许多难以量化却对顾客体验至关重要的属性。例如，员工的服务态度、企业的文化氛围、品牌的社会责任感等，这些"软性"服务属性虽难以用数据精确衡量，但对塑造顾客感知、建立品牌忠诚度有着深远影响。

此外，服务要素之间并非孤立存在的，而是存在着显著的互换性和替代关系。在某些情况下，通过强化某一要素的表现，可以弥补其他要素的不足，实现整体服务质量的提升。例如，虽然餐厅地理位置稍显偏远，但如果其提供的特色菜品极具吸引力，或者服务流程设计得极为人性化，仍有可能赢得顾客的青睐。反之，如果某项服务要素过于薄弱，即使其他要素表现优秀，也可能导致整体服务效果大打折扣。

综上所述，服务要素的优化配置是提升服务易用性和效率的关键举措，它能够为用户提供更为贴心、便捷、满意的服务体验，进而增强用户黏性，提高客户忠诚度和满意度，助力企业在激烈的市场竞争中脱颖而出。因此，企业经营管理者应该深入理解并灵活运用服务要素理论，持续关注各要素的发展变化，动态调整服务策略，以满足顾客日益增长的个性化、多元化需求。

2.1.2 服务属性表现性

服务属性的表现性是对顾客对服务具体特征或方面的满意程度的衡量（Hu and Trivedi，2020）。这一概念根植于 Taplin（2012）的定义，强调了顾客体验的核心——即服务如何在实际操作层面满足甚至超越顾客的期望。服务属性表现性作为衡量顾客满意度的核心维度，其内涵丰富且影响深远。它超越了简单的满意与否的二元判断，涵盖了顾客对服务细节全方位、多维度的感受与评价。在实际应用中，服务属性表现性犹如一面镜子，真实映射出服务供给与顾客需求之间的契合度，是连接服务提供者与顾客情感和理性的桥梁。深入探究，服务属性表现性不仅体现在有形的服务结果上，如产品质量、环境布置，还深深嵌入无形的服务过程中，包括员工的态度、沟通技巧、问题解决能力等。例如，在高端零售环境中，商品的展示布局（有形属性）与销售人员的专业建议及个性化服务（无形属性）共同构成了顾客体验的双重基石。每个细节的表现都直接关联到顾客对品牌的印象和忠诚度构建。

此外，服务属性表现性与顾客的期望管理紧密相关。服务提供者的承诺与实际提供的服务质量之间的差距直接决定了顾客满意度的高低。当服务的实际表现超越顾客预期时，这种正向偏差会激发顾客的惊喜感和高度满意，促使口碑传播和重复购买行为。相反，未达预期的表现则会导致顾客失望，损害品牌形象。值得注意的是，服务属性表现性的评价具有动态性和情境性。顾客的背景、文化差异、当时心情乃至社交环境的变化都会影响他们对同一服务属性表现的感受和评价。因此，服务提供者需具备高度的敏感性和灵活性，持续调整服务策略以适应不断变化的顾客需求和偏好。

总而言之，服务属性表现性是服务质量的直接反映，它通过多维度、多层次的触点与顾客建立联系，深刻影响着顾客的感知价值和行为反应。对服务提供者而言，持续优化服务属性的表现性，意味着不仅要关注服务的实质内容，还要深入理解顾客心理，创造超越期待的服务体验，以此成为在激烈市场竞争中脱颖而出的关键。

2.1.3 服务属性重要性

服务属性重要性聚焦于服务属性在顾客心目中所占的相对地位，即哪些属性最能影响顾客的决策过程和总体满意度。服务属性重要性评估不仅仅关乎单一属性的绝对价值，而是更深层次地探讨了服务属性之间如何相互作用，以及在顾客价值体系中各服务属性的权重分配。服务属性重要性反映了顾客认为哪些服务属性是不可或缺的，哪些服务属性是可以妥协的（Hu and Trivedi，2020）。

确定服务属性重要性的过程往往更为复杂，因为它触及了顾客内在需求的多样性和个体差异。直接方法如问卷调查收集顾客反馈，虽然实施简便快捷，但可能因顾客对当前服务属性表现性的认知偏差而受到影响。相比之下，利用间接方法如统计模型或机器学习技术从大量数据中挖掘模式，可以较为客观地揭示哪些服务属性对顾客满意度的提升贡献最大。例如，通过多元回归分析，研究者可以量化分析在控制其他变量的情况下，单一服务属性变化对顾客总体满意度的影响程度，从而准确识别出关键属性（Hu et al.，2019）。

服务属性重要性评估的意义在于指导服务提供者如何高效配置资源（Hu

et al., 2024）。了解哪些服务属性被顾客视为最重要，可以帮助企业集中资源于那些对提升顾客满意度和忠诚度最为关键的领域，避免在次要服务属性上过度投资。此外，随着市场环境和顾客偏好的演变，持续评估服务属性的重要性有助于企业保持服务的竞争力和适应性。

2.1.4 顾客满意度

顾客满意度作为衡量顾客对其购买或使用的产品、服务与自身期望值之间契合程度的心理感受的关键指标，它深刻反映了顾客对其购买或使用的产品、服务与自身期望值之间契合程度的心理感受。顾客满意度的研究起源于 20 世纪 60 年代，随着知识经济时代的来临，企业从关注产品转向关注顾客，国家也开始关注经济产出的效率与质量，顾客满意度作为衡量产出质量的重要顾客导向指标应运而生。

顾客满意度的定义可概括为：顾客在消费过程中，基于对产品或服务实际感知效果与其预先设定的期望值进行比较，所形成的对整体消费体验的主观评价（Oliver，2010；梁燕，2007）。这一评价涵盖了顾客对产品性能、服务质量、价值感知、情感共鸣等多个维度的综合判断，表现为满意、不满意或介于两者之间的不同程度。顾客满意度不仅是个体对单次交易结果的即时反应，更是其与企业长期关系建立与维护的关键因素。满意的顾客更可能成为品牌的忠诚拥趸，通过口碑传播、复购行为和品牌忠诚度提升企业的市场份额与盈利能力。相反，不满意的顾客可能会转向竞争对手，导致企业失去市场份额和潜在收入，甚至引发负面口碑效应。因此，顾客满意度不仅是企业服务质量的直接反馈，更是企业市场竞争力和长期盈利潜力的重要标志。

顾客满意度的形成受到多种因素的影响。首先，顾客期望在满意度形成过程中起着决定性的作用。顾客期望既来源于个体过去的消费经验，又受到企业营销沟通、口碑传播以及顾客自身需求和偏好等多种因素塑造。实际感知效果则是顾客对产品或服务实际表现的认知，包括产品质量、服务流程、员工态度、环境氛围等多方面。顾客将实际感知效果与期望进行比较，若实际感知效果超过或符合期望，顾客将产生满意感；若实际感知效果未能达到期望，顾客则会感到不满。

顾客满意度的评价还涉及价值感知。价值感知是指顾客对所获得的产品或服务相对于付出的成本（如金钱、时间、精力等）所感知到的效用。若顾客感知到获取的价值超过了成本，他们更可能感到满意；反之，若顾客感知到的成本过高或价值过低，顾客满意度将下降。此外，情感共鸣也是影响顾客满意度的重要因素。顾客与企业或品牌之间的情感连接，如信任、喜爱、归属感等，可以显著提升顾客满意度，增强其对品牌的忠诚度。

顾客满意度的测量与管理是现代企业营销策略的核心环节。企业通常通过问卷调查、社交媒体监测、顾客投诉记录等多种手段收集顾客满意度数据。常用的顾客满意度测评模型包括服务质量（SERVQUAL）模型、绩效期望差距模型和顾客满意度层次模型等，它们从不同角度揭示了顾客满意度的构成要素及其相互关系。企业通过持续监测和分析顾客满意度数据，识别服务短板，有针对性地改进产品与服务质量，提升顾客体验，进而增强顾客满意度，巩固市场地位。此外，利用先进的数据分析技术（如文本挖掘、机器学习等）深度挖掘顾客反馈中的隐性信息，以及运用实时反馈系统实现动态调整与即时响应，已成为提升顾客满意度管理效能新趋势。

2.2　理论及模型基础

2.2.1　期望确认理论

ECT 是顾客行为学领域的一种重要理论，由理查德·L. 奥利弗（Richard L. Oliver）于 1980 年首次提出，旨在解释和预测顾客在购买产品或服务后的满意度及后续行为。该理论的核心在于探讨顾客在购买前形成的期望与其在使用产品或服务后的感知绩效之间的对比关系，以及这种对比对顾客满意度、忠诚度和购后行为的影响。

ECT 的基本概念包括购前期望、购后绩效、期望确认、满意度和购后行为。购前期望是指顾客在购买前基于个人经验、品牌声誉、广告宣传、口碑推荐等因素形成的对产品或服务性能、品质、价值等方面的主观预期。购后绩效则是顾客在实际使用产品或服务后对其表现的主观评价。期望确认是指将购前期望与购后绩效进行比较的过程，分为正向确认（实际绩效与预期一致或优于预期）和负向确认（实际绩效低于预期）。顾客的满意度取决于期望确认结果，正向确认通常导致高满意度，而负向确认可能导致低满意度。最后，顾客的满意或不满意状态将进一步影响其后续行为，如重复购买、推荐他人购买、投诉、更换品牌等。

ECT 的运作过程通常可以概括为五个步骤：形成期望、购买与使用、绩效评估、期望确认与满意度判断、购后行为决策。首先，顾客在购买前通过各种信息渠道构建对产品或服务的期望。其次，他们进行购买并开始使用产品或服务。在使用过程中，顾客根据体验对产品或服务的实际绩效进行主观评价。再次，将购前期望与购后绩效进行比较，形成期望确认感，并据此判断满意度水平。最后，根据满意度感受，顾客决定是否继续支持该品牌或采取其他行动。

虽然 ECT 主要关注初次购买后的确认过程，但其理论框架同样适用于产品或服务的持续使用情境。随着时间推移，顾客可能会调整期望，形成新的购后期望，然后再次经历期望确认过程。此外，ECT 常与其他消费心理理论（如认知失调理论、情绪理论）结合，以更全面地解释顾客行为。ECT 为理解和预测顾客满意度及后续行为提供了结构化框架，为企业改进产品、提升服务质量、制定有效的营销策略提供了理论依据，但该理论也存在局限性。例如，它可能忽视了顾客个体差异、情境因素对期望形成与确认的影响，以及期望与绩效之间的非线性关系等。

2.2.2 对称理论及模型

1. 对称理论

在管理学与服务改进策略中，对称理论（symmetry theory）可以被抽象理解为一种理想状态，即企业提供的产品或服务属性的重要性及其实际表现与顾客对产品或服务属性的总体满意度达到完美匹配或平衡，也就是线性关系。这一理论强调了顾客期望与实际体验之间的一致性，是优化资源配置、最大化顾客满意度的理论基础。根据对称理论，产品或服务属性的表现与顾客的满意度之间存在着一种直接而紧密的线性关系（Hu et al., 2022）。这意味着，当企业能够在用户重视的每个服务属性上都展现出卓越的表现时，顾客的满意度将显著提升。反之，若产品或服务的任何一个重要服务属性未能达到用户的期望，即使其他方面表现出色，也可能导致顾客的整体满意度大打折扣。这种线性关系强调了"无短板"的重要性，要求企业在提升服务质量的过程中注重均衡发展，避免出现明显的弱项。

此外，对称理论还强调了持续改进和创新的重要性。企业不能满足于现状，而应定期审视其服务或产品的各项属性，寻找潜在的改进空间。这可能涉及引入新的服务项目，升级现有产品的功能，或者调整定价策略以更好地匹配市场动态。通过不断地迭代和优化，企业能够逐步消除服务或产品中的"短板"，实现更加均衡的发展，最终达到顾客满意度与服务表现之间的完美对称（Hu et al., 2022）。总之，对称理论为企业提供了一个强有力的理论框架，帮助其在复杂多变的市场环境中保持竞争力。通过聚焦于服务或产品属性与顾客期望之间的精准匹配，企业不仅能提升顾客满意度，还能促进自身资源的高效利用，实现可持续的增长和发展。在实践中，企业应将对称理论视为一项长期的战略任务，不断探索和完善，以适应顾客需求的变化，确保在激烈的市场竞争中立于不败之地。

2. 重要性–绩效分析模型

IPA 模型是一种广泛应用于市场研究、顾客满意度调查和服务质量改进领域的经典工具，由 Martilla 和 James（1977）首次提出。该方法重在揭示产品或服务质量与顾客如何看待关键产品或服务属性的表现性及重要性之间存在的线性关系，即通过比较顾客对服务或产品属性的重要性和实际表现的感知，帮助企业识别哪些方面做得好，哪些方面需要改进，从而有效地提升顾客满意度和忠诚度（Hu et al., 2022）。

IPA 模型的核心理念在于区分顾客对服务属性的重视程度（重要性）与其实际体验到的水平（绩效表现）。重要性反映了顾客认为某项服务或产品特性对满足其需求的必要程度，而绩效表现则体现了这些特性在实际中的执行情况（Hu et al., 2022）。通过比较这两者的匹配程度，IPA 模型帮助识别出服务改进的重点领域，其分为以下四个象限（图 2-2）。

（1）继续保持区（高重要性，高表现性）：顾客对该象限中的服务属性感到满意，并认为它们是至关重要、必不可少的。鉴于其高度重要性和正面表现，企业应当保持对这些服务属性的持续关注和稳定投资，确保它们能够持续满足甚至超越顾客期望。在预算分配方面，这些核心属性应被视为"维护重点"，确保它们的高标准不会因疏忽而下滑。

（2）集中关注区（高重要性，低表现性）：顾客认为这个象限中的服务属性是极为重要的，但他们对这些服务属性的表现性感到失望。因此，企业应增加预算投入，集中资源进行优化改进，同时制定翔实的改进计划，并密切监控实施效果。这不仅是响应顾客需求的关键，还是拉开与竞争对手差距的战略机遇。

（3）低优先级区（低重要性，低表现性）：此象限中的服务属性对顾客来说表现不佳，但顾客认为它们也不重要。这些服务属性虽然表现不佳，但由于其较低的重要性等级，顾客并未寄予厚望。因此，企业无须过度投资于这些服务属性，而应将有限的资源优先分配到其他更紧迫的领域。不过，定期审视这些服务属性仍然重要，以防未来市场趋势变化导致其重要性上升。

（4）过度努力区（低重要性，高表现性）：顾客认为该象限的服务属性表现令人满意且超出预期，尽管它们在顾客心目中并不重要。虽然这些"过度表现"的服务属性可能反映了企业的技术实力或服务质量，但从资源优化的角度看，过度投资于此可能并不经济，企业应考虑适度减少这些领域的预算。

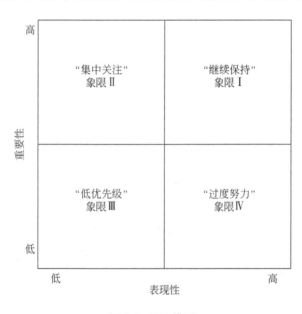

图 2-2　IPA 模型

3. 研究案例

1）案例背景

自 2019 年底新冠疫情初次暴发以来，其持续扩散的态势迅速席卷全球，给各行各业带来了史无前例的严峻考验。其中，酒店行业作为服务业的支柱之一，遭受了尤为沉重的打击。疫情的蔓延不仅急剧减少了人们的旅游活动，还迫使酒店行业彻底反思并调整其运营模式和服务标准，以符合更加严格的健康安全规范。在这一充满挑战的背景下，酒店行业不仅要迅速适应市场环境的剧变，恢复日常运营，更要深刻洞察并把握新冠疫情后顾客的新需求、新偏好，以此为基础重塑品牌形象，增加顾客忠诚度。

目前，许多学者已就新冠疫情对酒店行业的影响展开了相应的研究，具体包括新冠疫情对酒店运营、财务状况、员工健康及顾客行为等方面的冲击（Jiang and Wen, 2020）。然而，虽然这些研究揭示了新冠疫情带来的诸多挑战，但关于新冠疫情如何改变酒店选择属性、顾客对这些属性的重要性感知及其实际体验（即绩效表现）的研究仍显不足。特别是，这些变化如何进一步影响酒店的整体形象和顾客的回访意愿尚需深入探讨。为弥补这方面研究的不足，Kim 和 Ham（2022）通过 IPA 模型对新冠疫情前后酒店选择属性的重要性与表现性，以及这些属性如何影响酒店的整体形象和顾客的再访意愿进行了深入研究。

该案例基于前人的研究，通过 IPA 模型深入剖析新冠疫情后酒店属性的变化、顾客对这些属性的重要性感知及其绩效表现，并进一步地探讨这些关键属性如何相互交织，共同作用于酒店的整体形象和顾客的回访意愿。这一系统性的分析为酒店行业提供了一套应对新冠疫情挑战的具体策略与建议，同时，为未来可能遭遇的类似危机管理情境提供坚实的理论基础与实践指导，助力酒店行业在后疫情时代稳健前行（Hu et al., 2022）。

2）研究方案

该案例采用混合方法进行研究，结合定性访谈和定量问卷调查两种方式，以获取全面而深入的数据。首先，通过对酒店行业从业者和旅游者的深入访谈，了解酒店在疫情期间的运营调整、顾客需求变化以及顾客对酒店属性的期望和感知。结合现有文献中常见的酒店属性，并总结梳理新冠疫情期间酒店行业从业者和旅游者的访谈结果，获得新冠疫情背景下的酒店核心属性列表。与此同时，为获得顾客对酒店属性、酒店整体形象和回访意愿的看法，该案例设计了由三部分组成的调查问卷。其中，第一部分是对酒店属性重要性和绩效的评估问题，第二部分是评估研究模型与其他变量的问题，第三部分则是人口统计和酒店住宿体验的问题。经过预测试后，调查问卷由一家在线调查公司于 2020 年 9 月底进行发放和收集，其中，调查对象只限于在新冠疫情暴发前后住过四星级或五星级酒店的旅游者。

3）结果与分析

该次调查共收集到 380 份调查问卷，经过筛选和整理，最后得到 347 份有效调查问卷。该案例运用 SPSS 和 AMOS 软件对 347 份问卷结果进行了数据分析。在人口统计学方面，样本包括 176 名女性和 171 名男性，其平均年龄为 44.81 岁。同时，68.6% 的受访者拥有大学学位，12.7% 的受访者拥有研究生学位。就月收入而言，36.4% 的受访者表示收入超过 6000 元，22.5% 的受访者表示收入低于 3000 元。

在酒店住宿体验方面，关于在新冠疫情暴发前酒店住宿频率的问题中，每年五六次的有 20.8%，每年三四次的有 40.3%，每年一两次的有 22.8%；关于新冠疫情暴发后最近一次入住酒店的时间，17.3% 的受访者表示他们是在 2020 年 7 月入住酒店的。在时长方面，43.2% 的受访者住了一晚，42.1% 的受访者住了两晚。

为了评估新冠疫情暴发前后酒店属性重要性的变化情况，该案例进行了配对样本 t 检验。研究结果（表 2-1）显示，新冠疫情暴发前重要性的均值为 5.248，新冠疫情暴发后重要性的均值为 5.670，说明新冠疫情暴发前后酒店属性重要性发生了显著变化。较之于新冠疫情暴发前，新冠疫情暴发后的"预防措施"、"品牌价值"和"社会服务"的重要性明显提升。具体来看，"预防措施"中"二维码日志"属性的重要性增长速度最快，从 4.009 急剧增长到 6.257，增长了 56.07%。而"功能质量"中的"房间大小"也有显著性增长变化。这可能是因为在新冠疫情背景下，人们更倾向于无接触式的酒店服务，认为二维码日志、清洁和卫生等更为重要。

表 2-1　新冠疫情暴发前后酒店属性重要性变化情况

酒店属性		新冠疫情暴发前的重要性		新冠疫情暴发后的重要性		t 值	p 值
		平均值±标准差	等级	平均值±标准差	等级		
预防措施	预防工具	4.677±1.450	22	6.481±0.913	2	−20.064	0.000
	社交距离	4.190±1.665	25	6.455±0.925	3	−21.622	0.000
	二维码日志	4.009±1.789	26	6.257±1.020	5	−19.741	0.000
	卫生	6.182±1.011	1	6.496±0.898	1	−6.901	0.000
	清洁	6.135±0.975	2	6.455±0.903	4	−7.192	0.000
	均值	5.039±1.378		6.429±0.932			

续表

酒店属性		新冠疫情暴发前的重要性		新冠疫情暴发后的重要性		t 值	p 值
		平均值±标准差	等级	平均值±标准差	等级		
功能质量	可访问性	5.556±1.075	9	5.637±1.131	15	−1.549	0.122
	方便的入住/退房	5.556±1.056	9	5.744±1.123	11	−3.819	0.000
	景观房	5.663±1.056	7	5.726±1.074	12	−1.440	0.151
	物有所值	5.942±1.035	4	5.945±1.050	8	−0.067	0.947
	床	5.836±1.050	5	5.922±1.095	9	−2.100	0.036
	房间大小	5.187±1.018	14	5.392±1.041	19	−4.174	0.000
	房间设施	5.415±1.014	11	5.510±1.092	17	−2.183	0.030
	均值	5.594±1043		5.697±1.087			
员工	员工形象	5.597±1.015	8	5.646±1.093	13	−1.358	0.175
	员工专业性	5.830±0.963	6	5.862±1.058	10	−0.775	0.439
	员工的友好程度	5.951±1.029	3	5.989±1.037	7	−0.870	0.385
	均值	5.793±1.002		5.832±1.063			
外观	外延	5.029±1.088	17	4.954±1.201	23	1.655	0.099
	规模	5.164±1.104	15	5.285±1.126	21	−2.371	0.018
	大厅	4.873±1.161	19	4.873±1.161	24	0.000	1.000
	均值	5.022±1.118		5.037±1.163			
社会服务	其他顾客的形象	4.605±1.291	24	4.790±1.321	26	−3.617	0.000
	其他顾客相似性	4.648±1.253	23	5.017±1.351	22	−6.173	0.000
	其他顾客的行为	5.017±1.122	18	5.527±1.238	16	−4.994	0.000
	均值	4.757±1.222		5.111±1.303			
品牌价值	声望	5.144±1.105	16	5.366±1.139	20	−4.183	0.000
	等级	5.219±1.114	13	5.499±1.097	18	−5.064	0.000
	忠诚度	4.781±1.292	21	4.793±1.285	25	−0.222	0.825
	顾客点评	5.401±1.179	12	5.643±1.226	14	−4.829	0.000
	密度	4.849±1.217	20	6.164±1.163	6	−15.705	0.000
	均值	5.079±1.181		5.493±1.182			
均值		5.248±1.158		5.670±1.106			

随后，根据各酒店属性的重要性和表现性的数值，可以得到 IPA 象限图（图2-3）。从总体分布情况来看，酒店属性主要分布在第一、第三和第四象限，

其中，第二象限没有分布酒店属性。具体来看，"预防措施"中的所有酒店属性，"预防工具"、"社交距离"、"二维码日志"、"卫生"和"清洁"都分布在第一象限，即"继续保持"象限，具有高表现性和高重要性。这表明在全球新冠疫情的背景下，如口罩、消毒液等预防工具，适当的社交距离，无接触的数字化服务，以及酒店环境的清洁与卫生成为顾客关注的焦点。与此同时，酒店也在积极配合和开展安全防疫工作，及时制定酒店内部安全防疫的管理体系和详细规定，并坚决落实相关工作。例如，日常清洁消毒、员工健康监测、宾客入住前的健康筛查和紧急预案等工作，确保每一步都严谨细致，为顾客营造出一个安心无忧的住宿环境。因此，酒店也赢得了顾客的广泛赞誉与高度好评。在第一象限，除了"预防措施"属性之外，还分布着"功能质量"、"员工"和"品牌价值"的部分属性，包括"方便的入住/退房"、"景观房"、"物有所值"、"床"、"员工的友好程度"、"员工专业性"和"密度"，说明酒店在这些酒店属性投入的资源力度可以继续保持。

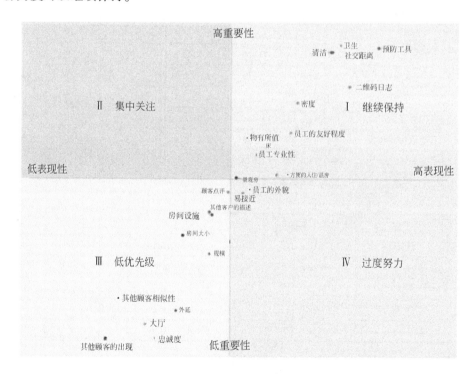

图 2-3　IPA 象限图

在第三象限中，总共分布有 11 个酒店属性，涵盖"外观"和"社会服务"中的所有酒店属性，以及"功能质量"和"品牌价值"中的部分属性。位于该象限的酒店属性具有低重要性和低表现性的特征，意味着这些属性不是顾客关注的重点，而这些属性在现实中的表现也不好，处于低优先级的地位。在资源有限的环境下，酒店可以延缓对这些属性的改进，而优先改进其他高优先级的属性。

第四象限分布的属性数量较少，只有 3 个酒店属性，分别是"等级"、"可访问性"和"员工形象"。在这一象限中的属性具有高表现性和低重要性的特点，表现为"过度努力"。换言之，这些属性不被顾客重视，但是表现很好，出现了资源过度的情况，酒店可以降低对它们的投入力度。

4）对策与建议

第一，全方位洞察顾客心声，精准定位服务需求。顾客对安全、卫生及个性化服务的需求达到了前所未有的高度，酒店应建立常态化的顾客调研机制，通过线上问卷、社交媒体互动、顾客反馈系统等多种渠道，及时捕捉并深入分析顾客的新需求与期望。同时，利用大数据和人工智能技术，对顾客数据进行深度挖掘，实现顾客画像的精准构建，从而能够动态把握酒店各项属性的表现，并据此调整服务策略，提供更加贴心、个性化的服务体验。例如，针对健康意识增强的顾客群体，酒店可以推出定制化的健康餐饮、空气净化客房等增值服务，满足其特定需求。

第二，加速数字化升级，提升运营效率与管理水平。数字化已成为酒店行业转型升级的关键驱动力，酒店应加速推进数字化进程，从预订系统、入住流程、客房服务到离店结算等各个环节实现全面数字化。通过引入智能前台、自助入住机、客房智能控制系统等高科技设备，不仅可以减少人员接触，降低疫情传播风险，还能显著提升服务效率和顾客满意度。同时，酒店应构建完善的数字化管理平台，实现运营数据的实时监控与分析，为管理层提供决策支持，优化资源配置，提升整体运营效率与管理水平。

第三，强化品牌宣传与营销，重塑品牌形象。品牌的力量显得尤为重要，酒店应加大品牌宣传与营销力度，通过多渠道、多形式的营销策略，提升品牌知名度和美誉度。一方面，可以利用社交媒体、短视频平台等新媒体渠道，发布高质量的内容营销，展示酒店特色、服务亮点及顾客好评，吸引潜在客户的关注；另一方面，可以开展线上线下相结合的营销活动，如限时优惠、会员专享福利、主题活动等，增强顾客黏性，促进复购。此外，酒店应注重口碑营销，通过优质的服务和体验赢得顾客的口碑传播，进一步巩固品牌形象。

第四，注重可持续发展，践行绿色酒店理念。随着全球对环境保护意识的增强，绿色消费已成为一种趋势，酒店更应注重可持续发展，积极践行绿色酒店理念。这包括采用环保材料装修客房、推广节能减排措施、减少一次性用品使用、实施垃圾分类与回收等。同时，酒店还可以开展绿色旅游项目，如生态徒步、环保教育等，引导顾客参与环保行动，共同守护地球家园。通过绿色酒店的打造，不仅能够提升酒店的品牌形象和社会责任感，还能吸引更多注重环保的顾客选择入住。

第五，加强员工培训与激励，打造专业高效的服务团队。员工是酒店服务的直接提供者，其专业能力和服务态度直接影响顾客的满意度和忠诚度，酒店应更加重视员工的培训与激励工作。一方面，应定期组织员工参加专业技能培训、服务礼仪培训、疫情防控知识培训等，提升员工的专业素养和服务水平；另一方面，应建立健全的激励机制，通过薪酬激励、提供职业发展机会、员工关怀等多种方式，激发员工的工作积极性和创造力。同时，酒店还应营造积极向上的企业文化氛围，增强员工的归属感和凝聚力，共同为酒店的发展贡献力量。

2.2.3　非对称理论及基础模型

1. 非对称理论

非对称理论在探索服务属性与顾客满意度关系中揭示了一种深刻而复杂的相互作用模式，它指出顾客对服务的整体评价并非简单地受到各项服务属性表现的直接影响，而是存在一种微妙的不平衡或非线性关系。该理论主要围绕三个核心概念展开：服务属性的表现性、重要性及其对顾客总体满意度的影响方式（Hu et al., 2020）。

服务属性的重要性和其实际表现之间存在协同效应。某些服务属性，因为其对顾客极为关键，其表现的小幅提升也许仅能带来可观的满意度增长；反之，一些次要服务属性的大幅改善却可能不会显著提升满意度。这意味着企业在资源分配上需精准识别并优先优化那些对顾客满意度有决定性影响的关键服务要素。

表现性与顾客满意度之间的关系也呈现出非线性特征。初期，当服务从低质量向可接受水平提升时，顾客满意度往往经历急剧上升过程，反映出顾客对基础需求得到满足的高度认可。然而，随着服务品质的持续提高，顾客满意度的增长速率逐渐放缓，直至达到一定程度后几乎停滞不前。这种"边际效用递减"现象提示企业在追求卓越服务时，需谨慎权衡成本与收益，避免过度投资于高表现水平的边际提升。

非对称理论强调了在提升顾客满意度的过程中，企业应深入理解并灵活应对服务属性表现、重要性与顾客感知间复杂的动态平衡，通过精准定位顾客的核心需求和敏感点，高效配置资源，以实现满意度的最大化提升。

2. Kano 模型

Kano 模型是由东京理工大学教授狩野纪昭于 1984 年提出的一种需求分析和产品设计理论模型，它旨在帮助企业识别和优先排序用户对产品或服务的各种需求，以更好地提升用户满意度（Kano，1984）。该模型基于这样一个核心理念：不同的产品特性对用户满意度的影响程度是不一致的，且这些影响并非简单的线性关系，而是存在着非线性关系。Kano 模型（图 2-4）根据顾客需求的满足程度与产品绩效之间的关系将产品或服务属性划分为五种基本类型，分别是魅力属性、必备属性、期望属性、无差异属性和反向属性。

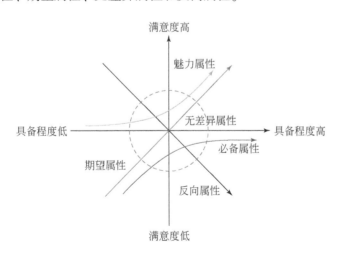

图 2-4 Kano 模型

（1）魅力属性：魅力属性代表那些超出顾客预期、能带来惊喜的属性或创新。当满足顾客这些需求时，即便其不是顾客最初所期望的，也会显著提升顾客满意度和忠诚度；若没有这些属性，顾客也不会感到不满。例如，个性化旅行路线规划，按照游客兴趣定制独一无二的旅游体验就属于此类。

（2）必备属性：这类属性是顾客认为产品或服务必须具备的基本功能或属性。当这些需求得到满足时，顾客并不会表现出特别满意，因为它们被视为理所当然；然而，一旦未能满足，顾客满意度会急剧下降，产生强烈的不满。例如，酒店客房干净整洁，满足住宿的基本卫生条件。

（3）期望属性：期望属性是指顾客有明确期待，希望产品能够提供的功能或属性。随着这些需求被更好地满足，顾客满意度会相应增加；反之，则顾客满意度降低。这类需求的满足与顾客满意度之间存在正向线性关系。例如，快速办理入住和退房，减少等待时间。

（4）无差异属性：顾客对这类服务属性既不关心又不反感，它们的存在与否对顾客满意度没有直接影响。企业对这类需求的投资往往不会显著改变顾客感受。例如，标准房间供应的洗漱用品质量达标但无特别之处。

（5）反向属性：反向属性是顾客不期望获得的产品、服务体验，即顾客满意度与产品或服务绩效表现的关系表现出了与一维期望属性相反的趋势。换言之，当该类需求充足时，顾客满意度会下降，而当该类需求不充足时，顾客满意度却会上升。例如，频繁的旅游推销电话打扰游客休息与私人时间。

3. 研究案例

1）案例背景

在旅游学领域，目的地形象作为游客对特定旅游地信念、想法及印象的综合体现（Crompton，1979），其重要性不言而喻。它不仅影响着游客的决策过程，如选择旅游目的地、制定旅行计划（吕兴洋等，2017；杨一翁等，2017），还深刻影响游客的旅行体验、情感反应及后续的忠诚行为，如重访意愿和口碑传播（周学军和吕鸿江，2022；Choe and Kim，2018）。近年来，随着旅游业的蓬勃发展，关于目的地形象的研究日益丰富，揭示了多种内外部因素如何共同作用于目的地形象的形成与演变，这些外部因素具体包括个性特征、旅游动机、旅游体验质量、目的地信息来源和目的地营销策略等（Khan et al.，2017；Stylidis，2022）。

旅游体验作为连接游客与旅游目的地的直接桥梁，其质量和特性对目的地形象的塑造与改进具有决定性作用。然而，现有研究聚焦于旅游体验对目的地形象的一般性影响，较少深入探讨不同旅游体验维度下，游客对目的地形象感知的非对称性差异（Lee et al.，2023）。这种差异不仅体现在游客访前与访后感知的对比上，还隐含于不同游客群体（如居民与国际旅行者）之间文化背景、旅游动机及期望差异而导致的形象感知偏差（Stylidis and Cherifi, 2018；Liu et al., 2020）。

Lee 等（2023）以韩国国际旅客为调查对象，通过 Kano 模型进行实证研究，深入剖析不同旅游体验要素如何以非对称方式影响游客对目的地形象的感知与评价。该案例将重点考察旅游体验中的关键维度，如服务质量、景观吸引力、文化沉浸感等，并对比分析这些维度对不同游客群体在访前和访后阶段对目的地形象感知差异的具体影响，以期为旅游目的地的精准营销与形象管理提供科学依据和策略建议。

2）研究方案

通过文献综述并考虑研究问题，该案例基于 6A 理念，即旅游吸引物（attractions）、可达性（accessibility）、基础设施（amenities）、可用性（availability）、活动（activities）、辅助服务（ancillary services），梳理得到 12 个旅游体验元素，具体包括移动过程、公共交通、路线获取、住宿体验、美食体验、购物体验、旅游资讯、旅游吸引物、沟通交流、旅游花费、行程安全和网络可用性。在此基础上，该案例设计了一份由人口统计、旅游行为和目的地评估三部分组成的结构化问卷。在人口统计板块，主要设置了 3 个问题，即年龄、性别和国籍；在旅游行为板块，包含旅行类型（即个人、航班-酒店套餐、团体包价旅游）、旅行目的（即休闲/娱乐/放松、商务/专业活动、教育、宗教/朝圣等）以及旅行时间（即第一季度、第二季度、第三季度、第四季度）；在目的地评估板块，采用五点利克特量表的形式对本次旅游的总体满意度、12 个旅游体验元素的满意程度和旅游前后的目的地形象感知差异进行评估。该问卷由韩国观光公社（Korea Tourism Organization, KTO）于 2018 年在韩国的四个国际机场（仁川、金浦、金海和济州）和三个国际港口（仁川、釜山和济州）进行发放，总共收集得到 16 469 份调查问卷。通过分层抽样方法，最后选取了 14 187 份调查问卷进行后续深入的研究。

为探究旅游体验元素对旅客在韩旅游前和在韩旅游后目的地形象感知差异的影响，该案例将 12 个旅游体验元素作为自变量，旅游目的地形象感知差异作为因变量，其中，考虑到先前的旅游经历会影响访问后对目的地的感知形象（Beerli and Martín, 2004），因此，将访问韩国的次数和在韩停留时间作为控制变量。

3）结果与分析

在 14 187 份调查问卷样本数据中，从性别来看，女性受访者占比为 55.2%，男性受访者占比为 44.8%。从年龄来看，33.7% 的受访者年龄介于 21~30 岁，25.4% 在 31~40 岁，17.6% 在 41~50 岁。从国籍来看，中国游客占比最大，约 32.5%，排名第二的日本游客占比为 10.6%，排名第三的美国游客占比为 6%。就旅行目的而言，79.2% 的受访者是为了休闲、娱乐和放松。关于旅游类型，约 80.9% 的受访者是个人旅游。为了检验 12 个旅游体验元素对目的地形象感知变化的非对称影响，该案例使用 Wald 检验对变量进行了比较，结果如表 2-2 所示。

表 2-2　Wald 检验结果

变量	Wald 检验	p 值	结果
移动过程	0.7257	0.3942	N
公共交通	0.0128	0.9099	N
路线获取	0.1429	0.7053	N
住宿体验	0.7611	0.3829	N
美食体验	2.4911	0.1144	N
购物体验	4.0365	0.0445	Y
旅游资讯	0.0037	0.9509	N
旅游吸引物	0.6072	0.4358	N
沟通交流	18.9102	0.0000 ***	Y
旅游花费	0.3935	0.5304	N
行程安全	8.5974	0.0033 **	Y
网络可用性	3.1679	0.0750 *	Y
访问次数	75.5108	0.0000 ***	Y
停留时长	11.785	0.0005 ***	Y

*$p<0.1$；**$p<0.01$；***$p<0.001$。Y 表示具备非对称影响；N 表示不具备非对称影响。

通过 Tobit 模型和 Wald 检验，该案例对旅游体验元素进行分类，如表 2-3 和图 2-5 所示。在 12 个旅游体验元素中获取得到 6 个有用元素，包括美食体验、行程安全、网络可用性、公共交通、旅游吸引物和沟通交流。其中，美食体验、行程安全和网络可用性被识别为兴奋因子，公共交通和旅游吸引物被识别为绩效因子，沟通交流则被识别为基础因子。

表 2-3　不同旅游体验元素对目的地形象感知变化的影响

变量	Tobit 模型	Wald 检验	分类
美食体验	PV 模型中的决定性因素	对称性	兴奋因子
行程安全	PV 模型中的决定性因素	非对称性	
网络可用性	PV 模型中的决定性因素	非对称性	
公共交通	PV 和 NV 模型中的决定性因素	对称性	绩效因子
旅游吸引物	PV 和 NV 模型中的决定性因素	对称性	
沟通交流	NV 模型中的决定性因素	非对称性	基础因子

注：PV 表示正变差（positive variation）；NV 表示负变差（negative variation）。

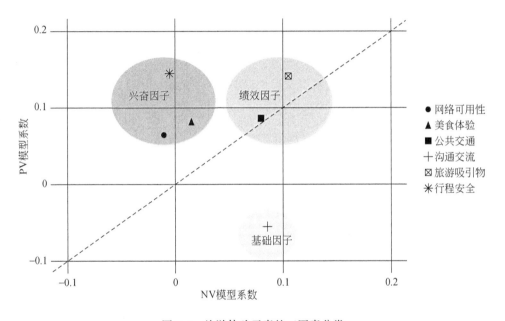

图 2-5　旅游体验元素的三因素分类

　　在 PV 和 NV 两个模型中，公共交通和旅游吸引物两个旅游体验元素对目的地形象感知变化有着积极影响，且在 Wald 检验中，有着相似的参数。因此，这两个旅游体验元素被识别为对目的地形象感知变化有着线性影响的绩效因子。正如 Virkar 和 Mallya（2018）的观点，目的地发达的交通系统和基础设施会吸引游客，并可以创造良好的目的地形象。沟通交流在旅游体验过程中则被看作基础因子，这可能是因为从游客与导游之间的信息互通，到其与当地居民的自然对话，交流的身影无处不在，深刻影响着每位游客的感知与记忆。因此，有效且愉快的沟通不仅促进了信息的传递与理解，更成为塑造旅游体验和目的地形象的关键。

美食体验、行程安全和网络可用性被识别为兴奋因子。与美食旅游相关的研究表明，美食体验作为一种感官体验，有利于改善旅游目的地形象（Chang，2021）。行程安全是旅游过程中的一个关键因素，恐怖主义、战争、犯罪和政治动荡等安全和安保问题会影响旅客的目的地选择以及对目的地形象的感知（Ghaderi et al.，2017）。因此，良好的社会治安是影响目的地选择和塑造目的地形象的重要激励因素。此外，由于信息和通信技术的发展，旅行期间的移动/互联网使用和数字无障碍是游客的有力工具，成为促进目的地形象改善的强大动力。

4）对策与建议

第一，强化公共交通服务质量。公共交通作为游客在旅游期间的重要出行方式，其服务质量直接影响游客的第一印象。建议政府及旅游部门加大对公共交通系统的投入，提升车辆舒适度、增加班次密度、优化线路布局，并加强公共交通站点的导览服务与信息提供，确保游客能够便捷、高效地到达目的地。同时，推广使用多语种服务，特别是针对国际游客常用的语言，如中文、英文和日文等，以提升游客的出行体验。

第二，提升美食体验的独特性与多样性。美食是旅游体验中不可或缺的一部分，也是塑造目的地形象的重要元素。应继续发扬具有地方特色的饮食文化，同时鼓励创新，推出更多融合现代元素的美食。此外，可以设立美食街区或举办美食节活动，集中展示各地的特色美食，为游客提供丰富的美食体验选择。同时，加强对餐饮从业人员的培训，提升服务质量，确保游客在品尝美食的同时，能够感受到当地人的热情与友好。

第三，深化旅游吸引物的文化内涵。丰富的历史文化遗产和自然景观是吸引游客的重要因素。为了提升游客对旅游目的地形象的感知，建议深入挖掘各种旅游吸引物的文化内涵，通过故事化、场景化的方式展现其独特魅力。例如，在古迹遗址中设置多媒体展示，讲述历史故事；在自然景区中开展生态教育活动，增强游客的环保意识。同时，加强旅游吸引物之间的联动效应，打造精品旅游线路，让游客在有限的时间内充分体验韩国的多元文化。

第四，加强旅游资讯的精准推送与个性化服务。在信息爆炸的时代，游客对旅游资讯的需求日益个性化。旅游相关部门应充分利用大数据和人工智能技术，分析游客的偏好与需求，提供精准的旅游资讯推送服务。例如，根据游客的旅行目的、时间、预算等因素，推荐合适的旅游线路、住宿和餐饮选择。同时，开发多语种旅游 APP 或小程序，提供便捷的在线预订、导航、翻译等服务，提升游客的旅行便利性和满意度。

第五，优化沟通交流体验。沟通交流是旅游体验中不可或缺的一环，也是影响游客感知的重要因素。旅游相关单位应加强对旅游从业人员的语言培训，特别是提升他们的外语交流能力，确保其能够与国际游客进行有效沟通。同时，在旅游景区、酒店、餐厅等场所设置多语种标识和导览系统，方便游客获取信息。此外，鼓励当地居民参与旅游服务，他们的热情与友好能够让游客感受到独特的文化氛围和人情味。

第六，关注游客的行程安全与网络可用性。行程安全和网络可用性是游客在旅游过程中特别关注的两个问题。相关部门应加强对旅游景区的安全管理，完善安全设施，制定应急预案，确保游客的人身和财产安全。同时，提升旅游区域的网络覆盖率和稳定性，为游客提供便捷的网络服务。例如，在公共场所提供免费Wi-Fi 服务，并加强网络安全监管，保护游客的个人信息安全。

第3章 研究模型述评

3.1 基于属性非对称性和重要性的研究模型

3.1.1 重要性网格

重要性网格（IG）模型作为服务质量管理领域的一项经典工具，是由 Vavra（1997）基于 IPA 和 Kano 模型精心设计的，旨在为企业提供一个直观、高效的框架，以系统化地分析并提升其服务或产品的顾客满意度。这一模型的核心理念在于，通过精确映射顾客对不同服务要素或属性的期望与实际体验之间的差异，为企业指明了改进的方向和优先级，进而促进资源的最优配置，实现顾客满意度的显著提升（Hu et al.，2024）。

该模型构建在一个简单的二维坐标系上，横轴是"显性重要性"，纵轴是"隐性重要性"。显性重要性来自顾客的直接评价，表示顾客眼中各项服务要素或属性的重要程度，高分意味着顾客认为该属性至关重要。隐性重要性则通过对各服务要素或属性绩效表现进行回归或相关分析来统计获得，反映了顾客对这些属性实际表现满意度的影响程度。重要性网格模型将产品或服务属性划分为三类，即基础因子、绩效因子和兴奋因子，如图 3-1 所示。

（1）基础因子（高显性重要性，低隐性重要性）：这类服务要素或属性通常被视为服务的基本组成部分，如产品质量、价格等，尽管它们对顾客满意度的影响并不显著，但却是顾客选择服务时不可或缺的因素。

（2）绩效因子（高/低显性重要性，高/低隐性重要性）：这类服务要素或属性可能包括服务速度、员工态度、售后服务等，它们对顾客满意度有直接影响，但其重要性可能因顾客群体的不同而有所差异。当一个属性的两个重要性值都很高时，应该对其优先改进，相反，应该减少对该属性的关注。

（3）兴奋因子（低显性重要性，高隐性重要性）：这类服务要素或属性通常是服务中的额外惊喜，如独特的服务体验、创新的产品特性等，它们可能不会被顾客明确提及，但却能显著提高顾客的满意度和忠诚度。

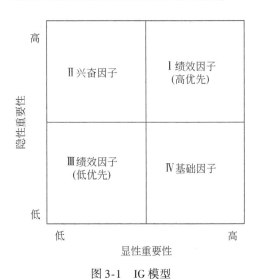

图 3-1　IG 模型

3.1.2　研究案例（IG 模型）

1. 案例背景

安塔利亚（Antalya）是土耳其著名的旅游胜地，以其迷人的"3S"特色——阳光（sun）、沙滩（sand）、海洋（sea）而闻名遐迩，是土耳其国内最受欢迎的旅游目的地之一。这座城市拥有清澈的海洋，每年平均有 300 天的晴朗天气，具有数量众多的住宿设施，吸引着全世界的游客。虽然安塔利亚在旅游旺季有着极高的入住率，但在淡季，较低的入住率则直接影响酒店的总收入，这是许多依赖于"3S"特色的旅游目的地普遍面临的问题。近年来，为了应对这一挑战，安塔利亚的多家酒店开始尝试在旅游淡季吸引替代市场，如老年游客。这一举措基于全球老龄化趋势，预计到 2050 年，全球老年人口将从 2013 年的 8.41 亿人增长至超过 20 亿人。在 21 世纪，老年群体展现出前所未有的活力与健康，他们的生活方式日益活跃，与过往世代相比，呈现出明显的差异。与此同时，他们拥有更多的空闲时间和更高的消费能力。毋庸置疑，老年旅游市场已经逐渐成为旅游业中一个不容忽视的重要细分市场。

学者也针对老年游客的不同方面进行了许多研究，如旅游动机（胡卉宇等，2021）、旅游决策（任明丽和孙琦，2023）和旅游体验（刘斌等，2024）等。其中，老年游客旅游满意度研究也是老年旅游研究领域的一个重要分支。曾佳（2015）从餐饮、住宿、交通、游览、购物、娱乐和出境配备七大服务要素，对中国老年游客出境旅游满意度进行了具体研究。Liew 等（2021）则以马来西亚老年游客为研究对象，研究其对旅游目的地的期望与满意度，发现酒店行业如何为这一特殊群体提供符合其独特需求和偏好的产品和服务，仍是学术界和从业者持续探索与深入研究的焦点话题。

Albayrak 等（2016）聚焦于德国和英国的老年游客，采用重要性网格模型来探究酒店属性对老年游客满意度的非对称影响，揭示不同国家老年游客对酒店属性的感知差异，并将酒店属性细分为三个类别，即基础因子、绩效因子和兴奋因子，从而为酒店管理者制定精准、定制化管理策略提供依据。

2. 研究方案

游客对酒店属性的感知可能是显性的，也可能是隐性的（Vavra，1997）。因此，该案例采用重要性网络模型，通过显性和隐性两种方式测量酒店属性的重要性，并分析这些属性对老年游客满意度的影响。在确定酒店属性方面，基于文献回顾和专家访谈，该案例确定了 38 个老年游客普遍关心的酒店属性。在数据收集方面，该案例通过问卷调查的方式收集数据。问卷包含酒店属性的重要性（1~5 分，完全不重要到非常重要）、绩效表现（1~5 分，非常低到非常高）、游客自我评价、9 个人口统计问题和 4 个关于满意度和行为意向的问题。问卷以英文原版提供给英国国籍的老年游客，并通过专业翻译和母语校验后提供给德国国籍的老年游客。

重要性网络模型的构建主要包括 3 个步骤。第一步，根据问卷调查结果（游客的直接评价），计算出游客对每个酒店属性的绩效表现和显性重要性的数值；第二步，通过回归分析或相关分析，计算出每个酒店属性的隐性重要性；第三步，对每个酒店属性的显性重要性和隐性重要性进行可视化，即以显性重要性为 X 轴，隐性重要性为 Y 轴，两者均值为坐标轴原点，再根据每个属性显性重要性和隐性重要性的具体数值，将各个酒店属性定位在二维象限图上，最后通过观察每个酒店属性所在的象限，就可以对其进行归类。

3. 结果与分析

该案例在安塔利亚的 13 家五星级酒店内收集了来自英国和德国的老年游客（65 岁以上）调查问卷 429 份，其中，英国老年游客调查问卷 152 份，德国老年游客调查问卷 277 份。调查问卷数据可以直接或间接地反映德国和英国老年游客在性别、月收入等方面的情况。在性别分布上，德国老年游客中女性占比为60.3%，而英国老年游客中女性占比则为 58.5%，两者相对均衡。在月收入方面，英国老年游客的月收入在 1500～3000 欧元的占比为 47.9%，而德国老年游客的月收入在 1500～3000 欧元的占比为 40.3%。在职业分布上，退休人员是两国老年游客的主体，德国为 84.3%，英国为 88.1%，显示出老年游客中退休人员的高占比。到访土耳其的次数和停留时间也反映出两国老年游客的旅游习惯。德国老年游客更倾向于多次短期旅行，而英国老年游客则倾向于少次长期旅行。具体来说，德国老年游客到访土耳其 4 次及以上的比例高达 78.1%，但停留时间集中在 1～7 天和 8～14 天；而英国老年游客虽然到访次数较少，但停留时间在15 天及以上的比例较高，达到 47.0%。

为构建 IG 模型，该案例根据两国老年游客对 38 个酒店属性的重要性评级直接计算出各个酒店属性的显性重要性，隐性重要性则通过计算每个酒店属性与总体顾客满意度的相关系数获得。表 3-1 为英、德两国老年游客对酒店属性显性及隐性重要性的评价表。在此基础上，剔除掉相关系数不显著的酒店属性，以显性和隐性重要性均值为准线，构建 IG 矩阵，X 轴代表显性重要性，Y 轴代表隐性重要性。图 3-2 为德国老年游客 IG 矩阵，共分布着 37 个酒店属性；图 3-3 为英国老年游客 IG 矩阵，共分布着 31 个酒店属性。

表 3-1　英、德两国老年游客对酒店属性显性及隐性重要性的评价表

编号	酒店属性	德国		英国	
		显性重要性	隐性重要性	显性重要性	隐性重要性
1	实际价格	4.48	0.174	4.59	0.141
2	专门针对老年游客	3.81	0.140	3.58	0.175
3	酒店氛围	4.62	0.431	4.61	0.441
4	员工形象	4.69	0.460	4.73	0.379
5	员工专注度	4.70	0.384	4.77	0.424
6	折扣	3.89	0.174	4.07	0.077

编号	酒店属性	德国		英国	
		显性重要性	隐性重要性	显性重要性	隐性重要性
7	健身房	3.68	0.183	3.13	0.158
8	按摩、桑拿	3.81	0.129	3.46	0.154
9	无烟客房	4.32	0.212	4.50	0.057
10	娱乐活动	3.53	0.222	4.19	0.289
11	性价比	4.68	0.331	4.82	0.300
12	卧室光线充足	4.35	0.130	4.52	0.389
13	公共区域光线充足	4.18	0.268	4.63	0.461
14	停车位	2.80	0.047ᵃ	2.99	0.191
15	餐饮服务网点	4.71	0.363	4.65	0.397
16	用于放松的休息室或酒吧	4.37	0.352	4.69	0.493
17	游泳池	4.32	0.316	4.46	0.281
18	清洁度	4.81	0.362	4.93	0.611
19	卧室的舒适度	4.66	0.302	4.86	0.555
20	公共区域的舒适度	4.49	0.334	4.72	0.585
21	卧室装饰	4.54	0.324	4.58	0.592
22	公共区域装饰	4.43	0.326	4.64	0.539
23	早的用餐时间	3.88	0.263	3.95	0.397
24	便利性	4.59	0.360	4.54	0.519
25	服务效率	4.54	0.376	4.79	0.545
26	员工友好度	4.79	0.371	4.81	0.627
27	大型打印菜单、标志和信息	4.16	0.175	4.14	0.404
28	位置	4.54	0.248	4.51	0.304
29	员工礼貌	4.75	0.397	4.86	0.516
30	服务及时性	4.51	0.346	4.77	0.425
31	酒店声誉	3.89	0.187	4.73	0.552
32	员工应急能力	4.68	0.402	4.76	0.605
33	安全与安保	4.71	0.314	4.80	0.463
34	按订单提供的服务	4.58	0.385	4.75	0.549
35	宽敞的卧室	4.62	0.364	4.63	0.493
36	小份食物	3.69	0.166	3.59	0.427
37	特殊饮食菜单	3.35	0.142	3.79	0.249
38	酒店维修标准	4.59	0.351	4.83	0.373

a. 意味着在 0.01 的水平上不显著，其他未标注的在 0.01 的水平上显著。

德国老年游客 IG 矩阵如图 3-2 所示，从分布的酒店属性数量和位置发现绝大部分酒店属性（33 个）分布在绩效因子象限。出乎意料的是，与员工属性相关的所有属性（具体包括"4 员工形象""5 员工专注度""25 服务效率""26 员工友好度""29 员工礼貌""30 服务及时性""32 员工应急能力"）都位于绩效高的第一象限。这说明员工相关属性的绩效越高，顾客的满意度就越高，反之亦然。"23 早的用餐时间""13 公共区域光线充足""10 娱乐活动""7 健身房""31 酒店声誉"等 12 个酒店属性则位于绩效低的象限，这些属性的显性重要性和隐性重要性相对较低，它们可能不是用户最关心的点。除此之外，对于德国老年游客而言，"1 实际价格""12 卧室光线充足""28 位置"是酒店的基础因子。换言之，这些酒店属性虽然在直接影响顾客满意度方面并不显著，但仍然是德国老年游客在选择服务时不可或缺的重要因素。而在兴奋因子象限，只有"17 游泳池"唯一一个酒店属性，这意味着酒店当下需要不断创造令老年游客惊喜的兴奋因子，以提升其满意度和忠诚度。

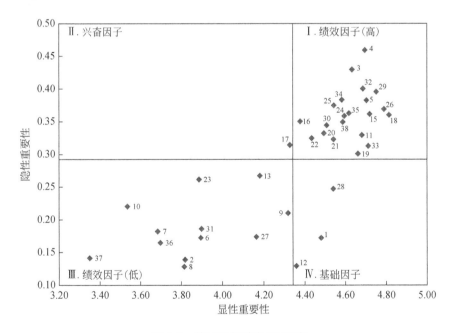

图 3-2　德国老年游客 IG 矩阵

英国老年游客 IG 矩阵如图 3-3 所示，从酒店属性的总体分布上看，大部分酒店属性位于第一象限和四象限，即高绩效因子象限和基础因子象限。令人难以置信的是，在第二象限，即兴奋因子象限竟然没有酒店属性，说明在英国老年游客的心目中，目前酒店提供的产品和服务还不足以让他们感到惊喜和兴奋。31个酒店属性中有12个位于高显性重要性和低隐性重要性的第四象限，被归类为基础因子，具体包含"13 公共区域光线充足""33 安全与安保""3 酒店氛围""5 员工专注度""30 服务及时性""23 早的用餐时间""12 卧室光线充足""4 员工形象""38 酒店维修标准""28 位置""11 性价比""17 游泳池"。这些酒店属性处于高绩效水平时，并不会产生高满意度，但在低绩效的情况下，这些属性有可能引起英国老年游客的不满。因此，酒店管理者也需要格外注重这些基础因子。与食品和饮料服务相关的属性（如"27 大型打印菜单、标志和信息""36 小份食物""15 餐饮服务网点""37 特殊饮食菜单"等）被确定为低绩效因子，而其他14个属性（如"26 员工友好度""18 清洁度""20 公共区域的舒适度""31 酒店声誉"等）则归属于高绩效的绩效因子。

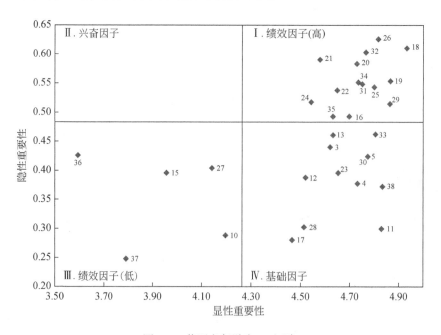

图 3-3　英国老年游客 IG 矩阵

通过将德国和英国两个国家老年游客对酒店属性显性和隐性重要性的评价进行综合比较，不难发现两国老年游客对酒店属性评价的差异很大。例如，"1 实际价格"、"12 卧室光线充足"和"28 位置"是德国老年游客的基础因子，而英国老年游客的基础因子中还包括 "3 酒店氛围"、"5 员工专注度" 和 "30 服务及时性" 等其他酒店属性，这也进一步证实了老年游客不是一个同质的群体。此外，德国和英国老年游客在酒店属性归类中存在相同之处。例如，"16 用于放松的休息室或酒吧"、"18 清洁度"、"19 卧室的舒适度"、"20 公共区域的舒适度" 和 "21 卧室装饰" 等 13 个酒店属性都被确定为是高绩效的绩效因子。

4. 对策与建议

第一，深刻认识老年游客的异质性，定制差异化服务方案。酒店行业需深刻认识到老年游客并非单一同质化的群体，他们的年龄、健康状况、兴趣爱好、旅行目的及生活方式各不相同。因此，酒店应首先进行细致的客户画像分析，通过问卷调查、访谈等方式收集老年游客的具体需求与偏好。基于此，酒店可以设计出多样化的房型与服务套餐，如专为行动不便的老年人设计的无障碍客房，配备紧急呼叫系统、可调节高度的床与椅子、防滑地板及扶手等；对于注重养生的老年游客，则可推出包含健康餐饮、瑜伽课程、中医理疗等项目的养生度假套餐。通过定制化服务，酒店能够更精准地满足老年游客的差异化需求，提升他们的住宿体验。

第二，强化酒店员工服务意识，优化内部设施与环境。酒店员工是老年游客在旅途中接触最多的人员之一，他们的服务态度与专业技能直接影响游客的满意度。因此，酒店应加强对员工的培训，提升他们的服务意识与沟通能力，确保每位员工都能以耐心、细致、热情的态度为老年游客提供服务。同时，酒店内部设施与环境的优化也是不可忽视的一环。从大堂到客房，从餐厅到休闲区，每一处都应体现出对老年游客的关怀与尊重。例如，大堂可设置休息区，配备舒适的沙发与轮椅；客房内则应注重采光与通风，保持整洁与安静；餐厅则需提供营养均衡、易消化的菜品，并根据老年游客的口味偏好进行调整。此外，酒店可以通过装饰与布置营造温馨、舒适的氛围，让老年游客感受到家的温暖。

第三，创新产品与服务，融入人性化与惊喜元素。为了吸引并留住老年游客，酒店应不断创新产品与服务，融入更多人性化与惊喜元素。在产品方面，酒店可以推出针对老年游客的特色旅游项目，如周边景点的接送服务、文化讲座与体验活动、健康养生讲座等。同时，酒店还可开发一些具有纪念意义的旅游纪念品，如定制化的相册、手工艺品等，让老年游客在旅途中留下美好的回忆。在服务方面，酒店可以设立专门的老年游客服务热线或在线客服，为他们提供便捷、高效的问题咨询与解决方案。此外，酒店可以适时地为老年游客送上小惊喜，如生日蛋糕、节日贺卡、免费升级房型等，这些都能让老年游客感受到酒店的用心与关怀。通过这些兴奋因子不断提升老年游客的满意度。

第四，构建完善的售后反馈机制，持续优化服务品质。为了不断提升老年游客的满意度与忠诚度，酒店应建立完善的售后反馈机制。通过收集老年游客的意见与建议，酒店可以及时发现服务中存在的问题与不足，并采取相应的改进措施。例如，酒店可以在客房内放置意见卡或设置在线评价系统，鼓励老年游客分享他们的住宿体验与感受。同时，酒店还应定期对老年游客进行回访与满意度调查，了解他们的最新需求与期望。基于这些反馈信息，酒店可以持续优化服务品质与产品内容，为老年游客提供更加贴心、专业的服务体验。

3.1.3　影响非对称性分析

影响非对称性分析（impact-asymmetry analysis，IAA）是一种先进的分析工具，专门用于深入探究服务或产品特性对顾客满意度的非对称影响。它超越了传统的线性关系分析，通过揭示属性表现与顾客满意度之间复杂的非线性动态，为服务改进和顾客体验设计提供了新的视角。该方法的核心在于识别和分类那些对顾客情感反应具有显著差异化影响的服务属性，从而为管理者提供精准的决策支持，以最大化顾客满意度并减少顾客不满。

IAA模型（图3-4）的关键贡献在于其细致入微的分类体系，将服务属性归为五类：愉悦者（delighters）、满意者（satisfiers）、混合者（hybrids）、不满意者（dissatisfiers）和挫败者（frustraters）。这些分类不仅基于服务属性对顾客满意度的直接影响程度（即高、中、低影响），还根据服务属性对满意度和不满意度的生成潜能非对称性进行划分。具体来说，愉悦者指的是即使微小提升也能显著增加顾客满意度的属性，而挫败者则指的是即使小幅度下降也会导致顾客强烈不满的属性。混合者在不同情况下既能引起满意又能导致不满意，其影响较为平衡。

在实践应用中，IAA通过构建二维网格图直观地展现这种非对称性，其中横轴代表属性影响顾客满意度的范围（impact range，IR）；纵轴则代表影响非对称（impact asymmetry，IA）指数。IR衡量的是属性在极端表现情况下的潜在影响力，而IA则揭示了属性对满意度和不满意度生成潜能的差异。通过将属性置于

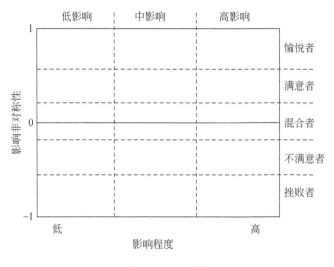

图 3-4　IAA 模型

网格的不同区域，管理者可以直观地识别出哪些属性最有可能成为满意度提升的杠杆点，以及哪些属性需要立即改进以避免顾客不满。

　　Mikulić 和 Prebežac（2008）的研究在机场旅客服务领域率先应用了 IAA 模型，通过实证分析验证了这一方法的有效性。他们发现，某些属性（如员工礼貌）虽然当前表现良好，但由于其具有高的满意度生成潜力，应当给予更高优先级的改进。这种方法论突破了以往只关注属性当前表现的传统分析限制，揭示了服务改进策略的新方向。后续的研究，如 Lee 和 Choi（2020）以及 Wong 和 Lai（2018）进一步扩展了 IAA 模型的应用范围，将其应用于旅游、酒店管理及其他服务业，证明了 IAA 模型作为一种强大的工具的普遍适用性。这些研究强调了在服务管理中理解属性影响非对称性的重要性，指出通过识别和优先处理那些对顾客满意度有重大影响的属性，企业可以更高效地制定策略，减少资源浪费，同时增强顾客忠诚度和市场竞争力。

　　总而言之，IAA 模型通过其独特的非对称性视角和分类体系，为管理者提供了识别和优化服务质量的新途径。它不仅帮助管理者避免了传统分析方法可能导致的误导性结论，还促进了服务改进决策的科学性和针对性，是提升顾客满意度和企业绩效不可或缺的分析工具。

3.1.4　研究案例（IAA 模型）

1. 案例背景

会展业作为会议、奖励旅游、大会展览、活动展览（meetings、incentives、conventions、exhibitions，MICE）活动的重要组成部分，对旅游业的整体发展具有重要影响。与传统服务业聚焦于酒店与餐饮的单一模式不同，会展业构建起一个由组织者、参展商及参观者交织而成的复杂生态网络，其中参展商的角色尤为独特且多维。他们既是被组织者服务的对象，又是为参观者提供服务的主体。

在此背景下，价值共创（value co-creation）作为会展业的新兴议题，日益成为提升参展体验与展会品质的关键要素。价值共创是价值创造主体通过服务交换和资源整合共同创造价值的动态过程（简兆权等，2016）。在会展业，参展商积极参与展览的各个环节，如展位布置、产品演示、现场互动等，不仅展现了企业实力与品牌形象，更在无形中与参观者共创了独特的体验价值。此外，更深层次的价值共创体现在参展商与组织者之间的紧密合作上，双方通过策略协同、资源共享，共同优化展览流程，提升参展效率与成果。

然而，虽然价值共创的重要性日益凸显，但以往对展览中价值共创活动的研究较为有限，尤其在区分参与和合作两类活动对参展商满意度及不满意度的具体影响方面缺乏深入分析。Wong 和 Lai（2018）的研究成果为此方面提供了宝贵的启示。该案例将在此基础上，深入分析参展商在展览中的价值共创活动，特别是参与和合作两类活动，探讨其对参展商满意度和不满意度的影响，进而为展览组织者、参展商及整个展览行业提供策略性指导和优化建议。

2. 研究方案

该案例旨在评估参展商在展览中的价值共创活动对其满意度和不满意度的对称和非对称影响。为实现这一目的，首先，该案例基于相关的文献综述，通过多轮参展商和行业专家小组会议，经过拟定、修订、合并、评级、排序和审查等程序，最终确定了一个针对参展商在展览中的价值共创活动评价量表，共包括 2 种活动、8 项属性和 27 个测量项目（表 3-2）。

表 3-2 展览中的价值共创活动测量评价体系

活动	属性	编号	题项
参与活动	信息寻求（ISe）	ISe1	我们在这次展览会上寻找市场信息
		ISe2	我们正在寻找这次展览中的产品信息
		ISe3	我们正在寻找这次展览中的客户信息
	信息共享（ISh）	ISh1	我们希望与与会者、组织者和其他参展商分享市场信息
		ISh2	我们希望与与会者、组织者和其他参展商分享产品信息
		ISh3	我们希望与与会者、组织者和其他参展商分享客户信息
	责任（Res）	Res1	我们负责在展览会上交付我们的展位
		Res2	我们负责维护我们在展览会上的展位
		Res3	我们负责保护我们在展览会上的展位
	情境意识（Sit）	Sit1	在这次展览中，我们想预测一下展览的需求
		Sit2	在这次展览中，我们想认识一下展览的情况
		Sit3	在这次展览中，我们想了解一下展览的情况
		Sit4	在这次展览中，我们想处理一下展览的情况
合作活动	参与度（Eng）	Eng1	我们希望向展览组织者提供客观的信息
		Eng2	我们想就展览的设计提供反馈
		Eng3	我们愿意协助展会主办方和组织方宣传展会
		Eng4	我们想就有关展览的事宜提供咨询
	知识转移（KTr）	KTr1	我们积极与展览组织者分享我们的工作知识
		KTr2	我们主动与展览组织者分享我们的最佳实践
		KTr3	我们与展览组织者互动，分享我们对展览的了解
	解决冲突（RCo）	RCo1	当出现冲突时，我们愿意与展会主办方共同解决问题
		RCo2	当出现冲突时，我们可以与展览组织者顺利解决问题
		RCo3	当出现冲突时，我们可以与组织者研究一个双方都满意的解决方案
	承诺（Com）	Com1	我们一直对展览组织者感到放心
		Com2	这个展览的组织者总是彬彬有礼和友好
		Com3	我们对这个展览组织者非常忠诚
		Com4	我们对这个展览组织者有一种认同感
总体满意度（OS）		OS1	我们对本次展会的价值共创表现非常满意
		OS2	本次展会中的价值共创表现达到了我们的预期
		OS3	与其他展会相比，我们对本次展会的价值共创表现感到满意

在开发设计完测量评价量表之后，该案例设计了由三部分组成的展览中的价值共创活动调查问卷。由于本次调查的对象是展览中的参展商，因此第一部分是一个筛选问题，即询问受访者是否愿意代表其公司完成问卷，第二部分是先前开发的关于展览中的价值共创活动的评价量表，采用七分制的利克特量表进行评分（1 分表示非常不同意，7 分表示非常同意），第三部分则是关于受访者及其公司的概况问题，包括展会类型、国家地区、公司规模、每年参展数量、职位、参展经验等。该调查问卷在中国澳门举办的 4 个展览会中发放，最后收集得到 500 份调查问卷，其中有效问卷为 437 份。

随后，基于调查问卷数据进行影响非对称性分析，考虑到各价值共创活动的可测量项目不可互换，评价量表为形成性测量模型。因此，该案例结合偏最小二乘（PLS）法来评估价值共创活动的测量模型。这种方法不仅可以区分价值共创活动中参与和合作关系的不同维度，还能处理形成性测量模型，从而更准确地评估各属性对总体满意度的影响。

3. 结果与分析

该案例使用 SPSS 统计分析软件对调查问卷数据进行检验，结果显示，参与活动和合作活动的抽样合适性检验值（KMO）分别为 0.880 和 0.931，非常适合进行因子分析。因此，在调查问卷数据的基础上，进行探索性因子分析，旨在揭示并确认数据中的潜在成分或结构。表 3-3 展示了参与活动和合作活动维度下各属性因子的总方差解释情况，即各属性因子对原始变量总方差的贡献率，这有助于我们理解各属性因子的重要性及它们共同解释的变异量。表 3-4 呈现了经过旋转后的因子矩阵，该矩阵揭示了每个变量与提取出的因子之间的关系强度。通过旋转可以更清晰地识别出每个属性因子所代表的变量组合，从而更准确地解释数据的潜在成分或结构。

为进一步证明展览中的价值共创活动评价量表的有效性，该案例使用 SmartPLS 软件对调查问卷数据进行了验证性因子分析（表 3-5）。其中，每个属性因子的 PLS 载荷高于推荐值 0.50，这强有力地证明了各测量项目对其对应因子的良好代表性。通过计算克龙巴赫 α 系数（Cronbach's α 系数），发现所有变量的内部一致性均达到了高水平，都超过了 0.70 的可靠性标准，确保了测量结果的稳定性和可靠性。表 3-5 数据结果显示，所有组合信度（CR）值都超过了确保足够结构信度的推荐值 0.70，彰显了量表内部结构的紧密性。与此同时，每个组合的平均方差提取值（AVE）也高于 0.50 的收敛效度门槛，这进一步确认了量表各维度之间的区分度和测量指标对各自维度的高度聚合性。上述分析结果不仅验证了展览中价值共创活动测量量表的有效性，还为其在各维度上的可靠性、信度和效度提供了全面而有力的支持证据。

表 3-3 参与活动和合作活动维度下的属性因子总方差解释

编号	初始特征根			提取载荷平方和			旋转载荷平方和		
	总计	方差/%	累计/%	总计	方差/%	累计/%	总计	方差/%	累计/%
参与活动									
ISe1	5.850	44.996	44.996	5.850	44.996	44.996	2.783	21.405	21.405
ISe2	1.680	12.925	57.921	1.680	12.925	57.921	2.462	18.942	40.347
ISe3	1.172	9.018	66.939	1.172	9.018	66.939	2.327	17.902	58.249
ISh1	1.015	7.810	74.749	1.015	7.810	74.749	2.145	16.500	74.749
ISh2	0.588	4.522	79.272						
ISh3	0.456	3.507	82.779						
Res1	0.436	3.350	86.129						
Res2	0.410	3.156	89.285						
Res3	0.342	2.628	91.913						
Sit1	0.326	2.507	94.420						
Sit2	0.272	2.095	96.515						
Sit3	0.249	1.915	98.430						
Sit4	0.204	1.570	100.00						
合作活动									
Eng1	7.238	48.251	48.251	7.238	48.251	48.251	3.358	22.384	22.384
Eng2	1.364	9.091	57.342	1.364	9.091	57.342	2.853	19.021	41.404
Eng3	1.142	7.615	64.957	1.142	7.615	64.957	2.332	15.545	56.949
Eng4	1.055	7.033	71.990	1.055	7.033	71.990	2.256	15.041	71.990
KTr1	0.515	3.436	75.426						
KTr2	0.487	3.246	78.672						
KTr3	0.476	3.176	81.848						
RCo1	0.439	2.927	84.774						
RCo2	0.379	2.524	87.299						
RCo3	0.374	2.491	89.790						
Com1	0.357	2.378	92.168						
Com2	0.314	2.095	94.263						
Com3	0.309	2.058	96.321						
Com4	0.280	1.866	98.187						

表 3-4　参与活动和合作活动维度下的探索性因子分析结果

编号	因子载荷			
	1	2	3	4
参与活动				
ISe1	0.852	0.203	0.192	0.124
ISe2	0.839	0.287	0.187	0.151
ISe3	0.822	0.142	0.203	0.163
ISh1	0.280	0.773	0.205	0.215
ISh2	0.292	0.710	0.308	0.181
ISh3	0.130	0.826	0.123	0.183
Res1	0.187	0.165	0.816	0.166
Res2	0.191	0.181	0.838	0.184
Res3	0.197	0.205	0.772	0.217
Sit1	0.091	0.256	0.159	0.716
Sit2	0.106	0.157	0.139	0.851
Sit3	0.098	0.147	0.128	0.832
Sit4	0.191	0.060	0.192	0.754
合作活动				
Eng1	0.780	0.122	0.107	0.202
Eng2	0.803	0.163	0.159	0.216
Eng3	0.744	0.284	0.174	0.241
Eng4	0.730	0.205	0.242	0.208
KTr1	0.231	0.824	0.114	0.229
KTr2	0.227	0.808	0.110	0.246
KTr3	0.190	0.727	0.315	0.202
RCo1	0.230	0.283	0.714	0.245
RCo2	0.142	0.161	0.791	0.311
RCo3	0.209	0.091	0.798	0.223
Com1	0.191	0.250	0.212	0.706
Com2	0.284	0.210	0.269	0.655
Com3	0.282	0.145	0.186	0.794
Com4	0.196	0.146	0.216	0.816

表 3-5　参与活动和合作活动维度下的验证性因子分析结果

编号	均值	标准差	PLS 载荷
信息寻求（ISe）（Cronbach's α = 0.881，AVE = 0.808，CR = 0.926）			
ISe1	5.638	1.099	0.901
ISe2	5.682	1.082	0.922
ISe3	5.755	1.059	0.872
信息共享（ISh）（Cronbach's α = 0.820，AVE = 0.735，CR = 0.893）			
ISh1	5.616	1.042	0.892
ISh2	5.620	0.999	0.869
ISh3	5.382	1.224	0.809
责任（Res）（Cronbach's α = 0.844，AVE = 0.762，CR = 0.906）			
Res1	5.753	1.031	0.871
Res2	5.739	1.080	0.900
Res3	5.707	1.048	0.847
情境意识（Sit）（Cronbach's α = 0.846，AVE = 0.686，CR = 0.897）			
Sit1	5.245	1.101	0.788
Sit2	5.357	1.039	0.880
Sit3	5.435	1.020	0.850
Sit4	5.481	1.013	0.791
参与度（Eng）（Cronbach's α = 0.857，AVE = 0.700，CR = 0.903）			
Eng1	5.579	1.003	0.800
Eng2	5.529	1.017	0.852
Eng3	5.588	1.023	0.864
Eng4	5.529	1.017	0.827
知识转移（KTr）（Cronbach's α = 0.835，AVE = 0.753，CR = 0.901）			
KTr1	5.625	0.937	0.889
KTr2	5.668	0.905	0.874
KTr3	5.524	0.969	0.839
解决冲突（RCo）（Cronbach's α = 0.816，AVE = 0.731，CR = 0.891）			
RCo1	5.568	0.895	0.845
RCo2	5.533	0.902	0.883
RCo3	5.529	0.892	0.838
承诺（Com）（Cronbach's α = 0.888，AVE = 0.692，CR = 0.918）			
Com1	5.526	0.927	0.808
Com2	5.611	0.941	0.806
Com3	5.561	0.938	0.865
Com4	5.542	0.937	0.866
总体满意度（OS）（Cronbach's α = 0.846，AVE = 0.765，CR = 0.907）			
OS1	5.577	0.937	0.862
OS2	5.535	0.879	0.878
OS3	5.618	0.915	0.883

注：AVE 为平均方差提取值；CR 为组合信度。

根据 IAA 模型的具体方法，该案例创建了两组虚拟变量，即极高绩效水平的奖励虚拟集和极低绩效水平的惩罚集，随后，进行 PLS 回归，以获得每个价值共创活动的奖励指数和惩罚指数，参与活动和合作活动的 PLS 分析结果分别如图 3-5和图 3-6 所示。

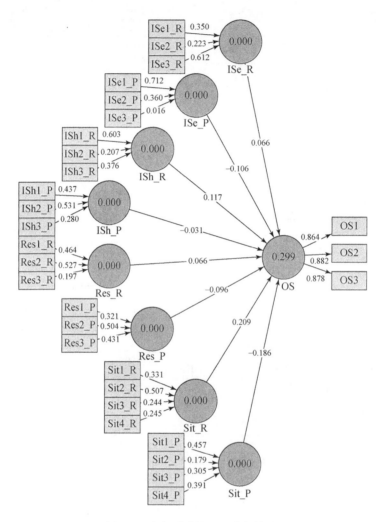

图 3-5　参与活动的 PLS 分析结果

通过计算可以得到每个价值共创活动中属性的满意度产生潜力（SGP）、不满意度产生潜力（DGP）、非对称影响（IA）和其对整体满意度的影响范围（IR）等值（表 3-6）。由此，对表 3-6 数据进行可视化，可以得到展览中价值共创活动 IAA 象限图（图 3-7）。

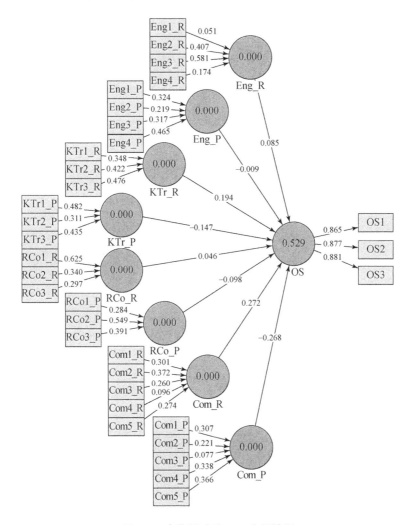

图 3-6　合作活动的 PLS 分析结果

如图 3-7 所示，8 项属性的归类，有 1 个愉悦者（参与度）、1 个满意者（信息共享）、4 个混合者（责任、知识转移、情境意识和承诺）和 2 个不满意者（信息寻求和解决冲突），没有挫败者。根据属性的归类情况，该案例基于 IAA 模型和 IPA 模型，为不同类别的属性制定了不同的战略行为（表 3-7）。

表 3-6 共同创造活动的要素结构

项目	奖励指数	T 值奖励指数	惩罚指数	T 值奖励指数	IR	SGP	DGP	IA
参与活动 （$R^2 = 0.299$）								
信息寻求	0.066	1.391	−0.106	2.303	0.172	0.384	−0.616	−0.233
信息共享	0.117	2.742	−0.031	0.667	0.148	0.791	−0.209	0.581
责任	0.066	1.495	−0.096	1.944	0.162	0.407	−0.593	−0.185
情境意识	0.209	4.963	−0.186	4.170	0.395	0.529	−0.471	0.058
合作活动 （$R^2 = 0.529$）								
参与度	0.085	2.222	−0.009	0.207	0.094	0.904	−0.096	0.809
知识转移	0.194	5.019	−0.147	2.890	0.341	0.569	−0.431	0.138
解决冲突	0.046	1.503	−0.098	2.071	0.144	0.319	−0.681	−0.361
承诺	0.272	7.971	−0.268	5.859	0.540	0.504	−0.496	0.007

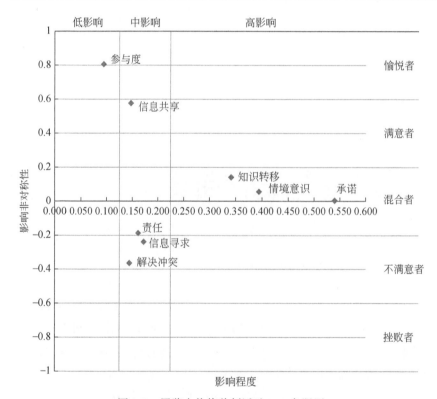

图 3-7 展览中价值共创活动 IAA 象限图

表 3-7　不同类型属性的战略行为

类型	低影响	中影响	高影响
愉悦者	忽略	重视	高度重视
满意者	忽略	重视	重视
混合者	低优优先级	重视	高度重视
不满意者	忽略	维持	维持
挫败者	忽略	维持	积极维持

在参与活动中,"信息寻求"被归属为中影响的不满意者,"信息共享"则归属为中影响的满意者。这表明"信息寻求"是参展商在展会上的一项关键要素,因为每个参展商都希望获得必要的市场信息,以保持行业的最新状态。因此,展览组织者应该加强对该属性的投入,以确保参展商寻求信息的渠道畅通。在合作活动中,"参与度"被测定为低影响的愉悦者因子,虽然参与度能够使人感到愉悦,但其影响很小,组织者可以降低对其的优先级并将有限的资源分配到其他方面。"解决冲突"被确定为中影响的不满意者。当参展商与主办方之间出现冲突时,参展商感到不悦是自然而然且显而易见的反应。然而,即便最终解决了冲突,参展商也可能并不会高兴,因为冲突本质上是负面的。鉴于此,主办方应当深刻认识到冲突解决不仅仅是恢复表面上的和平,更重要的是要修复受损的关系和信任,主办方最好还是继续维持"解决冲突"的工作。

在混合者中,"情境意识"、"知识转移"和"承诺"是高影响的混合者,"责任"是中影响的混合者。这意味着展览组织者应高度重视价值共创活动中这些属性的绩效表现,以获得参展商更高的满意度。具体而言,展览组织者可以采取一系列策略来增强这些属性的绩效表现。例如,通过利用数字化平台,如官方网站或移动应用,实时更新展览的最新信息、日程安排及参展商指南,从而有效地提升"情境意识"的绩效,确保参展商能够随时掌握展览动态,做出更加精准的参与规划。此外,展览组织者可安排一系列展前筹备会议和展后总结交流会,这些会议不仅是参展商准备和反馈的重要平台,更是促进"知识转移"的有效渠道。通过分享最佳实践、市场趋势及经验教训,参展商之间能够建立更加紧密的知识联系,共同提升业务水平。同时,建立和维护基于"承诺"、"责任"及"信任"的稳固关系网络至关重要。这要求展览组织者在筹备及执行展览的全过程中保持高度的透明度和责任感,确保所有承诺得到切实履行。通过构建这种正面的互动模式，参展商将更加信任展览组织者，并愿意在未来继续参与合作，共同推动会展业的繁荣发展。

4. 总结与讨论

该案例使用 IAA 模型，深入剖析参展商在展览中的价值共创活动的因素结构，这些因素直接影响着他们对展览的满意度与不满意度。通过系统分析，该案例揭示了价值共创测量模型的参与和合作关系维度中的不同价值共创活动与参展商对展览的总体满意度和不满意度之间存在着对称和非对称关系。

展览中的价值共创活动具有多维性。参展商在展览中的价值共创活动不仅限于简单地参与，更包括深度合作。信息寻求、信息共享、责任和情境意识等参与活动对提升参展商的满意度有着重要作用；而参与度、知识转移、解决冲突和承诺等合作活动则能够进一步加深参展商与展览组织者的关系，促进双方共同优化展览流程，提升参展效率与丰富成果。

价值共创活动中的各种属性对参展商的满意度和不满意度有着对称和非对称影响。展览组织者需采取精准有效的优化策略，聚焦于关键属性的提升，以最大化参展商的满意度，进而促进展览活动的整体成功与长远发展。

3.2 基于属性非对称性和表现性的研究模型

3.2.1 影响非对称性–绩效分析

影响非对称性–绩效分析（asymmetric impact-performance analysis，AIPA）模型由 Caber 等于 2013 年在旅游研究领域首次提出，是对原有 IAA 模型的扩展与简化，适用于存在非线性关系的情境，即属性的表现对顾客满意度的影响并非简单的线性关系。AIPA 模型的核心价值在于它能够揭示哪些属性在表现不佳时对满意度有显著的负面影响（基础因子），哪些属性在表现优异时能显著提升满意度（兴奋因子），以及哪些属性的表现线性影响满意度（绩效因子），即属性表现好和坏对满意度正面和负面的影响效果对称。

具体而言，AIPA 模型（图 3-8）构建了一个二维矩阵，其横轴代表属性的当前表现性水平，纵轴则体现了属性对满意度的非对称影响。这一矩阵直观地展示了各项属性在不同表现水平下对用户满意度的潜在影响，使管理者能够一目了然地识别出哪些属性是改进的重点。例如，如果一个属性被归类为基础因子，表明当其表现不佳时，顾客的不满意度会显著增加，因此需要优先改进以确保基本的服务质量。而兴奋因子则意味着，只有当这些属性得到显著提升时，顾客的满意度才会明显增加，适合用作差异化竞争的优势点。至于绩效因子，则提示管理者这些属性的表现应维持在一个稳定的高水平，因为它们对满意度的影响是双面的，既可增又可减。

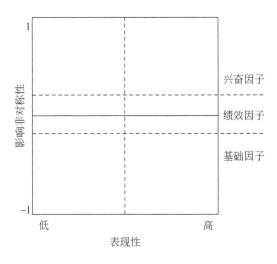

图 3-8　AIPA 模型

在实际应用中，Caber 等（2013）不仅在理论上构建了 AIPA 框架，还通过实证研究验证了其效用。例如，他们通过调研旅行社销售人员对旅游运营商提供的外联网（extranet）系统的使用体验，发现易用性和有用性作为基础因子，即使表现稍有不足也会导致用户强烈不满；而相对优势、信任和响应时间则属于兴奋因子，高表现性能显著提升满意度；娱乐性作为绩效因子，需保持平衡以避免表现波动导致满意度起伏。此外，该模型已超越旅游业，被应用于城市保护、文化遗产管理等领域，如 Ji 等（2020）的研究表明，AIPA 模型能有效协助识别出历史城市景观改善的优先级，以增强居民的满意度。

总体来说，AIPA 模型通过细致区分和定位关键属性对满意度的非对称影响，为管理者提供了一种科学、直观且实用的战略规划工具。它不仅促进了资源的合理配置，还加深了对用户感知与需求的理解，对于提升服务质量、增强顾客忠诚度以及促进可持续发展具有重要意义。随着 AIPA 模型在不同领域中的应用案例不断增加，其在理论和实践层面的价值得到了广泛认可，成为跨学科研究中评估和优化服务质量的重要手段。

3.2.2 研究案例（AIPA 模型）

1. 案例背景

攀岩是一种结合体力、技巧与心智的极限运动，要求攀爬者利用专业装备在陡峭岩壁或人工岩壁上通过手脚协调与力量控制向上攀登（冯道光，2015）。它作为一种探险旅游形式，在全球范围内正迅速兴起并受到越来越多游客的青睐。攀岩活动不仅挑战了参与者的体能和技能，还为他们提供了亲近自然、体验刺激的绝佳机会。这一运动起源于英国登山者在尝试高山攀登前进行的岩石表面锻炼，随后在欧洲和美国等国家迅速流行开来。如今，攀岩已不仅仅是一项体育活动，更成为旅游业中的一个重要组成部分，为许多旅游目的地创造了显著的经济效益和可持续发展机会。

在攀岩旅游中，土耳其安塔利亚的盖伊克巴伊里（Geyikbayiri）地区凭借其丰富的攀岩资源和独特的地理条件，成为攀岩爱好者的胜地。盖伊克巴伊里地区最初于 21 世纪被探索，现已发展成为土耳其最著名的攀岩目的地之一。这里拥有的攀岩路线超过 700 条，涵盖了各种难度级别，适合不同经验水平的攀岩者。同时，安塔利亚地区优越的气候条件（一年中有 300 天阳光充足，平均气温保持在 18.7℃）使得盖伊克巴伊里地区几乎全年都可进行攀岩活动，尤其在冬季，更是吸引了众多攀岩游客。

然而，虽然攀岩旅游在世界各地区蓬勃发展，但对于攀岩游客如何评估攀岩基地中各项目的地属性及其对总体满意度的影响，学界尚缺乏深入研究（Albayrak et al., 2016）。传统上，攀岩多被视为体育或医学领域的研究对象，学者多关注攀岩者的心理状况、技能表现及医疗伤害等方面（冯道光，2015；Draper et al., 2010；Walker et al., 2020），而较少从旅游学角度探讨攀岩旅游者的满意度和行为。因此，了解攀岩游客对目的地属性的感知质量及其对总体满意度的影响，对于提升攀岩旅游目的地的竞争力、优化游客体验及促进可持续发展具有重要意义。

基于上述背景，Albayrak 和 Caber（2016）以盖伊克巴伊里地区为案例地，利用 AIPA 模型分析攀岩游客的真实感知与期望之间的差距，探讨游客对目的地属性的质量感知对游客总体满意度的影响路径，从而为盖伊克巴伊里地区服务优化提供科学依据。

2. 研究方案

该案例采用结构化调查问卷，其分为人口统计特征、旅游行为特征、目的地属性质量评价和总体满意度评价四大部分。在调查量表中，参考以往研究，设计了 12 个项目，采用 7 分利克特量表进行测量，"1 ~ 7"代表"非常低 ~ 非常高"，以衡量受访者对盖伊克巴伊里目的地属性的质量认知。此外，调查问卷中还包括一个衡量与目的地相关的总体满意度的项目，也采用 7 分利克特量表进行评价，范围从"强烈不同意 1"到"强烈同意 7"。该调查问卷被翻译为土耳其语、俄语、德语和英语 4 种语言，由两名训练有素的采访者在盖伊克巴伊里对攀岩游客进行调查。本次调查共收集了 473 份问卷。随后，根据 AIPA 模型，深入探讨和分析目的地属性对攀岩游客满意度的非对称影响。

3. 结果与分析

表 3-8 展示了本次调查问卷中受访者的人口统计特征和旅游行为特征。具体来看，在人口统计特征方面，本次调查问卷的大多数受访者为男性，占比 64.3%，且大多是来自德国的攀岩游客。从年龄来看，分布在 21 ~ 30 岁的人数最多，占比为 40.7%，31 ~ 40 岁的人数占比为 29.9%。就受访者的职业而言，34.9% 的受访者在私营企业工作，29.8% 是学生，且大多数受过良好的教育，67.2% 的受访者的教育程度是大学及以上，只有 5.6% 的受访者的教育程度是小学。在旅游行为特征方面，67.0% 的受访者说他们是第一次访问盖伊克巴伊里地区，且超过一半以上的受访者表示他们有五年及以下的攀岩经验，说明这些游客是资深攀岩爱好者。在停留时间上，46.9% 的受访者喜欢 8 ~ 14 天的旅游行程，而 23.8% 的受访者更喜欢 15 ~ 21 天的旅游行程。

表 3-8　受访者的人口统计特征和旅游行为特征　　　（单位:%）

项目	内容	占比
性别	男性	64.3
	女性	35.7

项目	内容	占比
年龄	20 岁及以下	12.8
	21~30 岁	40.7
	31~40 岁	29.9
	41~50 岁	13.6
	51 岁及以上	3.0
婚姻状况	已婚	20.0
	单身	80.0
国籍	德国	41.4
	土耳其	13.7
	俄罗斯	6.6
	挪威	5.3
	英国	4.7
	其他	28.3
职业	私营企业员工	34.9
	学生	29.8
	公职人员	12.3
	公司经营者	9.3
	其他	13.7
教育程度	大学及以上	67.2
	高中	13.7
	初中	13.5
	小学	5.6
停留时间	1~7 天	29.3
	8~14 天	46.9
	15~21 天	23.8
到访次数	1 次	67.0
	2 次	17.0
	3 次	5.7
	4 次及以上	10.3
攀岩经验	5 年及以下	51.2
	6 年及以上	48.8

在进行 AIPA 之前，该案例对关于目的地属性的项目进行了探索性因子分析（方差最大旋转），如表 3-9 所示，其中 KMO 为 0.784，巴特利特统计量为 1514.69，显著性为 0.000。在剔除一个项目（住宿设施的价格）后，探索性因子分析从其余 11 个目的地项目中提取了 4 个因素，解释了总方差的 67.37%。

表 3-9　目的地属性的探索性因子分析结果

属性	因子载荷	均值（标准差）	解释方差/%	Cronbach's α
住宿		5.13（1.12）	20.07	0.792
住宿设施的舒适度	0.878			
住宿设施的清洁度	0.863			
人员服务的质量	0.665			
地理		5.89（1.04）	17.13	0.641
天气状况	0.777			
岩石和路线	0.805			
氛围		5.04（1.11）	15.65	0.652
攀岩之外的活动	0.685			
该地区的安静程度	0.673			
该地区的风景	0.727			
基础设施		4.80（1.10）	14.51	0.576
该区域的可进入性	0.524			
该区域的整体清洁度	0.593			
信息标识和服务	0.838			

根据表 3-9 数据，4 个主要因素的 Cronbach's α 的范围在 0.576~0.792，说明 4 个因素具有良好的内部一致性。随后，对该案例进行了奖惩对比分析，将目的地属性因子得分重新编码如下：定义最低三分位数以形成一个虚拟变量，以量化低绩效的影响（值为 -1）；最高三分位数用于形成第二个虚拟变量，以量化高绩效的影响（值为 1）；虚拟变量的空单元格被定义为参考组，并被赋值为 0。通过这样的方法检验目的地属性对总体满意度的影响，并识别对游客总体满意度显著和不显著的属性（表 3-10）。

表 3-10　目的地属性对攀岩游客整体满意度的影响

属性	回归系数	虚拟变量回归系数	
		奖励指数	惩罚指数
住宿	0.321 *	0.384 *	−0.273 **
地理	0.474 *	0.480 *	−0.390 *
氛围	0.311 *	0.329 *	−0.385 *
基础设施	0.188 *	0.271 **	−0.098 n. s.
R^2	0.404	0.271	

注：以上回归系数为未标准化回归系数。

* $P<0.01$，** $P<0.05$。n. s. 不显著。

进一步地，可以得到 AIPA 结果（表 3-11）。为了更好地观察各项属性对攀岩游客总体满意度的影响，该案例对数据分析结果进行可视化，将其转化为直观清晰的二维矩阵图（图 3-9）。其中，X 轴为表现性，Y 轴为影响非对称性。

表 3-11　目的地属性的 AIPA 结果

属性	IR	SGP	DGP	IA
住宿	0.657	0.584	−0.416	0.169
地理	0.870	0.552	−0.448	0.103
氛围	0.714	0.461	−0.539	−0.078
基础设施	0.369	0.734	−0.266	0.469

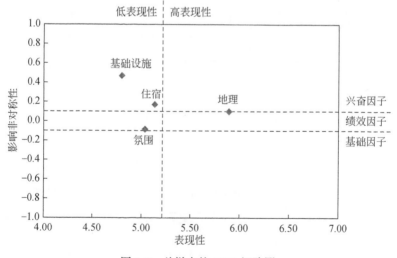

图 3-9　总样本的 AIPA 矩阵图

如图 3-9 所示，"基础设施"和"住宿"是低表现性的兴奋因子，说明如果这些目的地属性表现得更好，它们可能会产生很高的满意度。"氛围"是绩效因子，由于其表现水平较低，这一属性具有产生游客不满意度的潜力。而"地理"作为一个高绩效的绩效因子，则需要确保该属性的性能水平，若表现不佳，很容易引起游客的不满。

考虑到首次访客和回头客对目的地属性满意度及其对旅行体验的总体看法存在显著差异（Li et al., 2008），该案例将总样本根据首次访客和回头客进行了分组，并绘制 AIPA 矩阵图，首次访客和回头客的 AIPA 矩阵图分别如图 3-10 和图 3-11 所示。

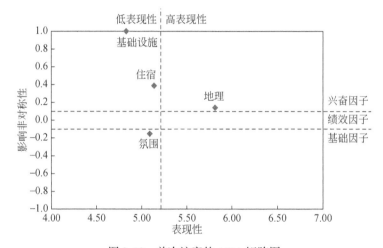

图 3-10　首次访客的 AIPA 矩阵图

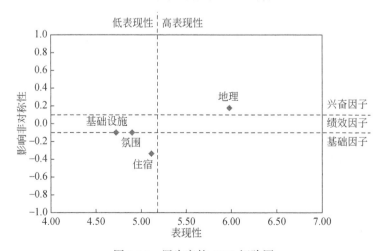

图 3-11　回头客的 AIPA 矩阵图

通过对比分析首次访客的 AIPA 矩阵图和回头客的 AIPA 矩阵图可以发现，"基础设施"和"住宿"两个属性的分布差异最大，即这两个属性对初次来攀岩的游客和再次来攀岩的游客的总体满意度的影响存在巨大差异。具体而言，对于首次访客而言，"基础设施"和"住宿"属性是低绩效的兴奋因子，但对于回头客来说，它们是低绩效的绩效因子。换言之，首次访客对这两个属性的良好表现更容易产生满意度，对于回头客来说，这两个属性的出色表现不会增加整体满意度，但它们的糟糕表现会对整体满意度产生不利影响。究其原因，可能是因为首次访客和回头客对"基础设施"和"住宿"两个属性的期望不同。

"地理"属性对于首次访客和回头客而言，都是兴奋因子。天气状况和岩石等天然的地理资源使得众多攀岩游客慕名而来，而独特的地理资源能够为攀岩游客提供美好的攀岩体验和乐趣，有利于提升游客的整体满意度。因此，"地理"属性被首次访客和回头客视为兴奋因子。最后，"氛围"属性被首次访客和回头客视为基础因子，说明游客认为这一属性应该是攀岩目的地必备的，其是先决条件，但该属性目前的表现性水平较低。因此，攀岩目的地经营和管理者需要提高该属性的表现水平，以避免游客的不满。

4. 对策与建议

第一，优化住宿设施与服务质量。根据 AIPA 模型分析，住宿设施的质量对攀岩游客的整体满意度有显著影响，尤其是对于首次访客而言，住宿设施的舒适度与清洁度是低绩效的兴奋因子。因此，提升住宿设施的整体质量至关重要。攀岩目的地应投资改善住宿条件，包括提升房间舒适度、增强清洁度、优化房间布局及提供高品质的床上用品等。同时，加强人员服务培训，确保游客在住宿期间得到热情、专业的服务，从而提升游客的整体满意度。具体来说，应制定住宿设施改善计划，明确改善标准和时间表；定期对住宿设施进行维护检查，确保设施完好；加强员工服务培训，提升服务质量；收集游客反馈，持续改进住宿体验。

第二，完善基础设施与交通可进入性。基础设施是攀岩游客关注的另一重要方面，尤其是交通可进入性和信息标识的完善程度。对于首次访客而言，基础设施的低绩效表现容易影响他们的整体满意度。因此，提升基础设施的便捷性和完善度，包括加大基础设施建设投入，提升交通可进入性；增设停车场，优化停车管理；优化景区内部道路布局，确保游客安全顺畅通行；完善信息标识系统，提供多语种服务，方便不同国籍游客获取信息等。

第三，丰富攀岩之外的活动与氛围营造。攀岩之外的活动和氛围营造对游客的整体满意度也有重要影响。攀岩游客在追求攀岩体验的同时，也期望在目的地享受多样化的活动和轻松愉悦的氛围。因此，攀岩目的地应策划并推出多样化的除攀岩之外的活动，如户外徒步、自然探索、文化体验等，满足不同游客需求；加强景区环境整治，提升绿化水平，营造宜人的自然景观；加强文化元素融入，举办特色文化活动，提升文化氛围；关注游客心理需求，提供贴心的服务，营造温馨舒适的社交环境，从而提升游客的参与感和归属感。

第四，强化地理资源的保护与利用。地理资源是攀岩目的地的核心竞争力，独特的天气状况和岩石资源为攀岩游客提供了优质的攀岩体验。因此，攀岩目的地应强化地理资源的保护与利用，加强地质环境监测，制定科学合理的保护措施，确保资源的可持续性和独特性。同时，通过合理规划和设计攀岩路线，提升攀岩体验的多样性、挑战性和可持续性，满足不同水平攀岩者的需求；定期维护攀岩设施，确保游客安全；加强与科研机构的合作，开展地质资源研究，提升资源保护和利用水平。

第五，提升游客教育与安全意识。攀岩作为一项极限运动，具有一定的风险性。因此，提升游客的安全意识和自我保护能力对于保障游客安全、提升游客满意度具有重要意义。攀岩目的地应加强对游客的安全教育，包括攀岩前的准备、攀岩过程中的注意事项、紧急情况下的应对措施等，确保游客在享受攀岩乐趣的同时，保障自身安全。例如，在景区入口和攀岩区域设置安全教育展板，向游客普及攀岩安全知识；组织专业的攀岩教练和导游团队，为游客提供安全指导和咨询服务；定期开展安全演练和应急救援培训，提升景区的应急响应能力；加强与医疗机构的合作，建立快速救援机制，确保游客在紧急情况下得到及时救治。

第六，加强市场调研与游客反馈收集。市场调研和游客反馈收集是攀岩目的地持续改进和提升的重要依据。通过定期的市场调研和游客反馈收集，可以了解游客的需求和期望，发现景区存在的问题和不足，为景区的管理和决策提供科学依据。具体实施建议包括：建立科学的市场调研机制，定期开展市场调研活动，了解攀岩旅游市场的最新动态和游客需求；通过问卷调查、访谈等方式收集游客反馈，对游客反馈进行整理和分析；根据市场调研和游客反馈结果，制定针对性的改进措施和计划；加强与游客的沟通和互动，建立良好的游客关系，提升游客的忠诚度和满意度。

3.3 基于属性影响范围和表现性的研究模型

3.3.1 影响范围–绩效分析

影响范围–绩效分析（impact range-performance analysis，IRPA）模型（图 3-12）是（Mikulić and Prebežac，2008）基于非对称理论对 IPA 的改进版。该模型研究了服务属性表现绩效对顾客满意度的影响范围，突出了属性对顾客满意度影响的非对称性，从而为管理者提供了更为精确的服务改进导向。

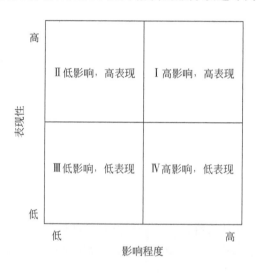

图 3-12　IRPA 模型

在传统的 IPA 模型框架下，服务属性的"显性重要性"通常是基于顾客直接评价的，而 IRPA 模型则提出了一个新的视角，主张将重点放在属性对顾客满意度的"潜在影响"上。这种潜在影响不仅考虑了顾客主观感知的重要性，更重要的是通过分析属性性能变化对顾客满意度产生的正面效应与负面效应，揭示服务属性对顾客满意度影响范围和程度的全貌。因此，IRPA 模型不仅停留在属性的当前表现上，还通过评估不同性能水平下该属性对顾客满意度的综合影响识别那些即使在当前表现良好，但仍有较大潜力进一步提升顾客满意度的属性，或是那些在低性能水平时对顾客满意度产生显著负面效应的属性。

Mikulić和Prebežac（2008）认为，由于属性对顾客满意度的影响随着其性能水平的不同而显著变化，直接使用重要性评分来决定改进优先级可能会导致误导性结论。IRPA 模型通过引入 IR 这一概念，替代了传统的属性重要性衡量标准。IR 衡量的是一个服务属性在极端高性能和低性能状态下对顾客满意度的潜在影响范围，这样就捕捉到了属性影响力的动态本质，而非单一状态下的静态评估。

在实际应用中，IRPA 模型已被证明在多个服务行业中具有高度价值，包括旅游领域的多项研究。例如，Ye 等（2016）、Ju 等（2019）、Lee 和 Choi（2020）以及 Oh 等（2019）的研究均采用 IRPA 模型来确定服务属性的优先排序和改进策略，从而有效地激活了"服务-利润链"。这些研究显示，采用 IRPA 模型，企业能够更加科学地识别并优先处理那些对顾客满意度有最大潜在影响的服务要素，进而提升整体服务质量和顾客忠诚度，最终驱动业务增长和盈利能力。因此，IRPA 模型不仅为服务质量管理提供了理论上的创新，更是实践中的有效工具，帮助企业在竞争激烈的市场环境中取得优势。

3.3.2　研究案例（IRPA 模型）

1. 案例背景

在全球旅游业的璀璨星空中，地方美食消费体验如同一颗颗独特的星辰，以其深厚的文化底蕴、丰富的风味层次和独特的感官享受，持续吸引着来自世界各地的游客。随着全球化进程的加速和人们对文化多样性探索欲望的增强，地方美食已不再仅仅是满足口腹之欲的简单需求，它已经成为连接游客与目的地情感纽带的重要桥梁，深刻影响着游客的整体旅游体验及后续行为。

目前关于美食旅游的研究聚焦于西方或亚洲国家和地区，如 Tsai 和 Wang（2017）以中国台湾历史名城——台南为例，探索美食旅游品牌化的体验价值，研究发现，美食体验价值能够显著提升一个地方的美食形象，反过来，美食形象会显著影响游客对美食旅游的行为意向。Choe 和 Kim（2018）对 875 名具有中国香港美食经历的游客开展调查，以文化背景为调节变量，研究当地美食消费价值观对游客态度、目的地好感度和行为意向的影响。Badu-Baiden 等（2022）探索难忘的当地美食体验（memorable local food consumption experiences，MLFCEs）对国际游客态度、幸福感及忠诚度的影响。通过对 900 名赴欧洲和亚洲国家旅游的美国游客的数据分析，研究确定了 MLFCEs 的 8 个维度，包括安全性、文化学习、感官吸引力和新颖性等。研究发现，MLFCEs 对游客态度、幸福感、推荐意愿和忠诚度有显著影响。

然而，对于非洲地区特别是加纳的地方食品消费体验及其后续影响的研究确实存在明显的不足。加纳，这片孕育了丰富自然资源与悠久历史的土地，其美食文化融合了非洲传统、殖民时期遗留的欧洲风味以及现代创新元素，形成了别具一格的美食景观。从香辣的非洲炖菜到香甜的木薯制品，从醇厚的可可饮品到各式各样的街头小吃，每种食品都承载着加纳人民的生活智慧与情感记忆，是理解这个国家文化、历史与社会的窗口。

因此，Kim 等（2020）开展了非洲加纳地区美食消费体验的研究，通过定量研究与定性研究相结合的方式，探索加纳地方美食消费体验的多维度影响，深入分析加纳地方食品消费体验对游客满意度、目的地好感度和未来行为意向的影响，旨在填补美食旅游研究领域的空白，并为非洲美食旅游的发展提供重要的理论支持和实践指导。

2. 研究方案

该案例采用 Mikulić 和 Prebežac（2008）提出的 IRPA 方法来研究加纳当地美食消费体验对游客满意度、目的地好感度和行为意向的影响。具体而言，在现有相关研究的基础上，提出 3 个假设：①非洲当地美食消费体验会影响游客满意度；②非洲当地美食消费体验会影响游客的目的地好感度；③非洲当地美食消费体验会影响游客未来行为意向。该案例首先对 20 名外国游客进行了深入访谈，进一步完善关于非洲当地美食消费体验对游客满意度、目的地好感和行为意向的调查问卷指标项目。通过对 60 名外国游客的试点测试，最终形成完整的调查问卷。该调查问卷主要包括三部分，分别是筛选部分、主体部分和个人信息部分。在筛选部分，设置了 3 个问题，分别是在加纳逗留期间是否吃过当地美食、是否品尝过照片中显示的 7 种代表性当地美食和关于在加纳旅行中体验当地美食的重要性。主体部分采用五点利克特量表，测量非洲当地美食消费体验对游客满意度、目的地好感度和行为意向的影响程度，1 分表示强烈不同意，2 表示不同意，3 表示中立，4 表示同意，5 表示强烈同意。个人信息部分则主要包含姓名、性别、国籍、到访加纳次数、逗留时间等。

3. 结果与分析

该案例在加纳首都阿克拉的科托卡国际机场收集了 400 名游客的调查问卷,经过整理得到有效调查问卷 336 份。为了精炼体现当地美食消费经历的指标数量,采用主成分因子提取法和方差最大旋转法对 25 个指标进行探索性因子分析(表 3-12 和表 3-13)。因子分析的结果产生了特征值大于 1.0 的五因子要素。5个要素各自解释的方差分别为 37. 15%、9. 33%、6. 80%、5. 23% 和 4. 46%。每个要素的公因子方差比均高于 0.50 的阈值。各个指标项的因子载荷在 0.48 ~ 0.80,说明所有指标具有内部一致性。从表 3-12 可知,5 个要素的总体平均评分分别为 4. 33、3. 98、3. 86、4. 34 和 4. 04。

表 3-12   加纳当地美食消费体验的探索性因子分析

加纳当地美食消费体验的要素和指标	公因子方差比	因子载荷	均值
要素 1(正宗美食体验:特征值 = 9. 66,解释方差 = 37. 15%,a = 0. 86)			
我品尝了与自己国家不同的美食	0. 67	0. 80	4. 56
我品尝了不知名的美食	0. 65	0. 76	4. 33
我品尝了正宗的加纳当地美食	0. 65	0. 75	4. 43
我品尝了传统的加纳美食	0. 64	0. 70	4. 46
我品尝了加纳本土的美食	0. 66	0. 55	4. 33
我品尝了异国情调的食材	0. 48	0. 48	4. 07
总体均值 = 4. 33			
要素 2(社交和炫耀:特征值 = 2. 43,解释方差 = 9. 33%,a = 0. 81)			
我可以通过品尝加纳当地美食来建立美好的记忆	0. 66	0. 74	4. 07
我喜欢和家人及朋友谈论我在加纳的经历	0. 61	0. 67	4. 43
吃饭时,我会向别人炫耀自己品尝到的加纳当地美食	0. 66	0. 67	3. 40
品尝加纳当地美食帮助我放松	0. 62	0. 59	3. 39
品尝当地人提供的加纳当地美食帮助我与当地人交流	0. 54	0. 60	3. 93
在原始环境中品尝加纳当地美食令人兴奋	0. 59	0. 53	4. 16
总体均值 = 3. 98			
要素 3(优质本地餐厅体验:特征值 = 1. 77,解释方差 = 6. 80%,a = 0. 81)			
我体验了加纳当地餐馆的异国情调	0. 70	0. 76	3. 86
我在当地餐馆体验到了高水平的服务质量	0. 62	0. 69	3. 69

续表

加纳当地美食消费体验的要素和指标	公因子方差比	因子载荷	均值
我在当地餐馆体验到了良好的卫生条件	0.64	0.60	3.61
我在当地餐馆体验到了物有所值	0.62	0.60	4.11
我与当地人及外国游客一起品尝当地美食	0.59	0.58	4.11
总体均值＝3.86			
要素4（当地饮食文化经验：特征值＝1.36，解释方差＝5.23%，a＝0.85）			
品尝加纳当地美食增加了我对不同美食的了解	0.71	0.79	4.34
品尝当地人提供的加纳当地美食帮助我了解当地文化	0.69	0.71	4.28
品尝加纳当地美食让我发现了一些新的东西	0.63	0.63	4.43
品尝加纳当地的美食使我了解了这种美食	0.65	0.58	4.42
总体均值＝4.34			
要素5（各种菜单和美食质量体验：特征值＝1.16，解释方差＝4.46%，a＝0.78）			
我品尝了优质的美食	0.73	0.73	3.99
我品尝了美味的美食	0.72	0.70	4.15
我品尝了各种菜单上的美食和食材	0.55	0.56	3.96
我品尝了分量很足的美食	0.59	0.52	4.15
总体均值＝4.04			

注：a 为可靠性。

如表 3-13 所示，满意度、目的地好感和行为意向 3 个结构的特征值分别为 1.75、2.27 和 2.65，它们分别解释了 87.57%、75.65% 和 66.30% 的方差。由于 3 个结构的可靠性 a 值分别为 0.86、0.84 和 0.83，它们的内部一致性令人满意。三者的总体平均得分分别为 3.90、4.02 和 3.88。

基于调查数据，该案例构建了 3 个多元回归模型，将当地美食消费体验的 5 个要素作为自变量，还定义了 3 个因变量——对当地美食消费体验的满意度、目的地好感度和行为意向。该案例使用奖惩分析来测量奖励指数（RI）和惩罚指数（PI），在计算 RI 时，该案例将自变量中均值大于 4.0 标记为 1，其他为 0；在计算 PI 时，将自变量中均值小于 3.0 标记为 1，其他为 0。如表 3-14 所示，在多元回归方程中，5 个自变量对每个因变量进行回归，RI 的非标准化回归系数表明高性能状况下的奖励指数，而 PI 的非标准化回归系数表明低性能状况下的惩罚指数。

表3-13 满意度、目的地好感度和行为意向的探索性因子分析

当地美食消费体验的满意度、目的地好感度和行为意向	公因子方差比	因子载荷	均值
对当地食品消费体验的满意度（特征值=1.75，解释方差=87.57%，a=0.86）			
我对加纳当地食物的质量感到很满意	0.88	0.94	3.91
总的来说，我对当地的餐馆感到很满意	0.88	0.94	3.89
总体均值=3.90			
当地美食目的地好感度（特征值=2.27，解释方差=75.65%，a=0.84）			
品尝加纳当地美食后，我更加熟悉加纳	0.77	0.89	3.87
在品尝了加纳当地的食物后，我对加纳充满了好感	0.74	0.86	4.03
我觉得在品尝了当地食物后，我对加纳有了更多的了解	0.76	0.87	4.02
总体均值=4.02			
行为意向（特征值=2.65，解释方差=66.30%，a=0.83）			
我会向我的家人及朋友推荐加纳当地的食物	0.73	0.85	3.99
回国后我会去开在自己国家的加纳餐馆	0.78	0.89	4.01
我将在未来五年内访问加纳，探索不同的当地食物	0.59	0.77	3.73
我会在社交媒体上（如脸书、博客等）对加纳当地的食物留下积极的评价	0.55	0.74	3.81
总体均值=3.88			

表3-14 满意度、目的地好感度和行为意向的 IRPA 结果

构成要素	表现性	RI	PI	IR	SGP	DGP	IA
对当地美食消费体验的满意度（R^2=0.39）							
正宗美食体验	4.33	0.12	0.32	0.44	0.27	0.73	0.45
社交与炫耀	3.98	0.43***	0.49**	0.92	0.47	0.53	0.06
优质本地餐厅体验	3.86	0.13	0.42***	0.55	0.23	0.77	0.53
当地饮食文化体验	4.34	0.09	0.11	0.21	0.46	0.54	0.09
各种菜单和美食质量体验	4.04	0.30**	0.01	0.31	0.96	0.04	0.91
当地美食目的地好感度（R^2=0.41）							
正宗美食体验	4.33	0.05	0.20	0.25	0.21	0.79	0.59
社交与炫耀	3.98	0.47***	0.46**	0.93	0.51	0.49	0.02
优质本地餐厅体验	3.86	0.03	0.20*	0.23	0.14	0.86	0.72
当地饮食文化体验	4.34	0.16	0.18	0.34	0.47	0.53	0.07
各种菜单和美食质量体验	4.04	0.20*	0.09	0.29	0.68	0.32	0.36

构成要素	表现性	RI	PI	IR	SGP	DGP	IA
行为意向（$R^2 = 0.42$）							
正宗美食体验	4.33	0.05	0.17	0.22	0.21	0.79	0.59
社交与炫耀	3.98	0.56***	0.56***	1.12	0.50	0.50	0.00
优质本地餐厅体验	3.86	0.13	0.31**	0.44	0.30	0.70	0.39
当地饮食文化体验	4.34	0.03	0.31	0.35	0.10	0.90	0.81
各种菜单和美食质量体验	4.04	0.19*	0.02	0.21	0.93	0.07	0.85

注：RI 和 PI 为非标准化回归系数；RI = 奖励指数；PI = 惩罚指数；IR = 奖励指数 − 惩罚指数；SGP = |奖励指数|/IR；DGP = |惩罚指数|/IR；IA = SGP−DGP。

*** $p<0.001$，** $p<0.01$，* $p<0.05$。

在当地美食消费体验对满意度的影响中，多元回归模型预测满意度的结果中调整后的 R^2 值为 0.39，表明由 5 个自变量可以解释满意度 39% 的方差。从奖励指数看，"社交与炫耀"（0.43）以及"各种菜单和美食质量体验"（0.30）有助于提升游客对当地美食消费体验的满意度。相比之下，从惩罚指数看，"社交与炫耀"（0.49）以及"优质本地餐厅体验"（0.42）则导致了对当地食品消费体验的不满。从 IR 看，最高的是社交与炫耀（0.92），其次是"优质本地餐厅体验"（0.55）、"正宗美食体验"（0.44）、"各种菜单和美食质量体验"（0.31）和"当地饮食文化体验"（0.21）。由此可以发现，"社交与炫耀"是对当地餐馆满意或不满意程度的最强影响。如图 3-13 所示，"当地饮食文化体验"和"正宗美食经验"属于低影响、高表现象限。"各种菜单和美食质量体验"在低影响、低表现象限。有趣的是，"社交与炫耀"以及"优质本地餐厅体验"属于高影响、低表现象限。

在当地美食消费体验对目的地好感度的影响中，多元回归模型预测满意度的结果中调整后的 R^2 值为 0.41，意味着模型中的 5 个自变量共同解释了目的地偏好变异性的 41%，也揭示了这些变量在塑造游客选择上的重要作用。其中，"社交与炫耀"尤为显著，不仅因其高 RI 得分（0.47）和 PI 得分（0.46）成为游客选择的重要因素，还因其缺失可能导致的强烈负面影响而备受关注。同时，IR 评分进一步强调了"社交与炫耀"与"当地饮食文化体验"在塑造加纳美食旅游吸引力中的核心地位。因此，加纳若想在美食旅游市场中脱颖而出，需着重提升这两方面的体验质量，以满足游客对社交互动、炫耀机会及深入体验当地饮食

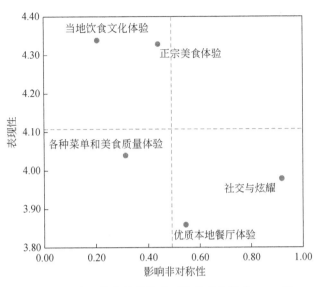

图 3-13 当地美食消费体验对满意度的影响 IRPA 图

文化的需求。如图 3-14 所示，"当地饮食文化体验"和"正宗美食体验"属于高表现、低影响象限，而"各种菜单和美食质量体验"以及"优质本地餐厅体验"属于低表现、低影响象限。然而，"社交与炫耀"属于低表现、高影响象限，这也进一步说明了社交与炫耀的重要性。

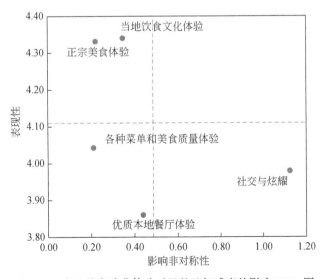

图 3-14 当地美食消费体验对目的地好感度的影响 IRPA 图

在当地美食消费体验对行为意向中，经过系列分析和运算，所得调整后的 R^2 值为 0.42，说明 42% 的行为意向变化可以由这 5 个自变量解释。5 个自变量中，"当地饮食文化体验"的表现性最高，其次是"正宗美食体验"，而表现性最低的是"优质本地餐厅体验"。奖励指数显示，"社交与炫耀"（0.56）"各种菜单和美食质量体验"（0.19）分别在 0.001 和 0.05 水平上具有显著性，说明这两个要素对游客品尝当地美食后的行为意向有着正面的影响。惩罚指数显示，"社交与炫耀"（0.56）"优质本地餐厅体验"（0.31）分别在 0.001 和 0.01 水平上具有显著性，说明这两个要素有强烈的负面影响。从 IR 来看，"社交与炫耀"的数值最高，为 1.12，说明这是解释行为意向最有影响力的成分。如图 3-15 所示，"正宗美食体验"和"当地饮食文化体验"分布在低影响、高表现象限，而"优质本地餐厅体验"以及"各种菜单和美食质量体验"分布在低影响、低表现象限。"社交与炫耀"属于低表现、高影响类。

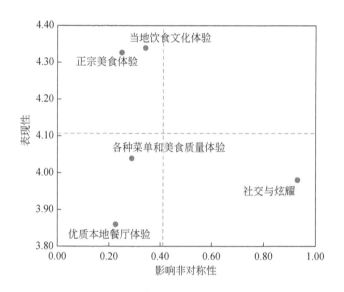

图 3-15　当地美食消费体验对行为意向的影响 IRPA 图

4. 对策与建议

第一，优化服务品质与设施升级。多数非洲当地传统餐厅存在服务差距和设施不足的问题，这是影响游客满意度和未来行为意向的关键因素。因此，非洲当地餐厅应参考国际服务标准，加强员工培训，提升服务态度和专业性。同时，对餐厅环境进行升级改造，确保卫生条件达标，装饰风格愉悦，且位置安全，以减少游客对食品安全和安保的担忧。

第二，增强社交互动与尊享体验。游客在旅行中非常重视社交体验，他们希望与当地居民或其他游客建立联系，分享美食体验。因此，餐厅应设计开放式厨房，促进顾客与厨师、服务员的互动，营造轻松愉快的用餐氛围。此外，餐厅可以举办小型文化交流活动，如烹饪课程或音乐表演，让游客在享受美食的同时，也能体验到当地的文化魅力。这种社交与炫耀的体验将显著提升游客的满意度和目的地好感度。

第三，创新菜肴风味，彰显原创魅力。游客对非洲美食的期待往往与其独特的风味和原创性紧密相关。餐厅应致力于提升本地菜肴的原创性，挖掘传统烹饪技艺，使用当地特色食材，打造出具有鲜明非洲风味的菜品。同时，餐厅经理应向游客介绍每道菜肴的营养价值和食材来源，增加游客对非洲美食的了解和兴趣。

第四，严守卫生标准，确保安全用餐。卫生与安全是游客选择餐厅时的重要考量因素。非洲当地餐厅应严格遵守食品安全标准，确保食材新鲜、烹饪过程卫生。餐厅应定期对员工进行食品安全培训，提高员工的卫生意识。同时，餐厅应提供明亮、整洁的用餐环境，减少游客对食品安全的担忧。此外，餐厅应关注游客的安全需求，确保餐厅位置安全，提供必要的安保措施。

第五，创造独特的用餐体验。为了吸引游客并提升他们的满意度和目的地好感，非洲当地餐厅应努力创造独特的用餐体验。例如，餐厅可以提供具有非洲特色的餐具和装饰品，如刻有传统设计的盘子或具有民族风情的桌布。此外，餐厅可以设计主题菜单或节日特餐，让游客在品尝美食的同时，也能感受到非洲文化的独特魅力。这种独特的用餐体验将给游客留下深刻印象，激发他们的行为意向。

第六，加强市场营销与品牌建设。通过社交媒体、旅游网站等渠道宣传餐厅的特色和优势，吸引更多游客的关注。同时，餐厅可以与其他旅游机构合作，推出联合促销活动，增加曝光度和吸引力。此外，餐厅应重视顾客反馈，不断改进服务和菜品质量，提升品牌形象和口碑。这将有助于增强游客对餐厅的信任和好感，促进他们的积极行为意向。

3.4　传统研究模型的局限性

3.4.1　传统研究模型述评

上文详细介绍了对称理论和非对称理论，构建了坚实的理论基础，并在此基础上剖析了关于服务优化的主要模型的基本原理，具体包括 IPA 模型、Kano 模型、IG 模型、IAA 模型、AIPA 模型以及 IRPA 模型。这些模型构成了服务属性与顾客整体满意度研究的骨架，通过总结 6 种主要模型的工作机理（图 3-16），可以发现它们虽各具特色，但本质上共同聚焦于服务属性的三大核心维度：服务属性重要性、服务属性表现性和服务属性对顾客满意度影响的非对称性（Hu et al.，2020）。

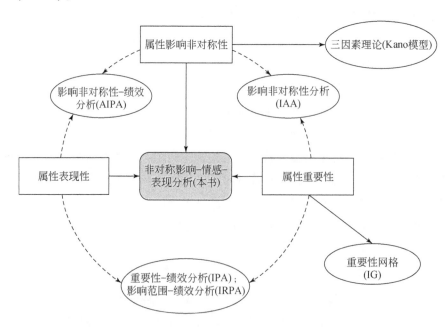

图 3-16　服务属性与顾客整体满意度主要模型的工作机理

IPA 模型通过对比服务属性的实际表现与顾客感知的重要性，揭示出服务要素配置优化和服务质量提升的关键。这一模型直接指导资源分配，优先改善那些顾客认为重要但表现不佳的服务属性。Kano 模型创新性地将服务属性划分为必备属性、期望需求、魅力属性、无差异属性和反向属性，强调了超越顾客期望的重要性，为服务设计提供了层次分明的框架，鼓励企业不仅要满足基础需求，还要创造令人惊喜的服务体验。IG 模型通过直观的二维矩阵展现服务属性的重要性和当前表现性，帮助企业快速识别那些位于"改进区"的属性，即重要但表现不足的部分，为决策提供了直观依据。

IRPA 模型引入了影响范围的概念，除了考虑服务属性的表现性和重要性外，还评估了它们对不同顾客群体的影响程度，确保服务优化策略能够覆盖更广泛且最关键的目标顾客。IAA 模型深入探究了服务属性对顾客满意度的非对称影响，即某些属性即便微小的改变也能显著提升满意度，而其他属性即使大幅改善也可能收效甚微，这一视角促使企业精准定位影响最大的服务要素。作为 IAA 模型的拓展，AIPA 模型更细致地考察了服务属性表现性与顾客满意度之间的非对称关系，特别强调了在表现性和影响双维度上的非对称性，为实现服务创新和差异化竞争提供了策略导向。

这些模型可以整合为一个连贯的知识体系，它们共同服务于一个核心目标：即在复杂多变的服务环境中，通过科学分析与策略制定，实现服务质量和顾客满意度的持续优化。通过理解并运用这些模型，企业可以更加精准地识别顾客需求，高效配置资源，最终在激烈的市场竞争中脱颖而出。

3.4.2　传统模型局限性

在诸如旅游服务等领域的学术探索与实践中，一些著名的方法论工具和模型，特别是 IPA 模型与 Kano 模型，频繁亮相并发挥着至关重要的作用。这些模型以其独特的视角和分析框架，为理解服务属性、顾客需求与满意度的深层次关系铺设了路径。本书第 2 章深入阐述这些核心模型的基本原理，本章则旨在深入比较并分析各个模型的独特优势及潜在局限。在这里，将不再仅仅停留在理论的表面，而是通过一系列严谨的对比与剖析，揭示每个模型独一无二的优点——那些使它们在特定情境下成为研究首选的特质。同时，本章指出它们可能存在的局限性或适用条件，因为认识到任何工具都不是万能的，而是科学严谨性的体现。这不仅有助于研究者和实践者更加明智地选择适合自身研究或业务改进需要的工具，还促进了对未来更优化模型探索的思考。传统满意度/服务优化模型分析的维度及所提供的研究启示如表 3-15 所示。

表 3-15　传统满意度/服务优化模型分析的维度及所提供的研究启示

模型	产品/服务属性维度				研究启示			
	显性重要性（维度1）	隐性重要性（维度1）	表现性（维度2）	非对称性（维度3）	属性优先级	属性影响满意度机制	改进策略（对称模型）	改进策略（非对称模型）
IPA	√		√		√		√	
Kano				√		√		
IRPA		√	√		√		√	
IAA		√		√	√	√		
Vavra	√	√						
AIPA			√			√		√

在探讨提升顾客满意度的策略制定过程中，几种核心模型的运用与分析显得尤为重要。其中，IPA 模型与 IRPA 模型作为主流方法，其核心价值在于识别服务属性与顾客满意度之间的关系，进而指导资源的科学有效配置。IPA 模型通过量化服务属性的重要性与实际绩效表现，帮助企业经营者确定哪些服务要素及属性需要改善或强化。然而，如 Azzopardi 等（2013）以及 Pan 等（2022）所指出，这些模型专注于制定提高顾客满意度的策略，在处理服务属性与顾客满意度之间的非对称性问题时存在局限，即它们可能无法准确反映顾客对某些服务属性的非线性反应，如顾客可能对某一属性的微小改善并不敏感，但对该属性达到某个阈值后的任何提升都给予高度评价。

Kano 模型，则是对上述非对称性问题的一种直接回应。该模型将顾客需求分为基本型、期望型和兴奋型，揭示了顾客满意度与服务属性之间的非线性关系。它强调仅满足基本需求不足以增加满意度，而超越期望的服务属性才能显著提升顾客满意度。然而，如 Albayrak 和 Caber（2016）以及 Hu 等（2020）所述，Kano 模型虽然在理论层面提供了深刻洞见，但在转化为具体操作策略时，却往往缺乏清晰的路径指导，使得企业难以直接依据模型结果实施具体的改进措施。

Varva 模型的提出，是对传统模型的一个补充，它通过区分服务属性的显性重要性（顾客明确表达的需求）与隐性重要性（顾客潜在的、未明确的需求），尝试更全面地捕捉顾客价值感知的多维度。这一视角的扩展为服务设计提供了新的思路，即不仅要关注顾客直接表达的需要，还要深入挖掘其潜在的心理预期。然而，Hu 等（2020）的研究认为，Varva 模型在识别哪些服务属性亟须增强或改变方面仍显不足，缺乏一套系统的方法来指导哪些属性应优先进行升级或创新。

IAA 模型试图通过揭示非对称影响和明确属性优先级，进一步细化服务改进策略。该模型在理论上具有吸引力，因为它不仅考虑了服务属性的重要性和表现性，还试图解决非对称性带来的挑战。然而，实践中如何有效实施这些补偿机制，以及如何准确判断属性的优先级，仍然是一个待解难题。AIPA 模型的出现，意在综合考虑服务属性的非对称性和表现性，为满意度提升策略提供一个更为全面的框架。然而，正如 Caber 等（2013）所述，AIPA 模型虽然在理论上有所突破，但在实际应用中，忽视了属性改进的优先顺序问题，这意味着即使模型能够准确识别出需要改善的服务属性，但在实际操作层面，如何决定先从哪个属性着手，按照怎样的顺序推进，仍是一大挑战。

综上所述，每种模型都有其独特的侧重点和局限性。IPA 模型和 IRPA 模型擅长直观地展现服务属性的重要性与表现性，但对非对称性的处理不足；Kano 模型可以深入剖析顾客需求的多层次性，却在实践策略转化上略显乏力；Varva 模型和 IAA 模型分别从显性重要性与隐性重要性、弥补非对称性的角度提出了新视角，但在具体实施细节和优先级排序上存在缺陷；而 AIPA 模型虽然试图涵盖多个维度，但在属性改进的优先级设定上有所缺失。

因此，未来的模型开发与应用研究应注重跨模型整合，旨在构建一个既能深入分析顾客满意度与服务属性的复杂关系，又能提供具体、可行改进策略的综合高维模型框架。这要求研究者不仅要在理论层面继续深化对顾客行为和心理机制的理解，还需在实证研究中探索有效的策略实施路径，以期在动态变化的市场环境中为企业提供更加精准、高效的服务质量提升方案。此外，随着大数据和人工智能技术的发展，未来模型的应用应更加注重大数据驱动，利用先进技术手段不断提升模型的有效性、实用性与预测精度，从而在实践中更好地指导服务优化与顾客满意度提升策略。

第4章 大数据与文旅服务优化

4.1 旅游大数据

4.1.1 旅游大数据种类

旅游大数据，顾名思义，是指在旅游领域中产生的大规模、高速度、多类型的数据集合。这些数据源自各种源头，包括游客行为数据、社交媒体数据、线上预订信息、移动设备追踪数据、地理信息系统数据等。旅游大数据不仅仅是数据量的累积，更关键的是它包含了丰富的信息，可以揭示游客的行为模式、偏好、需求，以及旅游市场的趋势（Hu et al., 2021）。通过深入挖掘和分析这些数据，旅游业界可以做出更精准的决策，优化服务，提升游客体验，从而推动旅游业的创新与发展（刘逸等，2017）。

旅游大数据的种类繁多，主要包括以下七类。①游客行为数据：这些数据来自游客搜索记录、预订行为、旅游路径等，反映了游客旅游决策过程和实际旅游活动。②在线评论数据：如各大旅游网站、社交媒体平台、App 评论区的用户评价，这些数据提供了游客对旅游产品和服务的直接反馈，包括对价格、服务、设施、景点等方面的评价。③社交媒体数据：如微博、微信、Instagram 等平台上的帖子、图片、视频，反映了游客在旅途中的即时体验和情感。④移动设备追踪数据：通过 GPS 和其他传感器，可以追踪游客位置、移动轨迹，以及他们在景区内的行为。⑤电子支付数据：信用卡消费记录、电子钱包交易等，揭示了游客消费习惯和消费能力。⑥政府统计数据：如旅游人次、旅游收入、旅游投诉等，提供了宏观视角的旅游业发展趋势。⑦地理信息系统数据：如地图数据、天气预报，为提供个性化服务和规划旅游路线提供了支持。

本书主要以在线评论数据为研究对象，因其在大数据研究中扮演着至关重要的角色，是揭示旅游顾客行为、态度和期望的关键信息源。随着互联网的普及和移动设备的广泛应用，越来越多的旅游者倾向于在社交媒体、旅游评价网站和应用程序上分享他们的旅行体验，这些评论数据为研究者和旅游业界提供了前所未有的机会，利用这些评估数据可以洞察顾客的真实需求，提升游客满意度，促进旅游业的创新和服务质量的提升。

首先，在线评论数据的实时性和动态性具有其独特的优势。它们反映了游客在旅游过程中即时的感知和情感，这些信息能够迅速更新，让研究者和企业能够追踪和理解市场变化，及时调整策略。例如，如果某酒店连续收到关于 Wi-Fi 信号不稳定的相关评论，那么酒店管理层便能意识到这个问题，并立即采取措施改善，以避免更多的负面反馈累积。其次，评论数据的海量性和多样性提供了丰富的信息宝藏。不同于传统的问卷调查，其样本量受限且可能受制于调查设计的局限性，评论数据覆盖全球各地、各个年龄层、不同背景的游客，且内容涵盖旅游的各个环节，如酒店、餐饮、景点、交通等，这使得研究者可以从不同角度、多层次分析服务质量和顾客满意度。通过文本挖掘和情感分析技术，研究者可以从大量文本中提取关键信息，如服务特性、价格敏感度、体验满意度等，为旅游服务的优化提供翔实的依据。再次，在线评论数据的主观性和真实性使其在理解顾客心理和行为方面独具价值。与问卷调查中可能存在的回答偏差相比，评论通常更贴近用户的真实感受，因为它们往往是游客在没有任何预期或压力的情况下自愿发表的。这使得研究者可以更准确地把握游客对服务的期望与实际体验的差距，从而有针对性地进行服务改进。此外，评论数据的互动性和传播性也使得其在研究中具有特殊意义。用户不仅可以在平台上留下评论，还可以对其他人的评论进行回复和点赞，这种互动性使得研究者能够观察到顾客之间的信息交流和共识形成，这对研究者理解社会规范、顾客行为模式以及口碑传播效应至关重要。同时，这些评论经常被搜索引擎抓取，进一步扩大了信息传播范围，为研究者提供了对顾客口碑扩散的研究素材。

在实际应用中，在线评论数据已经对旅游业产生了深远影响。例如，酒店可以利用评论数据来识别其服务中的优点和短板，优化客房设施、餐饮服务、员工态度等（邢云菲等，2021）。此外，通过分析顾客对价格的敏感度，企业可以调整定价策略，以吸引更多目标客户。在旅游目的地管理中，评论数据可用于识别热门景点，优化旅游路线设计，以及提升整体旅游体验（湛研，2019）。同时，充分利用在线评论数据时会面临一些挑战，如数据的质量问题（虚假评论、主观性）、数据挖掘的技术难度（情感分析、主题提取等）、隐私保护和合规性问题等。为此，研究者和企业需要开发更先进的分析工具，同时遵循数据伦理原则，确保在利用这些宝贵资源的同时尊重顾客的权益。

4.1.2　旅游大数据获取与预处理

旅游大数据采集与预处理是旅游服务要素配置优化第一步，它为后续分析和决策提供了宝贵的信息基础。这个阶段的关键任务是从各种源头获取数据进行初步筛选和整理，以便后续的深度挖掘和分析。

数据采集的范围广泛而多元，包括但不限于旅游网站、社交媒体平台（如微博、微信、抖音、Facebook、Instagram 等）、论坛（如 Tripadvisor、去哪儿网等）、各类 App 评论区（如美团、携程、飞猪等）。这些平台上的用户评论是旅游大数据的重要组成部分，它们包含游客对景点、酒店、餐饮、交通等旅游服务要素的真实反馈和情感表达。这些信息是理解游客需求、感知和满意度的关键，它们揭示了游客对服务的期望、体验和满意度的直接证据。

获取这些数据通常依赖于多种技术手段。首先是网络爬虫，这是一种可以自动遍历网页，搜集特定格式数据的程序。网络爬虫在旅游大数据获取中扮演了重要角色，可以从各大旅游网站、论坛、博客等地方抓取海量的评论和用户行为数据。其次是 API 接口，很多在线服务提供商都提供了 API，开发者可以通过 API 调用获取数据，这种方式通常比网络爬虫更快捷且数据更新更及时。数据合作伙伴关系也是一个有效的数据获取途径，通过与第三方数据供应商合作，企业可以获得经过筛选和处理过的高质量数据，节省时间和精力。

在获取原始数据后，预处理阶段变得至关重要。数据预处理通常包括几个关键步骤：数据清洗、数据转换和数据集成。数据清洗是剔除无关信息，确保数据质量的过程。该过程包括去除 HTML 标签，这些标签在文本分析中并无实际意义，只会干扰分析结果。停用词（如"的""了"等）的去除是为了减少噪声，让模型更专注于有意义的词汇。重复词的删除则有助于减少数据冗余，提高分析效率。此外，预处理还包括对异常值的检查和处理，以确保数据的可靠性和一致性。

接下来是文本预处理，主要是对文本进行分词处理。中文文本需要进行分词处理，即将连续的汉字切分成独立的词语，英文则需要进行词干提取，去掉词缀以统一词汇形式。这样做有助于降低分析的复杂性，便于后续的主题挖掘和情感分析。同时，需要对数据的元数据进行整理和结构化。元数据如用户 ID、时间戳、地理位置等，这些信息能够帮助我们追踪用户的行为轨迹，了解服务的时空分布，甚至是地域文化对服务体验的影响。通过将这些信息结构化，我们可以构建用户画像，分析用户行为模式，为服务优化提供更精准的指向。

预处理后的数据将进入下一个阶段——数据分析。在这个阶段，将利用自然语言处理技术，如情感分析、主题模型、关键词提取等，深入理解游客的评价内容，挖掘旅游服务的优劣点。例如，情感分析能帮助我们识别出游客对特定服务的正面、负面或中立评价，主题模型则可以揭示游客关注的焦点话题，关键词提取则能快速定位游客讨论的热点服务属性。最后，构建高维旅游服务优化模型，我们将这些数据转化为实用的策略，指导旅游服务提供商优化资源配置，提升服务质量和顾客满意度。这样的过程不仅有助于企业更好地理解市场动态，满足顾客需求，还能在竞争激烈的旅游市场中保持领先地位（Hu and Trivedi, 2020）。

4.2 大数据与文旅服务优化

旅游服务优化是一个不断发展和演进的过程，从最初的定性评估模型，到后来的标准化体系，再到现在的大数据驱动方法，每一步都在顺应市场的变化，满足顾客更高的期望。随着大数据和人工智能技术的进一步发展，未来的旅游服务优化将更加智能化、个性化，我们有机会构建更为精准、动态的服务优化模型，以更贴近顾客的行为和情感，满足顾客的新期待，推动旅游服务行业的持续创新与进步。

4.2.1 旅游服务优化

旅游服务优化是现代旅游业中一个至关重要的议题，随着全球旅游业的飞速发展，游客对服务质量和体验的期待越来越高。这不仅要求旅游企业不断提升自身的服务水准，还催生了多种服务优化理论和技术。传统的旅游服务优化方法主要包括服务质量模型如服务质量差距（SERVQUAL）模型，以及国际通行的质量管理系统如 ISO 9001 和六西格玛等。这些方法在过去为提升旅游服务质量奠定了基础，但随着市场环境的复杂化、顾客需求的个性化，这些传统方法的局限性愈发显现（Hu et al., 2021）。本书将对这些方法进行深入地回顾和分析，以期为大数据驱动的旅游服务优化提供有价值的理论基础。

服务质量模型，如 SERVQUAL 模型，由 Parasuraman 等在 1985 年提出（Parasuraman et al., 1985），它通过 5 个维度（可靠性、响应性、有形性、保证性和移情性）量化顾客对服务的感知与期望之间的差距，从而识别服务的强项与弱项。SERVQUAL 模型因其易于理解和应用，被广泛应用于旅游服务领域。然而，随着顾客对服务体验的深度和宽度要求不断提高，SERVQUAL 模型的局限性逐渐暴露出来。它主要关注服务的静态特性，而忽视了服务的动态性和顾客在体验过程中的情感变化。此外，SERVQUAL 模型未能充分考虑到服务的个性化需求，而在今天的旅游市场，顾客越来越倾向于寻求与众不同的、能满足其特殊兴趣和喜好的服务体验。

ISO 9001 质量管理体系是另一种被广泛应用的管理工具，它提供了一套系统性的方法来确保企业的产品和服务始终满足顾客和法规要求。ISO 9001 强调的是流程的标准化和持续改进，这对于保证服务的一致性和可靠性具有重要作用。然而，ISO 9001 在处理复杂性和个性化需求时具有一定的局限性，其过于强调程序化和规范化，可能导致企业在满足标准化需求的同时，忽视了对独特体验的创造和对顾客个体差异的关注。

六西格玛则是一种以数据驱动的持续改进方法，它通过减少变异和消除缺陷来提高产品和服务的质量。六西格玛在制造业中取得了显著的成功，但在旅游服务领域，它的应用面临着挑战。首先，旅游服务的无形性和即时性使得数据的收集和分析变得困难，难以像制造过程那样进行精确的度量和控制。其次，六西格玛强调的是消除异常，这在某种程度上与旅游服务中寻求惊喜和创新的期望相悖，使得企业无法充分理解顾客的深层次需求和情感体验，而这恰与强调个性化和情感连接的现代旅游服务背道而驰。

在现代旅游市场中，顾客的需求变得越来越复杂，他们不仅追求基本的物质需求，更重视精神层面的满足，如个性化体验、情感连接和价值观共鸣。这就要求旅游服务优化方法能够捕捉和响应这些变化，而这正是传统方法难以做到的。例如，ISO 9001 和六西格玛可能过于关注服务的标准化，而忽视了服务的个性化和情感价值；SERVQUAL 模型虽然能够识别服务的感知差距，但其静态性使其难以适应市场动态。另外，传统方法在处理大量非结构化数据和复杂关系时的能力有限，这在数据爆炸的时代无疑是一项重大挑战。

因此，传统的旅游服务优化方法在面对现代市场时，面临着如何在保证服务质量的同时，实现个性化和创新的挑战。这些问题呼唤一种能够动态适应市场变化、精准识别顾客需求并提供个性化服务优化策略的新方法。大数据技术的崛起为此提供了可能性。大数据通过收集和分析海量的顾客行为、偏好和反馈信息，能够揭示服务的深层次问题，为服务优化提供更为精准的指导。大数据驱动的旅游服务优化方法不仅关注服务的静态性，还关注顾客体验的全过程，包括情感变化、满意度的动态变化等（Hu，2020）。这种方法能够帮助旅游企业更有效地理解顾客需求，制定出更具有针对性的策略，从而提高服务质量，提升顾客满意度。

4.2.2　基于大数据的文旅服务优化

在信息化时代，大数据成为驱动文旅产业变革的关键力量。大数据不仅提供了前所未有的大量信息，改变了我们理解游客需求的方式，还为我们提供了优化服务的新途径，尤其在文化旅游领域，其实时性、多样性和深度分析能力正在重塑旅游服务优化的策略和方法。本节将深入探讨大数据如何推动旅游服务的创新，如何通过大数据的魔力让服务更加贴合游客需求，从而实现更高的游客满意度和商业价值。

大数据具有几个核心的特点和优势。大数据的第一个特点是"大规模"，这意味我们有机会接触到前所未有的海量信息，无论是游客的行为数据、评论还是社交媒体的互动，都可以作为优化服务的宝贵资料。大数据的第二个特点是"实时性"，这意味着我们能够即时了解和响应游客的反馈，从而迅速调整服务策略，解决即时问题。第三个特点是"多样性"，大数据涵盖了结构化和非结构化数据，如数字交易、文字评论、图片和视频，这使得我们能够从不同维度理解游客的体验。这些特点共同为旅游服务优化提供了更全面和深入的信息，帮助我们从海量数据中提炼出真正有价值的内容。

大数据收集和分析在旅游服务优化中的关键作用在于洞察游客的需求和期望。通过网络爬虫技术可以从各大旅游网站、社交媒体平台、论坛和 App 评论区等收集游客的在线行为数据并进行文本分析。这些评论包含了游客对酒店、景点、餐饮、交通等服务的直接反馈，是了解游客喜好的第一手资料。借助情感分析技术，如深度学习模型，我们可以从这些评论中识别出游客对服务的真实感受，如对食物质量、房间舒适度、员工服务态度等的评价。此外，用户画像技术可以将这些数据与用户的身份信息、购买历史等相结合，描绘出一幅详尽的用户肖像，从而更深入地理解他们的需求和偏好，为精准营销和服务提供依据。

基于大数据的文旅服务优化策略，通过收集、整理和分析海量的用户行为数据，提取有价值的信息，以优化资源分配、行程规划、产品设计等环节，从而提升服务质量，增强客户体验，提高企业的运营效率和盈利能力。

（1）资源分配：大数据在资源分配方面的应用主要体现在预测和调配两方面。通过分析历史数据，机器学习模型可以预测未来的旅游高峰期和低谷，帮助旅游企业合理配置人力资源、物质资源和财务资源。例如，通过分析过去几年的数据，可以预测特定节日、假期期间的客流量，从而提前调整导游、接待、安全等岗位的人数，确保服务质量不因人手不足而下滑。此外，大数据还可以帮助企业发现潜在的市场机会。例如，新崛起的旅游热点区域，提前布局相应资源，避免错过市场机遇。又如，通过对社交媒体、旅游论坛等平台的用户讨论进行话题分析，发现某些地区或旅游项目关注度上升，企业可以迅速调整资源，提前开发相关旅游产品，以满足市场需求。

（2）行程规划：在行程规划方面，大数据可以帮助旅游企业提供个性化服务。通过对用户行为数据，如搜索历史、浏览记录、预订记录等的深入挖掘，企业可以构建用户画像，了解用户的偏好、兴趣和出行习惯。然后，利用机器学习算法，为每位用户生成最符合其需求的行程方案。例如，对于喜欢历史文化探索的用户，可以推荐包含博物馆、古迹的行程；而对于喜欢户外运动的用户，则推荐徒步、骑行等项目。此外，可以用于实时优化行程，通过接入实时交通、天气等数据，旅游 App 可以为用户提供实时的路线指引，避开拥堵路段，提醒天气变化，使行程更加顺畅舒适。

（3）产品设计：在产品设计阶段，大数据同样发挥着关键作用。通过对用户评论、评分、投诉等数据的分析，企业可以了解到用户对现有产品的真实反馈，发现产品优势和不足，以便进行迭代优化。例如，通过情感分析技术，企业可以快速定位到用户对酒店、餐饮、娱乐项目的满意程度，针对不满意的地方进行整改。同时，可以用于新产品的研发，通过对用户行为数据的深度学习，企业可以预测未来旅游市场的趋势，如绿色旅游、健康旅游、亲子旅游等，提前布局并开发相应产品，抢占市场先机。

（4）价格策略：大数据还可以协助企业制定更精准的价格策略。通过对历史销售数据和市场环境的分析，企业可以运用定价模型，如动态定价、差别定价，根据需求波动、季节变化等因素调整产品价格，实现利润最大化。例如，通过分析节假日和工作日的订单量差异，可以调整酒店、机票的价格，吸引更多的游客。

（5）营销推广：大数据在营销推广方面的应用主要体现在目标客户定位、广告投放和效果评估上。通过对用户数据的分析，企业可以精准锁定目标客户，设计更有针对性的营销活动。同时，利用数据分析工具，企业可以跟踪广告的效果，优化投放策略，减少无效投放，提高营销投资收益率（ROI）。

综上所述，大数据驱动的服务优化策略在文化旅游业中具有广泛的应用前景，通过资源的有效配置、个性化行程规划、精准产品设计和营销推广，企业可以提升服务质量，增强市场竞争力，实现可持续发展。然而，大数据的应用也需要面对隐私保护、数据安全等挑战，企业在追求商业利益的同时，必须遵循法律法规，尊重用户隐私，以赢得长期的信任和支持。

总的来说，大数据给旅游服务优化带来了革命性的变化，它让我们从海量数据中发现游客的需求和偏好，实时监控服务表现，优化资源配置，并通过个性化推荐和精准营销提高游客满意度。通过分析，我们可以看到大数据在旅游服务领域发挥了重要作用，未来随着大数据技术和分析方法的不断发展，其在旅游服务优化中的潜力将更加巨大，为旅游业的创新与发展打开新的篇章。

4.3 研究案例

4.3.1 基于文本挖掘的不同类型酒店顾客满意及不满意因素分析

1. 研究问题

随着信息技术的迅猛发展，网络预订与在线评价正日益受到顾客的青睐。顾客在入住酒店后，时常会在网络平台上发表评论、推荐或分享个人见解。这些评论充当着电子口碑的角色，根据 Litvin 等（2008）的定义，电子口碑是指通过互联网技术，针对特定产品、服务及其供应商的使用或特性，面向顾客进行的所有非正式交流。相较于传统口碑，电子口碑具有更广泛的传播范围和更快的互动速度，因此，在影响市场需求方面展现出更为显著的效果（Cantallops and Salvi，2014）。

积极的评价展现了顾客对其体验的满意度，而消极的评价则表达了顾客的不满。这些文字性的评价不仅描绘了顾客在酒店的住宿经历，还深刻揭示了他们对酒店以及住宿体验的整体看法。相较于仅由数字组成的顾客评分（一般是 1～10 分的评分体系，针对酒店服务的特定方面或总体住宿体验），文字评价提供了更加全面、深入的信息，能够更细致地反映顾客的满意或不满意情绪。确定哪些因素在文字评价中引发了顾客的满意或不满意，以及这些因素的重要性，是酒店管理者运用电子口碑策略以激发更多需求、优化绩效表现的关键第一步（Sparks and Browning，2011）。然而，目前鲜有研究致力于对比分析那些导致顾客满意与不满意的关键因素，并对其影响力进行评估。

另一个需要关注的现象是，开设特定类型的酒店，如全服务型酒店、有限服务型酒店、提供餐饮服务的套房酒店或无餐饮服务的套房酒店，是影响酒店生产、服务运营、设施配置及目标市场细分的基本战略（Kim et al.，2013）。不同类型的酒店拥有各自的核心产品和服务，由于顾客对各类酒店持有不同的认知、期望和偏好，他们会对每项服务维度的重要性进行差异化的排序。然而，关于酒店类型如何调节顾客感知的研究却相当有限。

Xu（2016）辨识并比较不同类型酒店顾客满意与不满意的关键因素。比较从 3 个角度展开：第一，鉴于酒店服务中的某些核心要素缺失会导致顾客不满意，这些要素虽是产生满意的基础，但自身不足以显著提升满意水平，因此本研究旨在比较各类型酒店顾客满意与不满意因素的异同。由此引出的第一个研究问题是：对于每种类型的酒店，造成顾客满意与不满意的因素类型是否相同？第二，在确定了这些因素之后，本研究将进一步比较它们在引发顾客满意或不满意的重要性。因此，第二个研究问题是：对于每种类型的酒店，哪一因素在顾客满意或不满意中扮演着最关键的角色？第三，本研究将比较不同类型酒店中顾客满意或不满意因素的类型及其重要性排序。因此，第三个研究问题是：针对不同类型酒店，导致顾客满意或不满意的因素类型及其重要性排序是否一致？

本研究的独特贡献在于，这是首次系统地识别并比较不同类型酒店中顾客满意与不满意因素类型及其重要性排序的尝试之一。本研究将采用潜在语义分析（LSA）这一文本挖掘技术来探索顾客对酒店满意与不满意的关键因素。LSA 因其数学特性能为评论背景分析提供一种更为客观的方法。

2. 数据收集与处理

本研究所使用的数据来源于全球最大的第三方酒店预订网站（www. booking. com）。该平台仅允许曾入住网站上列出酒店的顾客发表评论，从而确保了评论的真实可靠性。顾客被要求分别提交正面与负面的评论，其中正面评论反映了顾客的满意程度，而负面评论则体现了顾客的不满。根据美国人口普查局最新的人口估计数据，本研究从美国前 100 大城市中的 580 家酒店收集了评论数据，样本选取方法参照了 Xiang 等（2015）的研究。这 580 家酒店涵盖了 4 种酒店类型：全服务型酒店（占比 25.9%）、有限服务型酒店（占比 37.9%）、提供餐饮服务的套房酒店（占比 17.2%），以及不提供餐饮服务的套房酒店（占比 19.0%）。对于每家酒店，生成了 10 个随机数作为索引，收集了与这些索引相对应的顾客评论，并排除了正面评论、负面评论不完整或两者均缺失的样本，最终获得了包含正负两面评论的有效顾客评论样本共 3480 份。

顾客评论属于文本数据范畴。传统的研究方法包括扎根理论与内容分析等定性手段，这些方法要求研究者全面阅读文本，并对其进行主观解读与编码。鉴于本研究样本包含 3480 条评论，传统定性方法难以适用，因信息过载，研究者几乎不可能对所有评论维持一致的编码框架。因此，本书采用文本挖掘技术，即从非结构化文本中提取有用、有意义且非显而易见信息的过程，以克服信息过载问题。本书运用了广泛认可的文本挖掘技术——LSA。LSA 是一种代数统计方法，能够探测文档集合的潜在主题结构，提取词汇与句子的隐含语义结构（Evangelopoulos，2011）。相较于其他方法，利用 LSA 研究评论并进行总结更具客观性，这得益于其数学属性。本书应用 LSA 涉及 3 个步骤，遵循了先前研究所确立的成熟文本挖掘程序（Li and Joshi，2012）。针对每种类型的酒店，将正面评论汇总于一个电子表格，负面评论则汇总于另一个表格。随后，这些数据被导入 RapidMiner Studio（一款领先的数据挖掘工具），接下来按照下述步骤进行处理。

第一步骤涉及文本预处理与术语精简。在 RapidMiner Studio 中，各电子表格首先转换为文档对象，每份文档在分析前被赋予独一无二的 ID 标识。随后，文档经历了若干预处理步骤。预处理的第一步是将文档内的全部文字转换为小写格式。完成此操作后，以非字母字符为分隔符进行文本标记化处理。标记化完成后，识别出的词汇列表中，诸如"and""the""is""are""a""an"等不携带实质性信息的"停用词"被剔除，因为这些词汇在评论中不具备意义且不必要地增加了词频矩阵的复杂度。紧接着，所有长度不足两个字母的简短标记（如"s""x"）亦被删除，原因在于它们同样缺乏实际含义。移除停用词与简短标记之后，下一步骤是排除仅在一个文档中出现的词汇或标记，因为这类词汇无法揭示特定主题。在接下来的步骤中，术语词根化技术应用于词汇列表，该技术能够识别词汇的基本形态，并将所有具有相同词根的词汇归类为单一标记，从而整合了同一词汇的各种变体，有效减少了维度。最后，采用 N-gram 算法识别文档中反复出现的短语，例如"员工友好"、"位置便利"或"Wi-Fi 信号不佳"。经过这一系列术语精简程序，最终形成了每种类型酒店正面评论数据集包含超过 600个标记的词汇列表，负面评论数据集包含超过 1100 个标记的词汇列表。

第二步骤为术语频率矩阵转换。在完成初步处理后，所有文档经由文档矩阵转换为术语频率表示。矩阵的每个单元格记录了特定标记在某一文档中的出现频率。采用术语频率–逆向文档频率（TF-IDF）加权方法对矩阵中的数值进行了转换（Husbands et al., 2000），这种方法赋予罕见词汇更高的权重，同时降低常见词汇的权重，使得文档的独特性在结果中得以凸显。

第三步骤实施了奇异值分解，其作用是将 TF-IDF 加权后的术语矩阵转换为3 个矩阵的乘积：术语–因子矩阵、文档–因子矩阵以及奇异值矩阵（特征值平方根）。术语–因子矩阵揭示了特定潜在因子上的术语加载情况；文档–因子矩阵展示了文档在特定潜在因子上的加载情况；奇异值矩阵（特征值平方根）则表示了特定因子的重要性。

对 LSA 结果的解析类似于因子分析的解读方式（Evangelopoulos，2011）。本研究通过关联高加载项的术语与文档来辅助进行因子的解析。对于每种解决方案，创建了一个清单，其中包含了所有高加载项的术语与文档，并依据绝对加载值进行排序。随后，通过审视与特定因子相关的术语和文档，解析其内在领域，并确定恰当的标签，以此对因子进行命名。因此，所有术语与文档均得到了解析，并根据它们对应的高加载项术语，给因子赋予了实际意义的标签。

3. 结果分析

1）导致顾客对各类型酒店满意和不满意的因素分析
研究采用基于正面与负面评价的潜在语义分析，旨在揭示针对各类型酒店，决定正面评价（顾客满意度）与负面评价（顾客不满意度）的影响力因素。

表4-1~表4-4展示了潜在语义分析中辨识出的主要因素，每个因素代表了正面评价与负面评价的一方面。在这些表格中，每个因素的重要程度由奇异值体现。鉴于每个因素包含600~1500个术语，为了便于展示，将排名前十的术语界定为"高加载项"。潜在语义分析的结果表明，这些主要因素涵盖了超过95%的所有独特术语和评价，这意味着这些因素全面反映了顾客对各类型酒店正面评价和负面评价的各个方面。

表4-1　全服务型酒店的顾客满意与不满意决定因素

决定因素	解释标签	奇异值	高载荷因子（编码）
满意度的决定因素			
因子1	位置和景观	2.555	locat, great_locat_, view, nice_hotel, excel, conveni_locat, easi_access, locat_good, walk_distance, view_great
因子2	员工	2.512	friendli_staff, friendli_staff_excel, staff_excel, staff_great, staff_good, staff_nice, friendli_help_staff, excel_staff, staff_nice_help, front_desk
因子3	房间	2.049	room_nice, bed_comfort, clean_room, i_like, size, nice_clean, bedroom, room_comfi, room_comfi_clean, room_awesom
因子4	餐馆	2.041	restaur_great, restuar_bar, dinner, fantast, good_food, bar, nice_restaur, planti, restur_nice, cafe
不满意度的决定因素			
因子1	无线网	2.245	wifi, free_wifi, wifi_room, expens, wifi_low, signal, wifi_connect, internet, slow, problem
因子2	不友好	2.145	staff, desk, front_desk, call, unfriendly, twice, i_ask, avail, rude, unhelp, front_desk_staff
因子3	设施	1.979	evel, lobbi, elev_work, hotel_old, wait_elev, maintain, busi_center, facil, hall_way, indoor_pool
因子4	停车	1.937	expens, expens_park, park_expens, charg, overpr, dai_park, bag, luggag, valet_park, long
因子5	浴室	1.776	shower, hot_water, tub, water_shower, towel, tub_shower, water_pressur, drain_take_shower, bathroom, toilet

表 4-2 有限服务型酒店的顾客满意与不满意决定因素

决定因素	解释标签	奇异值	高载荷因子（编码）
满意度的决定因素			
因子 1	位置	3.489	locat_good, good_locat, hotel_locat, locat_good_park, perfect_locat, perfect, locat_good, walk, conveni_locat
因子 2	员工	2.863	front_desk_staff, smile, extrem_help, attend_staff, staff_help_friendli, person, help_staff, friendli_nice, staff_excel
因子 3	价值	2.677	valu, good_valu, monei, great_valu, price, value_excel, rate_cheap, worth_monei, money_valu, decent_valu
因子 4	房间	2.518	comfi, bed_comfi, accomod, nice_room, clean_comfi, love_room, comfi_room, room_great, bed_good, room_comfort
不满意度的决定因素			
因子 1	噪音	3.098	lot_nois, street_nois, nois, loud, noisi, street, hear, lobbi, hard_sleep, neighbor
因子 2	空气	2.344	smell_smoke, cigarette_smoke, cigarett, non_smoke_room, air, room_smell_smoke, ask_non_smoke, room_smell, terrible, smoke_alarm
因子 3	无线网	2.296	wifi_poor, wifi_low, poor_wifi, connect, wi_fi, internet, internet_connect, low_speed, slow_wifi, signal
因子 4	设施	2.151	facil, bit_old, facil_old, evel, hallway, furnitur, outdate, décor, lobbi_hall, bad_updat
因子 5	门厅	2.142	machin, ic_machin, vend_machin, vend, hallwai, soda, fix, machine_difficult_work, coin, hard_find

表 4-3 提供餐饮服务的套房酒店顾客满意与不满意决定因素

决定因素	解释标签	奇异值	高载荷因子（编码）
满意度的决定因素			
因子 1	位置	3.979	locat_good, great_locat, walk, walk_distanc, locat_great, conveni, area, locat_good_easi, conveni_locat, locat_nice
因子 2	员工	2.979	staff_friendli, friendli_help, staff_friendli_help, help_staff, friendli_help, excel_staff, waitress, great_staff_friendli, help_i, polit_staff
因子 3	房间	2.765	room_clean, good_room, clean_big, spaciou, clean_room, big_room, good_size, comfort_i, i_love_room, hotel_room

续表

决定因素	解释标签	奇异值	高载荷因子（编码）
因子 4	价值	2.306	price, reason, good_price, price_great, reason_price, afford, price_good, great_price, expect_price, price_room
不满意度的决定因素			
因子 1	房间	2.524	dirti, floor, carpet, room_dirti, bathroom_dirti, carpet_dirti, toilet_dirti, towel, toilet, request
因子 2	餐馆	2.159	restaur, food, food_restaur, smell, sugar, cereal, menu, dine, drink, buffet
因子 3	停车	2.132	valet_park, park_lot, lot, wait_hour, charg, car, limit, block, car_valet, park_fee
因子 4	游泳池	2.101	pool_area, pool_hot, swim, swim_pool, repair, pool_close, pool_area, work_pool, pool_dirti, floor_wet
因子 5	空调	2.038	air_condition, ac, air, air_condit, noisi_air_condit, sleep, sound, ac_difficult_work, hot, temperature

表 4-4　不提供餐饮服务的套房酒店顾客满意与不满意决定因素

决定因素	解释标签	奇异值	高载荷因子（编码）
满意度的决定因素			
因子 1	房间	3.272	bed_comfort, room_clean, comfort_room, quiet, clean_room, nice_room, spaciou, I_like, room_great, size
因子 2	员工	2.996	friendli_staff, staff_nice, friendli_help, front_desk, staff_friendli_help, front_desk_staff, staff_good, staff_nice, help_staff, nice_staff, staff_great, love_friendli_staff
因子 3	早餐	2.582	breakfast_good, breakfast, free_breakfast, nice_breakfast, fresh_breakfast, fruit, food, continent, continent_breakfast, egg, breakfast_cleanli, price_breakfast, potato, decent
因子 4	位置	2.530	conveni_locat, locat_great, park, conveni, view, walk, free_shuttl, distanc, locat_nice, minutes
不满意度的决定因素			
因子 1	空气	2.351	smoke, smoke_room, smell_smoke, non_smoke, room_smell, i_smell_smoke, smell_smoke_room, cigarett, smoke_free, smell_room
因子 2	噪音	2.301	nois, loud, air_condition, road, lot, hard_sleep, road_nois, noisi, traffic, hallwai_nois

续表

决定因素	解释标签	奇异值	高载荷因子（编码）
因子3	淋浴	2.260	hot, water, tub, hot_tub, hot_water, lack, water_shower, water_pressur, shower, leak
因子4	无线网	2.248	wifi, connect, slow, signal, low, problem, internet_connect, wifi_access, wifi_terribl, connect_room
因子5	设施	2.193	microwav, microwav_room, refriger, refriger_room, fridg_microwav, tv, hair_dryer, refiger_work, lamp_bed, coffe_make

2）各类型酒店顾客满意度驱动因素综合分析

各类型酒店顾客满意度的决定因素（地理位置、员工表现以及房间品质）普遍相似。这些决定因素均与 Gu 和 Ryan（2008）研究中所讨论的顾客满意度决定因素相吻合。然而，对于不同类型的酒店，各满意度决定因素的重要性排序存在差异。此外，各类型酒店还存在特定的额外满意度决定因素——全服务型酒店的优质餐厅；有限服务型酒店与提供餐饮服务的套房酒店的高性价比；不提供餐饮服务的套房酒店提供的丰盛的免费早餐。各类型酒店的具体满意度决定因素总结如表 4-5 所示。

表 4-5　各类型酒店顾客满意度的决定因素

影响因子	指标（编码）	酒店类型排名			
		全服务型酒店	有限服务型酒店	提供餐饮服务的套房酒店	不提供餐饮服务的套房酒店
位置	优越的地理位置（excellent location），方便的交通（convenient accessibility），好的视野（good view）	1	1	1	4
员工	友好（friendly），乐于助人（helpful），礼貌（polite）	2	2	2	2
房间	舒适性（comfortable），干净（clean），宽敞（spacious）	3	4	3	1
其他因素	优质餐厅（good restaurant），高性价比（good value），丰盛的免费早餐（good complimentary breakfast）	good restaurant（4）	good value（3）	good value（4）	good complimentary breakfast（3）

3) 各类型酒店顾客不满意度驱动因素综合分析

4 种不同类型酒店顾客不满意度的决定因素呈现出差异性。总体而言，这些因素涵盖了 Wi-Fi 网络、设施设备、停车服务、浴室条件、噪声问题、泳池以及客房清洁度。相较于满意度的决定因素，不满意度的决定因素不仅数量更多，而且在各类型酒店之间表现出更为具体且多样的特性，如表 4-6 所示。

表 4-6 顾客对各类酒店不满意度的决定因素

影响因子	指标（编码）	排名			
		全服务型酒店	有限服务型酒店	有餐饮服务的套房酒店	无餐饮服务的套房酒店
无线网	信号弱（low signal），速度慢（slow speed），连接问题（connection issue）	1	3	N/A	4
员工	不乐于助人（unhelpful），不友好（unfriendly），粗鲁（rude）	2	N/A	N/A	N/A
设施	设施老旧（old facility），电梯速度慢（slow elevator），商务中心（business center），客房内设施（in-room facility）	3	4	N/A	5
停车	价格贵（expensive），等待时间长（long waiting），已满的停车场（full parking lots）	4	N/A	3	N/A
浴室	淋浴（shower），水压（water pressure），厕所（toilet），毛巾（towel）	5	N/A	N/A	3
噪声	街道噪声（street noise），酒店噪声（hotel noise），难以入睡（hard sleeping）	N/A	1	N/A	2
空气	臭味（smelly），烟味（cigarette），空气污染（polluted air）	N/A	2	N/A	1
门厅	供应商机器（vender machine），运作困难（difficult working）	N/A	5	N/A	N/A
餐馆	食物（food），水（drink），菜单（menu）	N/A	N/A	2	N/A
泳池	脏（dirty），需要维修（need repair）	N/A	N/A	4	N/A
空调	噪音（noisy），运作困难（difficult working）	N/A	N/A	5	N/A
房间	地板脏（dirty floor），房间脏（dirty room）	N/A	N/A	1	N/A

注：N/A 表示不适用这种情况。

4. 研究发现

1）酒店顾客满意度与不满意度的不同决定因素分析

研究发现，对于各类型酒店而言，顾客满意度与不满意度的决定因素存在显著差异。相比之下，顾客满意度的决定因素，包括地理位置及可达性、员工表现以及房间质量，更具有普遍性且紧密关联于酒店的核心服务。如表 4-5 所示，除不提供餐饮服务的套房酒店外，优越的地理位置是所有酒店类型中最关键的满意度决定因素。地理位置和可达性之所以重要，是因为它们有助于顾客轻松地找到酒店，提供优美的周边景观，同时为希望游览附近景点的顾客节省时间。此外，酒店的理想位置往往与更大的住宿需求量（Lockyer，2005）、更高的每间房收入（Sainaghi，2011）、更佳的运营表现（Chung and Kalnins，2001）以及更低的经营失败率（Baum and Mezias，1992）相关联。

员工表现是顾客满意度的第二大决定因素。顾客非常重视员工表现，因为在酒店行业等服务业中，顾客与员工的互动频率相对较高，员工表现与顾客满意度之间存在着显著的正向关系。友好且乐于助人的员工表现能够激发顾客满意。此外，房间质量始终是顾客满意度的重要决定因素。房间本身即是酒店的核心服务。由于顾客在入住期间大部分时间都在房间内度过，因此舒适、干净、宽敞且温馨的房间能显著提升顾客满意度。

每种酒店类型都有其额外的满意度决定因素。有限服务型酒店与提供餐饮服务的套房酒店的顾客对其所提供的高性价比表示满意。全服务型酒店的顾客对酒店内的优质餐厅感到满意，而不提供餐饮服务的套房酒店的顾客则对丰盛的免费早餐表示满意。相反，顾客不满意度的决定因素更为具体。环境问题，如慢速Wi-Fi、吸烟与空气污染问题、低质餐厅以及噪声构成了一个主要问题。另一个决定因素是设施问题，包括老旧家具、不洁浴室、自动售货机故障、嘈杂泳池以及损坏的冰箱和微波炉。顾客也抱怨行为问题，如不友好且不乐于助人的员工，以及运营问题，如停车场满员时漫长的等待时间。这些决定因素是酒店设施和服务的关键方面，因此它们的缺失会导致顾客不满意；然而，虽然它们的存在是必要的，但仅凭这些方面并不足以创造高满意度。研究还发现对于每种酒店类型，不满意度决定因素的数量等于或大于满意度决定因素的数量。这表明，顾客的不满意来源比满意来源更为多样。

2）顾客满意与不满意决定因素的非对称重要性分析

针对各类型酒店，影响顾客满意与不满意的决定因素在重要性上并非均等，这一结论在表 4-1～表 4-4 中通过各评论矩阵的差异化奇异值得以直观展现。可以观察到，奇异值的数值越高，相应决定因素在左右顾客满意或不满意情绪上的作用就越显著。值得注意的是，先前的多数研究仅局限于识别这些关键因素，而缺乏对各决定因素实际重要性的比较分析。因此，本研究通过借鉴奇异值的概念，有效地填补了这一研究领域的空白。

3）各类型酒店顾客满意度决定因素及其重要性排序差异分析

在探究影响顾客满意度的决定因素时，研究发现对于每种类型的酒店，顾客满意度的主要决定因素（地理位置、员工表现及房间品质）大体相同。这三大方面与 Gu 和 Ryan（2008）的研究中所确定的最显著的顾客满意度决定因素相吻合。然而，对于不同类型的酒店，这些决定因素的重要性排名却有所差异。此外，每种类型的酒店还存在着各自独特的顾客满意度决定因素。

对于入住其他 3 种类型酒店的顾客而言，舒适的房间是不提供餐饮服务的套房酒店顾客最为重视的因素。优质的免费早餐则成为额外的顾客满意来源。一种可能的解释是，选择此类酒店的顾客相较于其他顾客，更频繁地使用厨房和客厅设施，房间及其配套设备彰显了酒店的奢华感（Heo and Hyun，2015）。居住在豪华套房能为顾客提供更多的体验价值和象征价值，从而增加他们的满意度（Chen and Peng，2014）。对于无餐饮服务的套房酒店而言，房间被视为核心产品，极大地影响着顾客满意度及其愿意为酒店房间支付溢价的意愿（Heo and Hyun，2015）。相比于入住全服务型酒店和提供餐饮服务的套房酒店的顾客，不提供餐饮服务的套房酒店顾客的早餐选择较少。因此，丰盛的免费早餐为这类顾客提供了额外的价值，从而增加了顾客满意度。

地理位置是入住全服务型酒店、有限服务型酒店以及提供餐饮服务的套房酒店顾客满意度的关键决定因素。根据文本挖掘结果，关于酒店地理位置的顾客满意来源主要体现在三方面：第一，便捷的位置，即酒店易到达的程度，是顾客满意的重要来源之一。若酒店位于机场等交通枢纽附近，顾客的满意度将显著提升。部分酒店提供的免费班车服务进一步增加了顾客的满意度，并凸显了酒店位置的优势。第二，酒店距离景点的步行距离也会影响顾客满意度，邻近景点可节省顾客的通勤时间。第三，酒店拥有优美的景观同样能够提高顾客对位置的满意度。一些酒店设有俯瞰公园、山脉等景致的房间，这些景观的观赏性极大地提升了顾客对酒店的喜爱度，从而增加了顾客满意度。

每种类型的酒店都存在各自的额外顾客满意度决定因素。对于全服务型酒店的顾客而言，优质餐厅是他们期望的一部分。全服务型酒店提供的高品质食物、服务及氛围让顾客感到愉悦，进而提升其满意度。同时，大多数全服务型酒店强调其餐厅菜单的健康属性，这也增加了顾客对晚餐价值的满意度。有限服务型酒店的顾客更加关注高性价比，这通常体现在房价上。这些数据得到了前人研究的支持（Cai，2004；Nash et al.，2006），显示高性价比是有限服务型酒店顾客选择酒店时最重要的标准之一。入住有限服务型酒店的顾客往往对价格敏感，因此高性价比被认为是吸引顾客的关键属性（Nash et al.，2006）。然而，高性价比也是提供餐饮服务的套房酒店顾客满意度的决定因素。对于入住此类型酒店的顾客而言，性价比的衡量标准包括合理房价以及食品和饮料的价格。合理房价与食品和饮料的结合放大了性价比的效果，从而提高了顾客满意度。

员工表现似乎是决定顾客满意度最具影响力的要素之一，因为顾客将员工表现视为仅次于地理位置的第二大满意度决定因素。这凸显了高度互动的酒店行业中顾客满意度与员工表现之间关系的重要性（Kassinis and Soteriou，2003）。员工在预订、入住、退房、维护服务、餐饮服务等多个环节扮演着重要角色。员工与顾客间有效的沟通可以加强顾客与酒店的关系，员工友好礼貌的态度，受到员工工作满意度正向影响，也能增强顾客的感受（Jung and Yoon，2013）。此外，员工的乐于助人可以提高酒店运营效率，进而改善顾客满意度。当服务操作失败发生时，员工在缓解顾客不满甚至创造顾客满意方面发挥着关键作用（Anderson et al.，2009），因此员工对顾客满意度的影响极为显著。

4）各类型酒店顾客不满意度决定因素及其重要性排序差异分析

在探究顾客不满意的决定因素时，研究发现对于每种类型的酒店，不仅决定因素的种类不同，其重要性排序也存在差异。与顾客满意度决定因素相比，每种类型的酒店都有更多顾客不满意的决定因素，这表明顾客不满意的源头更为具体。

对于全服务型酒店的顾客而言，Wi-Fi 成为引发顾客不满意的最重要的决定因素。速度慢、信号弱、连接困难以及额外收费等负面特性导致了顾客的不满。全服务型酒店顾客相较于入住其他类型酒店的顾客更加关注 Wi-Fi 的原因之一在于，大多数商务旅客倾向于选择全服务型酒店，而商务旅客与休闲旅客的需求存在明显差异（Yavas and Babakus，2005）。不良的 Wi-Fi 影响了商务旅客的正常工作和沟通，使他们深感不满。Wi-Fi 同样被列为有限服务型酒店和无餐饮服务的套房酒店顾客不满意度的重要决定因素之一，这凸显了 Wi-Fi 的重要性，以及缺乏令人满意的 Wi-Fi 如何产生顾客不满意。

此外，不乐于助人且态度恶劣的员工、陈旧的设施、停车问题以及浴室问题均导致了入住全服务型酒店顾客的不满。基于员工的不满意可能源于全服务型酒店在这四类酒店中拥有最高的顾客与员工比例（Mohammed et al., 2014），因而可能存在员工数量不足，难以满足顾客需求的问题。陈旧设施问题包括电梯速度慢、商务中心设计不合理等一般性问题，以及客房内的旧家具、微波炉缺失或难以使用和冰箱、咖啡机等问题。设施问题给顾客带来不便，导致许多酒店顾客的不满。停车问题可能源于全服务型酒店通常拥有最多的客房和客人，因此相对拥挤的停车场和较长的代客泊车等待时间引发了顾客的不耐烦和焦虑，增加了他们的不满意度。浴室问题作为设施与运营问题的结合，可能由脏乱的淋浴间、马桶或毛巾引起，同样影响顾客感知。因此，升级浴室设施并确保高效日常运营和清洁服务是缓解顾客不满最有效的方式之一。

噪声成为导致有限服务型酒店顾客不满意的最具影响力的因素。噪声可能来源于高速公路、酒店走廊、泳池或客房空调。安静的房间可以增加顾客满意度，噪声却因使顾客难以入眠而造成顾客不满。本研究结果与前人研究结果一致，均指出噪声水平影响顾客对有限服务型酒店的感知（Clemes et al., 2011）。安静是顾客选择有限服务型酒店时最重要的决定因素之一，因为它体现了客房这一核心价值，而客房正是有限服务型酒店的关注重点。

吸烟问题、Wi-Fi、设施问题以及自动售货机故障同样引起了有限服务型酒店顾客的不满。这些问题大多源自有限服务型酒店的预算限制（Peng et al., 2015），这类酒店试图通过减少设施投资和运营支出以最小化总成本（Fiorentino, 1995）。因此，当酒店过于关注成本时，入住经济型酒店的顾客往往会对其管理表示不满。

脏乱的房间是入住提供餐饮服务的套房酒店顾客不满的最关键因素。虽然餐饮服务是此类酒店提供的最重要的核心产品之一，但它们主要是"住宿导向"的，这意味着顾客光顾和再次入住酒店的主要原因是客房（Powell and Watson, 2006）。因此，干净舒适的房间极大地提升了顾客满意度，而脏乱的房间则导致顾客不满。这种效应在套房酒店中被放大，因为套房酒店具有显著的奢华属性，对顾客感知和态度产生重大影响（Chen and Peng, 2014）。

餐厅、停车、泳池和空调系统是顾客对提供餐饮服务的套房酒店不满的决定因素。作为此类酒店的核心服务之一，餐厅提供餐饮，不仅具备功能性价值，还承载着象征性和体验性价值，这些价值对顾客感知有重要影响（Chen and Peng, 2014）。因此，缺乏优质健康的食物和饮品，以及缺乏周到的服务，提高了顾客的不满意度。对于入住全服务型酒店的顾客，满员的停车场、额外的停车费以及漫长的代客泊车等待时间引发了顾客的不满。泳池和空调系统均反映了提供餐饮服务的套房酒店的设施和运营问题，因此，一些顾客对来自泳池或空调的噪声、泳池的清洁度和现代化程度以及空调使用的便利性表达了不满。

吸烟或空气污染是入住不提供餐饮服务的套房酒店顾客不满的最关键决定因素。虽然美国的吸烟率从 1965 年的 42% 下降至 2002 年的 22%，但吸烟问题仍然是酒店行业必须持续关注的议题（Chan et al., 2012）。一方面，酒店员工的吸烟率（37.19%）高于美国普通人群，且过去几十年（1965~2002 年）并未显著下降，这一现象可能被顾客察觉。另一方面，一些顾客可能在禁烟房间内吸烟，污染空气并使房间充满异味。此外，入住不提供餐饮服务的套房酒店的顾客可能在房间内停留的时间更长，更频繁地使用厨房烹饪，烹饪可能是另一个产生污染、异味的源头。我们注意到，吸烟行为与空气污染已成为引发有限服务型酒店顾客不满情绪的重要因素之一。尤其值得注意的是，在部分有限服务型酒店，如汽车旅馆，未能有效区隔吸烟与非吸烟区域，导致这一问题尤为突出。

噪声、脏乱的浴室、缓慢的 Wi-Fi 以及破旧老化的设施同样导致了入住不提供餐饮服务的套房酒店顾客的不满。这些问题大多源于效率低下，因此升级设施可能是缓解入住不提供餐饮服务的套房酒店顾客不满的有效途径。

4.3.2 酒店顾客服务体验的决定因素：对生活方式酒店与传统酒店差异的考察

1. 研究问题

生活方式酒店的兴起与普及已成为住宿业中最为显著的趋势之一，这主要是由于新兴旅行者群体独特需求的推动。年轻一代，更倾向于追求设计导向、独具特色的产品及个性化服务，而非标准化、同质化、传统的商品和服务（Florida,

2003）。为了响应不断变化的顾客需求与偏好，主要酒店连锁集团将投资生活方式酒店视为扩大业务的高收益机会。全国连锁的生活方式酒店体系不仅为顾客提供了便利，还为热衷于精品住宿的人群提供了物理可达性。

生活方式酒店中新产品与服务的引入，为顾客提供了日益多样化且独特的服务体验。因此，为顾客提供独特体验使生活方式酒店品牌得以实现比美国住宿行业平均水平更高的入住率和每间可售房收入（Russell，2002）。生活方式酒店数量以每年11.5%的速度增长（相比之下，美国酒店市场的年增长率仅为0.8%），并已成为住宿业的重要组成部分。鉴于其对酒店设计的特别关注，生活方式酒店细分市场定位在中高端至豪华、全服务型或有限服务型物业，提供诸如自助休息室和现场轻食等服务。随着生活方式酒店细分市场的持续扩张，市场竞争愈发激烈。许多传统酒店已成功采纳生活方式酒店的特征（即独特设计与公共空间的再利用），以应对顾客偏好的变化。因此，生活方式酒店面临的根本挑战在于如何真正将其物业和服务与住宿业其他细分市场区分开来。

虽然生活方式酒店数量众多，但这一类型的酒店尚未在顾客心中形成清晰定位（Jones et al.，2013）。为了构建理想的定位，应从顾客感知的角度，而非住宿业营销者的视角来审视生活方式酒店。生活方式酒店为其顾客提供独特非凡的住宿体验，强调现代设计、高度个性化的服务与产品、附加便利以及风格或形象超越功能性（Jones et al.，2013）。众多研究者的描述被用作定义生活方式酒店的基础，即反映当前趋势的酒店物业，包括小型规模、独特、时尚和现代吸引力。然而，生活方式酒店通常为连锁经营，从而确保了相当程度的一致性、可达性和经济性。

社交媒体和UGC的兴起，使得研究人员和实践者能够比传统调查方法更为便捷、快速地收集关于顾客感知和体验的信息。UGC作为分享旅游体验最广泛且快速增长的在线信息渠道，为研究提供了丰富的数据来源（Lu and Stepchenkova，2015；Wang et al.，2015）。社交媒体用户出于自发生产、参与、分享和消费信息的意愿，积极分享他们的过往经历和个人观点（Heinonen，2011；Lu and Stepchenkova，2015）。因此，在决策过程中，顾客、营销人员和研究者均认为UGC和点对点网络服务是最具影响力的信息来源之一。诸多学者通过分析线上顾客评论，揭示了旅行者在社交媒体上对体验的见解和情感，从而为制定快速响应的营销策略提供了依据（Calheiros et al.，2017；Park et al.，2016）。此外，一些研究表明，线上评论中的各种元素对潜在顾客的态度、行为意向乃至通过在线旅行社预订时酒店的线上价格产生了实质性影响。通过采取适当预防措施，我们或许可以运用在线评论数据和大数据分析，揭示顾客对生活方式酒店的感知，以及这类酒店与传统酒店相比的独特性。

本研究旨在通过大数据分析在线顾客评论，探究生活方式酒店的独特特性，了解酒店顾客的体验。具体而言，本研究试图实证回答以下研究问题：①在线评论中反映的酒店顾客体验因素在生活方式酒店与传统酒店之间有何差异？②酒店顾客体验因素对整体评分的影响在生活方式酒店与传统酒店之间有何不同？研究采用文本分析方法，将非结构化数据转化为量化主题因素，以此比较生活方式酒店与传统酒店。研究结果将指导营销人员制定有效的营销策略，帮助管理者改善生活方式酒店的顾客体验。本研究将为酒店服务与住宿管理领域的研究者提供新的研究方向，为生活方式酒店的研究开辟潜力空间。

2. 数据收集与处理

1）数据收集

本研究所收集的在线评论源自 Tripadvisor 网站，该网站是全球最受欢迎的在线旅游评论平台之一，拥有超过 81 万家住宿设施的列表和 2.5 亿条顾客评论。Tripadvisor 是一个广受旅行者欢迎的平台，他们在此分享个人意见和体验（正面与负面），从而为其他旅行者在规划行程时提供参考。本研究使用 Perl 编程语言编写的自动化网络爬虫工具，提取了与酒店相关的顾客评论及其关联信息。案例聚焦于美国热门旅游目的地之一的纽约市，该城市汇聚了大多数生活方式酒店，为当前研究提供了易获取的生活方式酒店细分市场的详细资料。为了减少酒店属性可能存在的选择偏差，本研究通过仔细审查谷歌（Google）搜索中的高排名酒店品牌，力求在数据收集时纳入纽约市所有运营中的生活方式酒店。最终，根据前文提及的生活方式酒店定义（Baek and Ok，2017），在 Tripadvisor 网站上识别出 17 家位于纽约市的生活方式酒店。随后从 451 家酒店中随机选取了 18 家传统酒店，以获得相对接近的评论数量。本研究所使用的数据涵盖了纽约市约 7.5% 的酒店物业和 7.2% 的在线顾客评论。网络爬虫共检索到 45 490 条酒店顾客评论。数据集中，传统酒店共有 20 901 条评论，平均每家酒店有 1161 条评论；生活方式酒店则有 24 589 条评论，平均每家酒店有 1446 条评论。

2）数据处理

本研究在进行统计分析之前，首先对数据进行了预处理（即将非结构化的评论数据转换为结构化数据），并确定了研究领域（即酒店顾客服务体验），以确保研究结果的有效性和可靠性。首先在 R 3.4.1 环境中，运用文本挖掘包 tm 实施了所有必要的自然语言处理技术。文本分析的第一步对于确保内容效度至关重要；预处理数据使研究者能够专注于文本中与研究直接相关的语言实体（Krippendorff，2019）。此步骤涉及一系列自然语言处理技术，例如分词（即将文档分割为单词的过程）、通过词干还原将单词缩短至基本形式而不会改变其含义、识别拼写错误以及移除停用词（代词、副词和连词）（Xiang et al.，2015）。此外，本研究排除了数字和控制字符（如任何难以输入的特殊字符：\ n 新行）。这一过程仅保留了数据集中的文本词汇。

此后，由领域专家审查领域识别和分类，保留与旅游/酒店顾客体验紧密相关的词汇，并剔除不相关词汇。这种方法借鉴了先前使用在线酒店评论的研究（Xiang et al.，2015），并为整个酒店顾客体验提供了全面视角：①顾客酒店体验的背景（如旅行目的）；②顾客从有形和无形的酒店服务属性中表达的体验和情感。这种方法提高了从酒店住宿中理解复杂个人体验的可能性。也就是说，本研究采用了基于词典的方法分析文本内容，以理解隐藏的语义模式。本书作者（即主要编码员）进行了手动迭代编码过程，随后由两位合作者独立验证。在过程开始时，频率分析生成了大量描述酒店顾客体验的词汇列表。此后，主要编码员仔细审查了列表上的词汇，合并同义词为单一形式；识别与酒店顾客体验相关的词汇；识别少数与当前研究无关的例外词汇，如通用名词、品牌名称和停用词（即语法上有用但并不增加句子意义的词汇）；以及寻找特定词汇的所有可能变体，涵盖复数、时态、拼写错误和改写（即具有相同含义但用词不同的情况，如"房间"和"套房"）。这一编码过程是迭代进行的，最终尝试从在线评论中出现频率较高的词汇开始建立与酒店顾客体验相关的术语词典。在进行统计分析前，两位合作者验证了结果。此后，从完整评论中重新提取了频率列表，以识别并解决遗留问题。虽然这种迭代过程创建了一个准确的基于词典的词汇字典，用于描述酒店顾客体验，但这一过程极其耗费人力，且未将 N-gram 纳入分析框架（Calheiros et al.，2017）。因此，研究结果可能未能反映在线评论的上下文信息。

本研究的主要目标在于利用评论文本数据阐明生活方式酒店与传统酒店的顾客服务体验，并为管理者提出实际建议，同时为学者设定研究议程。因此，统计分析着重于从每篇评论中识别酒店顾客体验的潜在语义结构，并比较生活方式酒店与传统酒店的差异。为此，首先筛选出一套词汇，这些词汇在评论中被提及频次均超过1000次。数据集中共有717 487个词汇，其中107个词汇出现频次极高，占数据集中所有词汇总被损及频次的90%。因此，词汇出现频次较低可能意味着其在解释酒店顾客体验潜在结构方面的重要性较低。随后，作者再次审阅每个词汇，将其归类至若干组别中，如酒店/服务属性、含义清晰的形容词、情感表达以及含义模糊的形容词。本研究仅纳入了与酒店/服务属性直接相关的词汇，并最终选择了65个词汇进行进一步分析。

探索性因子分析描绘了酒店顾客体验的潜在结构。探索性因子分析能够揭示在线酒店评论中流行词汇之间的共性，进而提炼出酒店顾客服务中的共同语义主题/空间。本研究计算了每篇评论中每个词汇的频次，利用R 3.4.1环境下的文本挖掘包tm构建了个体评论文本的词–文档矩阵。如此一来，非结构化数据（即文本）便能转化为适合探索性因子分析的结构化数据格式（即数值矩阵）。此过程中生成的词–文档矩阵等同于词汇间的共现矩阵，可用于识别在线评论间的相似性结构（Deerwester et al.，1990）。本研究中的因子分析以主轴因子分析（PAF）为提取方法，并辅以斜交旋转（带Kaiser标准化），因为本研究旨在提取在线酒店评论中词汇背后的共同变异量。在社会科学领域，PAF操作简便，且提供的结果具有高度可复制性和稳定性。

此外，考虑到酒店顾客体验的复杂性，假设通过探索性因子分析辨识的所有维度并非完全正交，而是彼此间存在一定程度的相关性，故而采用了斜交旋转法。在进行卡方检验和回归分析的过程中，依据代表各因子的词汇频次，计算了针对每篇酒店评论所识别因子的因子得分（即指数）。同样地，每篇评论的因子级情感得分首先基于Stanford CoreNLP软件包的基于词典的方法估算了句级情感得分（Manning et al.，2014），随后将与各因子相关的句子情感得分进行了累加。在创建用于展示每篇评论情感水平的变量时，将对应评论中每个因子的正面和负面情感视为独立变量，这有助于揭示正向与负向情感的非对称效应。一旦针对每篇评论计算出了因子得分与情感得分，研究随即采用基于个体评论层面数据的统计分析。一系列卡方检验对比了生活方式酒店与传统酒店在因子得分上的差异。为了回答第二个和第三个研究问题，本研究估算了两个线性回归模型，旨在解析语义主题（或因子频率）与情感极性对整体评分的相对重要性。

3. 数据分析

1）词汇频次统计

如表 4-7 所示，列举了从 Tripadvisor 收集的数据中识别出的与酒店顾客体验相关的术语。这些术语与先前研究所确定的术语保持了相当的一致性（Stringam and Gerdes，2010）。因此，列表上的词汇反映了酒店顾客对服务环境的认知方式以及他们对入住酒店体验的评价标准。65 个选定词汇的频次分布呈现出长尾分布特征，其中头部由出现频次相对较高的词汇构成（占所有词汇的 66.9%），而长尾部分则包含了出现频次较低的词汇。表 4-7 显示，"房间"是数据集中被提及频次（共计 87 417 次，占数据集中所有词汇总被提及频次的 12.20%）最多的术语，紧随其后的是"员工"、"位置"、"早餐"和"床铺"。这一分布揭示了顾客关注的核心要素及其在评论中的提及优先级。

表 4-7 在线评论中酒店体验描述词汇的选取

排名	高频词（编码）	属性	频次	比例/%	频次/每评论	排名	高频词（编码）	属性	频次	比例/%	频次/每评论
1	room	房间	87 417	12.18	1.92	18	price	价格	7 292	1.02	0.16
2	staff	员工	37 224	5.19	0.82	19	view	景观	7 181	1.00	0.16
3	location	位置	25 079	3.50	0.55	20	shower	淋浴	6 867	0.96	0.15
4	breakfast	早餐	19 031	2.65	0.42	21	front_desk	前台	6 285	0.88	0.14
5	bed	床铺	17 685	2.46	0.39	22	modern	现代	5 273	0.73	0.11
6	service	服务	17 164	2.39	0.38	23	Wi-Fi	网络	5 211	0.73	0.11
7	clean	卫生	15 307	2.13	0.34	24	food	食物	5 116	0.71	0.11
8	friendly	友善	14 714	2.05	0.32	25	complimentary	赞美	5 089	0.71	0.11
9	bar	吧台	14 158	1.97	0.31	26	décor	装修	4 892	0.68	0.11
10	helpful	有助	13 077	1.82	0.29	27	home	家	4 543	0.63	0.10
11	comfortable	舒适	12 566	1.75	0.28	28	water	水	4 470	0.62	0.10
12	restaurant	餐馆	12 142	1.69	0.27	29	reception	接待	4 292	0.60	0.09
13	bathroom	浴室	11 892	1.66	0.26	30	tea	茶	4 040	0.56	0.09
14	wine	白酒	9 309	1.30	0.20	31	concierge	门房	3 780	0.53	0.08
15	free	免费	9 231	1.29	0.20	32	sleep	睡觉	3 747	0.52	0.08
16	lobby	大厅	8 318	1.16	0.18	33	building	建筑	3 724	0.52	0.08
17	coffee	咖啡	7 371	1.03	0.16	34	drinks	饮品	3 514	0.49	0.8

排名	高频词（编码）	属性	频次	比例/%	频次/每评论	排名	高频词（编码）	属性	频次	比例/%	频次/每评论
35	wall	墙	3 313	0.46	0.7	51	bedroom	卧房	1 848	0.26	0.4
36	elevator	电梯	3 236	0.45	0.7	52	housekeeping	家务	1 807	0.25	0.4
37	amenity	设施	3 102	0.43	0.7	53	style	样式	1 741	0.24	0.4
38	lounge	休息室	2 995	0.42	0.7	54	windows	窗户	1 663	0.23	0.4
39	continental	大陆	2 901	0.40	0.6	55	delicious	美味	1 643	0.23	0.4
40	fresh	新鲜	2 886	0.40	0.6	56	pastry	糕点	1 437	0.20	0.3
41	convenient	便利	2 870	0.40	0.6	57	courteous	礼貌	1 370	0.19	0.3
42	tv	电视	2 832	0.39	0.6	58	gym	运动馆	1 309	0.18	0.3
43	dinner	午餐	2 604	0.36	0.6	59	pillows	枕头	1 273	0.18	0.3
44	treat	对待	2 577	0.36	0.6	60	cozy	舒适	1 232	0.17	0.3
45	design	设计	2 469	0.34	0.5	61	luxury	奢侈	1 145	0.16	0.3
46	reservation	预订	2 391	0.33	0.5	62	trendy	时髦	1 137	0.16	0.2
47	manager	管理	2 292	0.32	0.5	63	reasonable	有理	1 085	0.15	0.2
48	expensive	昂贵	2 153	0.30	0.5	64	immediately	立即	1 082	0.15	0.2
49	fabulous	极好	2 015	0.28	0.4	65	dining	吃饭	1 079	0.15	0.2
50	atmosphere	气氛	1 867	0.26	0.4						

480 355 词（涵盖总词数 717 487 词的 66.9%）

2）基于词频的探索性因子分析

探索性因子分析揭示了潜在的语义主题，并进一步建立了有意义的词汇组合群。如表4-8所示，从最终选定的65个词汇中，分析得出了包含18个词汇的6个因子，解释了总体变异的25.72%。所使用的变量最初是非度量数据，因此，从这一分析中获得的因子代表了基于词汇共现的共同语义空间。本研究中较低的因子载荷值源于所分析数据的特性。本研究基于评论文本计算了用于探索性因子分析的术语–文档矩阵，相较于从既定数值量表中得出的典型矩阵，这一过程产生了较为稀疏的矩阵。选择此方法的初衷是简化分析目标，即在固定文档间的相似性结构的同时减少词汇数量，这一策略与潜在语义分析一致。本研究的方法侧重于确保每个因子内词汇意义的一致性，以尽可能多地纳入词汇。然而，因子载荷值低于（±）0.30的项目被排除在外。

表 4-8 在线评论的酒店顾客体验语义因素分析

因子名称	因子载荷						
[特征值，解释百分比（%）]	编码	属性名称	因子1	因子2	因子3	因子4	因子5	因子6
客房 (2.47，9.862)	shower	淋浴器	0.605					
	bathroom	浴室	0.563					
	bed	床	0.448					
	water	水	0.402					
员工互动 (1.59，4.78)	staff	员工		0.522				
	friendly	友好		0.489				
	helpful	乐于助人		0.484				
免费无线网 (1.39，4.04)	free	免费			−0.804			
	Wi-Fi	无线网			−0.525			
休息室 (1.22，3.11)	coffee	咖啡				−0.593		
	tea	茶				−0.445		
	pastry	糕点				−0.437		
	breakfast	早餐				−0.405		
餐厅 (1.19，2.29)	restaurant	餐厅					0.536	
	food	食物					0.363	
	bar	吧台					0.338	
酒店服务 (1.09，1.64)	housekeeping	房间情节						0.455
	frontdesk	前台						0.343

注：总解释方差：25.72%，KMO：0.70（巴特利特检验：$p<0.0001$）。

每个因子的命名基于该因子内词汇所代表的语义空间。第一个因子包含4个词汇，命名为"客房"，因为该因子中的所有词汇均与宾客在酒店客房内的体验相关。第二个因子包括"员工"、"友好"和"乐于助人"，被命名为"员工互动"。第三个因子被称为"免费无线网"，包括"免费"和"无线网"。第四个因子包含4个词汇，命名为"休息室"，因为它涵盖了描述酒店休息室内提供的餐饮服务，通常包括早餐、咖啡、茶、糕点。第五个因子（包含3个词汇）被称为"餐厅"，其属性主要与酒店内的餐厅或酒吧体验相关。最后，第六个因子被称为"酒店服务"，象征着所有酒店宾客在入住期间都会经历的服务，包括前台的入住和退房，以及客房清洁等。总体而言，这些因子展现了酒店宾客体验的多元面貌。

3）生活方式酒店与传统酒店之间的差异

如表4-9所示，展示了生活方式酒店与传统酒店在各因子得分上的差异。因子得分是根据每篇评论中代表各个因子的词汇使用频率来计算的。在保留的6个因子中，生活方式酒店在4个因子（客房、餐厅、免费无线网和酒店服务）上的得分高于传统酒店。而员工互动和休息室则更多地与传统酒店相关联，而非生活方式酒店。生活方式酒店和传统酒店虽然在所有6个保留因子的得分上均存在统计学上的显著差异，但仅休息室（针对传统酒店）和客房（针对生活方式酒店）有较小的相关性〔基于克拉默系数（Cramer's *V* 系数）（Khalilzadeh and Tasci, 2017）〕。生活方式酒店与传统酒店之间在客房因子上有显著差异，凸显出物理属性在生活方式酒店中的相对重要性。

表4-9 生活方式酒店与传统酒店在因素评分上的差异

因子名称	汇总		生活方式酒店		传统酒店		X^2	Carmer's *V*
	频次	比例/%	频次	比例/%	频次	比例/%		
员工互动	65 015	33.9	32 144	31.3	32 871	36.9	437.486***	0.082
客房	40 914	21.4	25 628	25.0	15 286	17.1	748.243***	0.135
休息室	31 879	16.6	12 691	12.4	19 188	21.5	954.965***	0.173
餐厅	31 416	16.4	18 575	18.1	12 841	14.4	157.710***	0.071
免费无线网	14 442	7.5	8 571	8.4	5 871	6.6	32.552***	0.047
酒店服务	8 092	4.2	4 944	4.8	3 148	3.5	16.628***	0.045

*** $p<0.01$。

研究结果表明，客房对于生活方式酒店的顾客体验最为关键。与客房相关的词汇在在线评论中出现的频率仅次于员工互动，且在生活方式酒店中显著高于传统酒店。员工与顾客之间的互动是影响顾客体验的第二大重要因素，同时是生活方式酒店和传统酒店细分市场中被提及最频繁的属性。显然，这些发现表明员工与顾客之间的愉快互动对于提供优质服务至关重要。本研究还显示，员工互动的正负情感得分对生活方式酒店的评论影响大于传统酒店。

为了确定各语义因子对整体酒店顾客体验的相对重要性，本书进行了回归分析。在此过程中，分析单位是个体评论，其中包括识别出的酒店顾客体验因子、情感得分和总体评论评级。通过比较回归系数，可以揭示结果中相对重要性的差异（在这种情况下，即两种酒店类型中每个语义因子的重要性）。然而，由于简单的词汇频率（本研究中的因子得分）未考虑顾客评论中体验的情感倾向，因此模型的预测能力和发现的实际意义相对有限。因此，本研究首先在回归模型中加入了一个酒店虚拟变量作为控制变量，以便清晰地解读语义因子（即基于频率的因子得分和情感得分）对总体评分的影响。此外，为了验证将每个因子的正负情感得分添加到模型中的益处，本研究运行了两个单独的回归模型（分别包含和不包含情感得分变量）。这一操作不仅增强了模型的解释力，还进一步证实了情感分析在理解顾客体验和酒店服务品质评价中的价值。通过对比两组模型的结果，我们能够更全面地评估情感因素在预测酒店整体顾客满意度中的作用，进而为酒店管理者提供更为精准的决策依据，以优化服务策略和提升顾客体验质量。

4. 研究发现

在对比两种酒店类型时，10 个变量的回归系数中，有 6 个变量的回归系数显示出显著差异。正面的员工互动，以及对客房、餐厅和酒店服务的积极反应，在生活方式酒店的整体评论中比传统酒店更为重要。相反，对休息室和员工互动的负面反应，在传统酒店的评论中比生活方式酒店更为突出。这些差异有助于识别酒店顾客体验的关键描述特征，从而为未来关于生活方式酒店的研究指明方向，提示研究者应重点关注哪些领域，以深化理解并促进该类型酒店的服务优化和市场竞争力提升。通过细致解析这些差异，研究者可以更准确地把握生活方式酒店与传统酒店在顾客体验塑造上的独特性，为酒店管理者提供定制化服务策略的理论依据，同时丰富酒店管理领域的学术研究内容。

本研究旨在通过探究住宿行业中与宾客体验相关的语义因素，利用社交媒体评论数据比较生活方式酒店与传统酒店的特性，为酒店行业营销策略与住宿管理提供实践和理论启示。本研究的成果将尤其有利于生活方式酒店的管理者提升服务质量，使其酒店物业与服务在住宿市场竞争中脱颖而出。此外，本研究通过强调从在线评论中识别的当前趋势，为可能的研究方向提供了更深层次的见解。

首先，研究结果对生活方式酒店细分市场的营销人员和管理者具有重要的启示。本研究中采用一系列分析证实，生活方式酒店在客房体验、员工与顾客互动以及款待服务方面与传统酒店存在显著差异。这些结果与生活方式酒店的侧重点相吻合，即高雅的客房、个性化的服务以及现代前卫的设施。因此，酒店管理者应当着重关注客房体验的优化，以满足顾客的高期望（Levy et al.，2013）。此外，酒店管理者应在顾客入住期间强调员工与顾客间友好支持的持续互动的重要性。这种以顾客为中心的互动方式将通过个性化服务和积极互动推动高质量酒店服务的实现。生活方式酒店虽然需确保基础酒店服务（如前台接待、入住与退房流程）的效率与效果，但仍需继续强调那些使生活方式酒店区别于传统酒店的特色，为顾客提供专业化的关怀。

其次，负面语义因素对整体评论评级的非对称效应为两个酒店类型的管理者提供了有益的管理启示。具体来说，酒店属性的非对称正负评价通常影响生活方式酒店和传统酒店的顾客体验。先前的研究（Mittal et al.，1998；Slevitch and Oh，2010）遵循前景理论和双因素理论，指出属性层面的正负表现对总体满意度的影响存在差异。在两个酒店类型中，表达负面情绪的多数因素对整体评级的影响强于正面情绪。因此，酒店行业应专注于减少顾客的负面体验，通过提供舒适的床上用品、优质的浴室设施以及乐于助人、友好的员工来实现。此外，酒店行业应对服务失误做出恰当反应。这些措施在生活方式酒店中尤为重要，特别是在员工互动和客房体验方面。

最后，本研究所揭示的结果表明，网络客户评论可以作为研究者和市场营销者从海量信息中理解顾客体验的合理数据来源，而非仅仅依赖于人口样本的小规模分析。然而，为了避免数据集中无意义却频繁使用的词汇或错误及偶然模式所导致的数据收集问题，研究者和市场营销者应当与领域专家合作，后者能够在数据分析过程中筛选掉不必要的词汇。过往有关在线评论的研究往往侧重于提高情感分类的准确性，而忽视了从顾客生成的评论中深入理解产品和服务（Calheiros et al.，2017；Kirilenko et al.，2017）。鉴于情感分析技术的进步，本研究通过将情感极性（即负面和正面情感）与传统的基于词频的顾客体验评估相结合，拓展了以往的研究。在甄选与酒店顾客体验相关的词汇后，本研究同时考虑了词汇频率（即因子得分）和情感倾向（即情感得分），以有效解释酒店顾客体验，并与整体酒店评价（即在线评论评级）相关联。许多先前的研究假设，在线评论中频繁提及的词汇（或属性）对酒店顾客体验、顾客满意度或对酒店产品和服务的整体感知至关重要（Fong et al.，2016）。然而，词频本身并不能恰当地指示顾客是否对酒店产品/服务属性给予正面或负面评价。因此，这构成了从在线评论中识别酒店顾客体验结构的一个明显局限。此外，这一局限性暗示着，评估整体顾客体验需要结合使用情感得分来考量已识别语义因素的情感倾向。这一考量将为理解生活方式酒店的顾客体验提供更深入的理解，尤其在与传统酒店进行比较时。通过综合考虑文本分析和情感分析，我们不仅能捕捉到顾客对酒店属性的偏好，还能得到顾客对酒店属性表现的评级，从而让酒店管理者更为全面地了解顾客体验，助力服务优化与品牌差异化建设。

第 5 章 | 大数据挖掘方法

5.1 文 本 分 析

5.1.1 基本原理

文本分析，又名自然语言处理，是一门融合计算机科学、语言学和统计学的交叉学科，其目标是让计算机理解、解释和生成人类使用的自然语言。这一过程涵盖了数据预处理、特征表示和分析方法等多个环节，旨在将非结构化的自然语言文本转换为结构化的形式，以便计算机可以理解和处理这些信息（Hu et al., 2019）。

1. 数据处理

在文本分析的初始阶段，数据预处理至关重要。原始文本往往包含大量噪声，如 HTML 标签、特殊字符、数字、标点符号，甚至拼写错误，这些都会干扰后续的分析。因此，首先需要进行去噪处理，即移除这些不必要的元素。例如，在英文文本中，可以通过正则表达式匹配去除 HTML 标签，同时将所有的字母转换为小写以统一格式。

接着是分词，这是将连贯的文本分解成独立的词语，为后续的分析提供基础。分词方法因语言特性而异。在英语中，通常依据空格和标点符号进行划分；而对于不存在明显词边界的语言，如中文和日文，则需要使用专门的分词工具。

随后进行词干提取和词形还原，这两者都是降低词汇表规模、提高分析效率的重要手段。词干提取是通过去掉词缀，留下词的根部，如将"running"变为"run"。词形还原则更精细，它不仅去掉词缀，还根据词典恢复词的原型，如将"was"还原为"be"，这样可以避免同一词的不同形态被视为不同的词。

2. 特征表示

完成数据处理后需要将文本转换成计算机可以理解的数值型特征，这一过程称为特征表示。主要有以下三种主流方法。

词袋（bag of words，BoW）模型：词袋模型是最基础的特征表示方法，它假设一个文本是由独立的词构成的集合，不考虑词序。每个词被看作一个特征，其对应的值是该词在文本中的频率（Hu and Trivedi，2020）。

词频-逆文本频率指数（term frequency-inverse document frequency，TF-IDF）：TF-IDF 是对词袋模型的改进，它不仅考虑词在文本中的频率（term frequency，TF），还考虑词在整个语料库中的稀有程度——逆文本频率指数（IDF）。高 TF-IDF 值代表一个词在当前文本中频繁出现，但在整个语料库中较少见，这样的词通常更具代表性。

词嵌入（word embeddings）：词嵌入方法，如 Word2Vec、GloVe 和 FastText，利用深度学习技术将词语映射到高维向量空间，使得具有相似意义的词语在向量空间中位置接近。词嵌入保留了词语的上下文信息，对语义关系有较好的捕捉能力，尤其适用于处理复杂语境和长距离依赖的问题。

3. 分析方法

完成特征表示后就可以进行各种文本分析任务。本书将探讨 4 种常见的分析方法及其适用场景。

情感分析：情感分析是识别文本中的主观情绪，如积极、消极或中立。它可以应用于在线评论分析、品牌声誉管理、舆情监测等领域。情感分析方法包括基于词典的方法，即根据词语的情感极性得分计算整体文本的情绪；机器学习模型，如支持向量机（SVM）、朴素贝叶斯、随机森林等；深度学习模型，如循环神经网络（RNN）、长短时记忆网络（LSTM）和预训练的深度学习模型如 BERT（基于 Transformer 的双向编码器）。

主题模型：主题模型，如隐含狄利克雷分布（latent dirichlet allocation，LDA），用于探索文本中隐藏的主题。它假定每个文档是多个主题的混合，每个主题由一组相关的词语组成。主题模型常用于新闻聚合、文献综述、市场研究等领域。

命名实体识别（named entity recognition，NER）：NER 的任务是在文本中识

别出具有特定意义的实体，如人名、地名、组织机构等。NER 在信息抽取、知识图谱构建和问答系统等方面有广泛应用。经典的 NER 方法包括基于规则的方法、基于统计的方法〔如隐马尔可夫模型（hidden markov model，HMM）〕和基于深度学习的方法（如条件随机场、双向循环神经网络）。

依存句法分析：依存句法分析揭示句子内部的语法关系，描述词语之间的依存联系，如主语、宾语、定语等。它有助于理解句子结构和语义，是机器翻译、问答系统和文本生成等高级任务的基础。

通过这些基本原理，文本分析能够揭示语言背后的深层信息，为我们理解人类沟通的复杂性提供了宝贵的工具。随着技术的持续创新，文本分析将在未来继续拓展其应用领域，为社会各个层面带来深远的影响。

5.1.2 常用技术

文本分析的核心使命是赋予计算机理解和生成人类日常使用的自然语言如英语、汉语、西班牙语等的能力。这个看似简单的任务实际上包含了复杂的认知和推理过程，需要计算机模仿人类大脑的诸多功能，包括语音识别、语义理解、情感分析、篇章结构分析等。

文本分析的初衷并非一开始就指向如此宏伟的目标，而是从最基础的文本处理任务开始。它的历史可以追溯到 20 世纪 50 年代，那时的计算机科学家试图构建能理解和生成简单句子的模型，专注于语法分析和词法分析。语法分析关注的是句子的结构和规则，如主谓宾的顺序、动词时态等；词法分析则侧重于识别单词的边界，确定词汇类别，如名词、动词、形容词等（Hu，2020）。进入 20 世纪 80 年代，随着计算机科学和统计学的融合，统计方法开始应用于文本分析，如 HMM。HMM 是一种强大的概率模型，可以处理序列数据，特别适合处理自然语言中的词语序列。通过 HMM，计算机可以基于先前的单词预测下一个可能出现的单词，从而更好地理解文本的整体意义。

然而，真正的转折点出现在 20 世纪 90 年代，此时互联网的普及和大数据时代的来临为文本分析带来了前所未有的机遇和挑战。机器学习和深度学习技术的兴起为文本分析提供了全新的视角和工具。支持向量机以其出色的分类性能，被广泛应用于文本分类任务，如垃圾邮件过滤、新闻分类等。神经网络，特别是卷积神经网络（CNN）和循环神经网络，以及其进阶版本——长短时记忆网络和

Transformer，通过捕捉文本中的局部和全局特征，显著提升了文本分析的准确性和稳定性。此外，深度神经网络（DNN）如深度信念网络（DBN）和深度强化学习（DRL）也被应用于自然语言生成、对话系统等领域。

这些新技术的引入，不仅提升了文本分析的精度，还拓宽了其应用范围。如今，文本分析已渗透到各个行业，包括但不限于搜索引擎优化、智能客服、自动文摘、机器翻译、情感分析、舆情监控、个性化推荐、医疗健康、金融风控等。例如，搜索引擎通过文本分析来理解用户查询，提供更精准的搜索结果；智能客服则借助自然语言理解技术，与用户进行流畅的交互；而在医疗领域，文本分析有助于从大量的病例报告中提取关键信息，辅助医生进行诊断和治疗。

在文旅行业中，文本分析常被用来解析用户评论、社交媒体帖子，它可以帮助企业洞悉用户的需求和期望（Kangale et al.，2016；Kannan et al.，2013），通过情感分析了解用户对服务的满意度（Chang，2018；Pekar and Ou，2008），通过主题模型识别热门话题和趋势，通过关键词提取提炼用户关注点，从而了解用户对旅游目的地、酒店、餐厅等服务的满意度，帮助企业优化服务配置，提高服务质量，打造更具吸引力的旅游产品（Hu et al.，2021）。文本分析技术作为一种能够实现文本数据自动化处理和分析的技术手段，为文旅行业提供了新的发展机遇，具体而言有如下几种应用。

（1）游客评价分析：文旅企业可以通过分析游客在各大旅游网站、社交媒体上发表的评价，了解游客的需求和满意度。例如，通过对评价文本进行情感分析，可以了解游客对某个景点、酒店或餐厅的喜好程度；通过关键词提取，可以了解游客关注的焦点，如景点的特色、服务质量、交通便利等。这些信息可以帮助文旅企业改进服务，提升游客体验。

（2）旅游推荐系统：基于文本分析技术，可以根据游客的历史旅游记录、偏好和评价等信息，为游客推荐个性化的旅游产品和服务。例如，通过对游客评论的分析，了解游客对不同类型景点的兴趣；通过对游客的历史行为数据进行挖掘，预测游客可能感兴趣的旅游目的地。这些个性化的推荐可以提高游客的参与度和满意度，促进旅游消费。

（3）智能客服：通过文本分析技术，智能匹配游客提问与数据库内容，快速准确地回答游客的问题。例如，利用自然语言处理技术，解析游客的问题，并根据知识库中的信息提供答案；通过机器学习算法，不断优化智能客服的回答准确性和效率。智能客服可以提高服务效率，降低企业的运营成本。

（4）文化遗产保护：文本分析技术可以帮助保护和传承文化遗产。例如，对历史文献、古籍等进行数字化处理，并通过文本分析技术提取关键信息，如历史事件、人物、地理信息等。这些信息可以为文化遗产的保护和研究提供重要的支持。

（5）旅游市场营销：通过对社交媒体、旅游论坛等文本数据的分析，了解游客的需求和市场趋势，制定更有针对性的市场营销策略。例如，通过对游客讨论的热点话题进行分析，了解游客的兴趣点；通过对竞争对手的评价和营销策略进行分析，制定更有效的市场竞争策略。

（6）旅游安全管理：文本分析技术可以帮助监测和预警旅游安全事件。例如，通过对社交媒体上的文本数据进行分析，实时了解游客的安全情况；通过对旅游景区的评论进行分析，发现可能存在的安全隐患，并及时采取措施加以解决。

（7）旅游目的地形象塑造：通过对各种文本数据的分析，了解公众对旅游目的地的印象和评价，从而塑造更有吸引力的目的地形象。例如，通过对游客评价的分析，了解目的地的优势和不足之处；通过对社交媒体上的文本数据进行分析，了解公众对目的地的情感倾向和关注焦点。基于这些信息，可以制定有针对性的形象塑造策略，提高目的地的知名度和美誉度。

可见，文本分析技术在文旅企业中的应用极为广泛，它可以帮助文旅企业更好地了解游客的需求和偏好，优化产品和服务，提升市场竞争力。此外，能够帮助文旅企业更好地管理和运营景区、博物馆等文化旅游设施，提高管理效率和服务质量，促进文化旅游产业的可持续发展。

文本分析经历了从基础语法和词法分析到统计模型，再到机器学习和深度学习的演变，其目标始终不变，那就是将原本混乱无章的文本数据转化为可分析、可操作的结构化信息。在这个过程中，计算机科学的进步和大数据的涌现如同双翼，推动着文本分析飞得更高更远（Hu et al., 2021）。未来，随着技术的不断创新，文本分析将继续深化我们对自然语言的理解，为人类生活带来更多的便利和智慧。

5.2 情 感 分 析

5.2.1 基本原理

情感分析是自然语言处理领域中的一个重要任务，是一种特殊类型的文本分析，旨在通过对文本的词汇、语法、语义等方面进行分析，提取出文本中与情感相关的特征，并根据这些特征来判断文本的情感倾向，如积极、消极或中性（Hu，2020）。情感分析可以帮助人们理解文本背后的情感态度，从而更好地了解用户的需求和意见。分析的对象通常是文本数据，如社交媒体上的评论、新闻文章、产品评价等。这些文本数据包含了人们对特定主题或对象的情感表达，通过对这些文本进行情感分析，可以了解人们对该主题或对象的看法和态度（Hu et al.，2021）。

情感分析的目的是理解和量化人类情感的表达，进而为各类组织和个人提供有关特定主题、产品、服务、事件或其他实体的态度和看法的深入见解。这种技术不仅有助于企业做出更明智的决策，改善产品和服务，提升品牌形象，还能用于监控市场趋势和公众情绪，从而在瞬息万变的商业环境中保持竞争优势（Hu et al.，2019）。

在市场研究和顾客洞察方面，情感分析有助于了解顾客对新产品或现有产品的接受程度，以及对竞争对手的评价，从而为企业提供改进的方向。同时，它还可以帮助跟踪热门话题和趋势，使企业能够迅速调整营销策略，抓住市场热点。在社交媒体监测和分析中，情感分析成为企业必不可少的工具。它可以持续关注品牌在社交平台上的提及情况，及时发现和应对负面口碑，同时能捕捉到顾客的即时反馈，为产品优化提供宝贵建议（Hu et al.，2021）。此外，它有助于创建更为人性化的智能助手和聊天机器人，提供更贴合用户情绪的服务，增强互动体验。

总的来说，情感分析的目的远不止于简单地判断文本情感极性，而是要从海量数据中提炼出深层洞见，帮助企业与个人在各个层面做出更精准的决策，实现持续发展和进步。情感分析的基本原理可以归纳为以下几个关键步骤。

（1）情感词汇和短语的识别：情感分析的第一步是识别那些在文本中表达

情感的词汇和短语。该步骤通常涉及建立一个情感词汇表，其中包含了具有明确情感极性的词汇，如"好""坏""喜欢""讨厌"等。有些词汇可能根据上下文有不同的情感色彩，因此需要考虑到语境的复杂性。

（2）情感强度的量化：对于每个情感词汇，我们需要衡量其在文本中的情感强度。这可以通过赋予每个词汇一个情感得分来实现，得分的大小反映了该词汇所表达的情感强度。例如，"非常糟糕"比"不好"表达了更强的负面情感，所以前者的得分应大于后者。

（3）上下文分析：理解词汇的情感含义时，上下文至关重要。同一个词汇可能在不同的上下文中表达不同的情感。例如，"这款手机电池续航能力很强"，这里的"强"是积极的；而在"他的态度很强硬"中，"强"则可能带有贬义。因此，情感分析需要考虑词汇周围的其他词汇，甚至整个句子的结构以更准确地解读情感。

（4）否定和修饰词的处理：否定词（如"不""没"）和程度副词（如"很""非常"）对情感的表达有着显著影响。例如，"这部电影不无聊"实际上是一个积极的评价，尽管含有否定词"不"。因此，情感分析需要识别并正确处理这类词汇，以避免误判。

（5）情感极性的计算：有了情感词汇及其强度得分后，接下来就是计算整个文本的情感极性，这可以通过多种方法实现，如简单地累加所有情感词汇的得分，或者给予正面和负面词汇不同的权重。对于更复杂的文本，可能还需要考虑篇章级的情绪转折和主题变化。

（6）多模态情感分析：在某些情况下，除了文本，情感分析还会结合图像、语音、视频等多种媒体类型，以获取更全面的情感信息。例如，面部表情和声调可以提供额外的情感线索，有助于更准确地判断一段对话的情感倾向。

（7）深度学习模型的应用：随着深度学习的兴起，情感分析开始利用诸如卷积神经网络、循环神经网络（如 LSTM）和 Transformer 等模型。这些模型能够捕获更深层次的文本特征，如语法结构和语义关系，从而提高情感分析的精度。

（8）领域特定情感分析：不同领域的文本可能包含特定的情感词汇和表达方式。例如，医疗领域的情感分析可能需要理解医学术语和概念。因此，定制领域特定的情感分析模型，使用该领域内的训练数据，能更好地适应特定情境。

（9）多语言情感分析：随着全球化的发展，情感分析也需要处理多种语言的文本。这需要使用针对特定语言的模型，或者使用通用的多语言模型，如

MBERT（multilingual BERT），以适应不同语言的情感表达。

（10）结果解释和可视化：分析结果最终要易理解和呈现，这包括将情感极性可视化为图表，或将其转换为易解释的标签，如"正面"、"负面"或"中立"。

情感分析的基本原理不仅仅是技术的堆砌，它需要深入地理解语言的复杂性、情感的微妙性和文化背景的影响。情感分析能够从庞杂的文本信息中提炼出细腻的情感脉络，为决策制定者揭开公众情绪的神秘面纱。情感分析技术正以其独特的魅力，逐步渗透至社会生活的各个方面，展现出前所未有的广阔应用前景。

5.2.2 常用技术

情感分析技术在过去几十年经历了显著的演进，从最初的基础统计方法到后来的机器学习模型，再到现在的深度学习模型，每一步都带来了分析的准确性和效率的提升。本节将详细介绍 3 种常用的情感分析技术及其发展演变过程：BoW 模型、朴素贝叶斯分类器（naive Bayesian classifier）和深度学习模型特别是基于 Transformer 的预训练模型。

1. BoW 模型

BoW 模型是最基础的文本表示方法之一，它忽略词汇的顺序和语法结构，仅关注每个词汇在文本中出现的频率。在这个模型中，文本被简化为一个词频向量，每个维度代表一个独特的词汇，数值表示该词汇在文本中出现的次数。BoW 模型简单且易实现，但它不能捕捉到词汇间的语义关系，例如"我非常喜欢这家餐厅"的"非常"并不能增强"喜欢"这个词汇的正面情感，导致模型在处理复杂的语言现象时效果不佳。

BoW 模型在情感分析早期得到了广泛应用，但无法理解语境，限制了其在复杂情感分析任务中的表现。随着统计学习和机器学习的发展，人们开始探索更复杂的方法，如 TF-IDF 和 N-gram 模型，以弥补 BoW 模型的不足。

2. 朴素贝叶斯分类器

朴素贝叶斯分类器是一种基于概率的机器学习模型，它假设各个特征（在这里是单词）相互独立。在情感分析中，朴素贝叶斯分类器可以用于计算给定文本属于某类（如正面或负面）的概率。通过比较不同类别的概率，朴素贝叶斯分类器会选择概率最高的类别作为预测结果。

朴素贝叶斯分类器在情感分析中表现出了良好的效果，特别是在数据稀疏和特征数量庞大的情况下。由于其假设的独立性，朴素贝叶斯分类器往往比其他模型更快地收敛，并且在训练和预测时占用较少的内存。然而，这个假设在实际应用中并不总是成立的，尤其在处理具有相关性的词汇时，会出现预测误差。

随着机器学习技术的进步，人们开始探索更复杂的模型，如支持向量机、随机森林和梯度提升（gradient boosting），这些模型能够捕捉到词汇间的交互，进一步提高了情感分析的性能。

3. 深度学习模型

深度学习模型，特别是基于 Transformer 的预训练模型，如 BERT、RoBERTa（robustly optimized BERT pretraining approach）、DeBERTa（decoding-enhanced BERT with disentangled attention）等，极大地推动了情感分析的发展。这些模型引入了自注意力机制，使模型能够在编码时考虑单词的上下文，这显著增强了模型对语义的理解。

预训练模型首先在大规模无标注文本上进行预训练，学习通用的语言表示，再针对特定任务（如情感分析）进行微调。这样的分两步训练策略使得模型能够在有限的标注数据上获得优异的表现，大大减少了对标注数据的依赖。以 BERT 为例，它使用了双向 Transformer 架构，能够同时处理单词的左侧和右侧的上下文。BERT 的输出是每个单词的上下文感知嵌入，这些嵌入包含了丰富的语义信息，可以直接用于分类任务。通过在顶部添加一个全连接层，BERT 可以轻松地转化为情感分析器。

随后的 RoBERTa 和 DeBERTa 等改进版模型进一步优化了预训练过程，如增加了训练数据量、调整了学习率和优化了训练策略，使得模型在情感分析等下游任务上的表现更加出色。此外，有许多针对特定领域或任务的预训练模型，如FinBERT（金融领域的 BERT）和 SciBERT（科学文献的 BERT），在特定领域的情感分析中展现出更高的精度。

总体来说，情感分析技术从 BoW 模型到朴素贝叶斯分类器，再到深度学习模型，每一次技术进步都伴随着对文本表示和理解能力的提升。不同于这 3 种技术，语言查询和字数统计（linguistic inquiry and word count，LIWC）工具作为一种心理学研究工具，也在情感分析和其他自然语言处理任务中有着广泛应用。LIWC 是 2001 年开发的，旨在分析文本中语言特征与个体心理状态、认知过程和社会行为的关系。它源自心理学研究，专注于揭示文本中潜藏的心理和社会特征，正是这种特殊性赋予了 LIWC 在情感分析中的显著优势。

LIWC 的一个优势在于其深厚的心理语言学基础。它通过统计文本中与情绪、认知过程和社会互动相关的特定词汇，为我们提供了一个深入了解作者心理状态的窗口。例如，它能分析出作者在文本中表达的积极或消极情绪，使用的个人和社会导向词汇的比例，以及他们如何运用功能词汇来组织思想。LIWC 的另一个优势是其便捷性和实用性。它提供了一种直观的方式来量化文本中的心理特征，无须复杂的编程技能或大量的标注数据，这使得研究人员尤其是不熟悉深度学习技术的人也能够有效地进行文本分析。

虽然 LIWC 并非传统意义上的情感分析工具，但其独特的心理语言学视角和易操作的特点使其在情感分析领域占据一席之地。它不仅可以作为一个独立的分析工具，还可以与 BoW 模型、朴素贝叶斯分类器和深度学习模型相结合，形成一个多层次的情感分析框架，以满足不同应用场景的需求。

5.3　机器学习

5.3.1　基本原理

机器学习是计算机科学的一个重要分支，它主要研究如何设计和构建算法，使计算机能够在没有明确编程的情况下，从数据中自动学习规律并进行预测或者决策。机器学习的核心理念是模仿人类的学习过程，即通过对大量数据的观察和分析，提炼出模式，然后利用这些模式去解决新的问题。机器学习可以被看作一种人工智能的形式，因为它允许计算机在一定程度上模拟人类的智能行为。

机器学习的历史可以追溯到 20 世纪 50 年代，那时的研究者开始尝试让计算机学习解决问题的方法。最初的机器学习算法主要是基于规则和逻辑的，例如，专家系统是由程序员手动编写的一系列规则，用于模拟人类专家的知识和决策过程。然而，这种方法受限于人工编写的规则数量和质量，很难应对复杂和不确定的问题。进入 20 世纪 80 年代，随着计算能力的提升和大数据的出现，人们开始探索更加自动化和数据驱动的学习方法，这时出现了"有监督学习"的概念，其中最著名的是感知机（perceptron）。感知机是一种简单的神经网络模型，可以用来解决二分类问题。感知机虽然在当时取得了一些突破，但在处理非线性问题时仍显乏力。90年代，随着统计学和计算机科学的融合，机器学习迎来了重要的转折点。这一时期，支持向量机、决策树、随机森林等算法逐渐成熟，并在各种应用中取得了成功。同时，无监督学习也开始崭露头角，聚类算法和降维技术如主成分分析（PCA）得到广泛应用。

进入21世纪，机器学习经历了爆炸性的增长，这主要归功于深度学习的兴起。深度学习是受人脑神经网络启发的一种机器学习技术，它通过多层神经网络结构来学习复杂的特征表示，极大地提高了模型的性能。深度学习在图像识别、语音识别、自然语言处理等领域取得了革命性的进步，如AlexNet在ImageNet竞赛中的胜利，标志着深度学习时代的到来。

近年来，机器学习的应用范围不断扩大，涵盖医疗诊断、金融风险分析、自动驾驶、游戏人工智能等领域。同时，研究者在不断探索新的机器学习范式，如迁移学习、元学习、强化学习等，以及如何解决机器学习面临的挑战，如过拟合、数据隐私保护、模型可解释性等。总的来说，机器学习从最初基于规则的专家系统，到现在的深度学习和神经网络，已经走过了漫长的历程。它不仅改变了我们处理信息的方式，还深刻地影响着我们的生活和工作。

机器学习的基本原理涉及一系列数学和统计方法，旨在让计算机从数据中自动发现规律并进行预测或决策，这些原理构成了机器学习的基础，从而指导实际应用中的步骤。

（1）数据集和样本：机器学习的第一步是收集和准备数据。数据集由许多样本组成，每个样本通常包含多个特征（变量）和一个目标变量（输出或标签）。例如，在电子邮件垃圾邮件检测中，特征可能是单词频率，目标变量是邮件是否为垃圾邮件。

（2）模型和假设：在机器学习中，模型是一个函数，它接受输入（特征）并产生输出（预测）。模型试图通过学习数据中的规律来逼近真实世界的复杂关系。模型的选择取决于问题的性质，如线性回归用于预测连续值，而逻辑回归则用于解决二分类问题。

（3）损失函数和优化：损失函数衡量模型预测结果与实际结果之间的差距。优化的目标是找到一组参数，使得模型对数据的预测误差最小化。最常见的是梯度下降法，通过反向传播更新模型参数，逐步减小损失。

（4）训练和验证：使用数据集中的大部分样本来训练模型，这个过程称为训练。为了防止模型过度适应训练数据（过拟合），我们会将数据分为训练集和验证集。在训练过程中会定期在验证集上测试模型的性能，以便调整模型参数。

（5）泛化能力：一个好的机器学习模型应该不仅在训练数据上表现良好，更重要的是在未见过的新数据（测试集或现实生活中的数据）上也能有良好的预测效果，这被称为泛化能力，是评价模型好坏的关键因素。

（6）监督学习和无监督学习：根据是否有已知的输出标签，机器学习可分为监督学习和无监督学习。监督学习是最常见的形式，包括回归（预测数值）和分类（预测类别）；无监督学习则没有标签，主要用于发现数据的内在结构和模式，如聚类和降维。

（7）过拟合和欠拟合：过拟合是指模型过于复杂，过度适应训练数据的噪声，导致在新数据上的表现变差。欠拟合则是模型过于简单，不能充分捕获数据的复杂性。平衡模型的复杂度和泛化能力是机器学习的重要挑战。

（8）正则化和交叉验证：正则化是一种减少过拟合的技术，通过添加一个惩罚项到损失函数中，限制模型参数的大小。交叉验证则是评估模型性能的有效方法，通过多次划分数据集进行训练和测试，确保结果的稳定性和可靠性。

（9）集成学习和深度学习：集成学习是通过将多个模型结合起来，并利用它们之间的差异来提高预测准确度的方法，常用的集成学习算法包括随机森林和提升树。深度学习通过构建多层神经网络，将多个层堆叠在一起来学习复杂的模式，擅长处理大规模数据和复杂任务。深度学习通常用于解决图像分类、自然语言处理等问题。

机器学习的基本原理是建立在概率论、统计学、微积分和优化理论的基础上，通过不断地迭代和改进，帮助计算机从数据中学习并做出更好的决策。

5.3.2　常用技术

机器学习涉及众多技术和算法，它们在不同场景下展现出强大的预测和决策能力。本节将详细探讨机器学习中最常用的几种技术，包括监督学习、无监督学习、强化学习、集成学习和深度学习，以及模型选择和解释方法。

监督学习是最基础且广泛使用的机器学习方法，它的核心思想是利用带有标签的数据来训练模型，从而使模型能够预测未知数据的标签。监督学习主要包括以下几个子领域。

（1）线性回归：线性回归是一种用于预测连续数值的模型，通过一条直线或超平面来描述数据的趋势。线性回归广泛应用于房价预测、股票市场趋势分析等领域。

（2）逻辑回归：逻辑回归主要用于解决二分类问题，它通过 Sigmoid 函数将模型输出映射到（0，1）区间，从而判断样本属于某一类的概率。

（3）支持向量机：支持向量机通过构造最大间隔超平面来区分不同类别的数据，具有很好的泛化能力，尤其在高维空间表现优秀。

（4）决策树：决策树以树状结构展示分类或回归的过程，每个内部节点代表一个特征，每个叶子节点代表一个类别或数值。决策树直观易懂，适用于解决分类和回归问题。

（5）随机森林：随机森林是基于决策树的集成学习方法，通过构建大量的决策树并取平均预测结果，降低了模型的方差，提高了预测稳定性。

（6）梯度提升树（GBDT）：梯度提升树是一种集成学习算法，通过迭代训练决策树模型将多个决策树模型加权融合，常用于解决回归和分类问题。

（7）神经网络：神经网络作为深度学习的一部分，神经网络由大量连接的节点（神经元）组成，通过多层非线性变换提取特征并进行预测。深度学习已经在图像识别、自然语言处理等领域取得了显著成果。

无监督学习关注于从无标签数据中发现潜在的结构和模式，包括以下技术。

（1）聚类：聚类算法将数据分组，使得同一组内的数据相似度较高，不同组间的相似度较低。常见的聚类算法有 K 均值聚类（$K\text{-means}$）、层次聚类和基于密度的聚类方法等。

（2）关联规则挖掘：这种技术用于发现数据集中项之间的频繁共现模式，如超市购物篮分析中的商品关联规则。

（3）主成分分析：主成分分析是一种降维技术，通过线性变换将高维数据转换为低维表示，同时保留最重要的信息。主成分分析常用于数据可视化和特征压缩。

（4）自编码器（AE）：自编码器是一种无监督学习架构，在网络的编码和解码阶段学习数据的简洁表示，可用于降维和生成模型。

强化学习是一种基于交互式环境的学习方式，学习者通过试错和奖励/惩罚机制来优化其行为策略，常见应用包括游戏控制、机器人导航等。

（1）Q 学习（Q learning）：这是经典的强化学习算法，通过学习 Q 表来决定在给定状态下应采取的最佳动作。

（2）深度 Q 网络（deep Q-networks，DQN）：DQN 将深度神经网络应用于 Q 学习，解决了状态空间过大导致的传统 Q 学习难以收敛的问题。

集成学习通过结合多个弱学习器来获得更强的预测性能，常见的集成方法如下。

（1）Bagging：通过随机抽样和独立预测来降低单一模型的方差，提高整体预测的稳定性。

（2）Boosting：通过迭代训练弱学习器，并给予错误率高的实例更多权重，最终形成一个强学习器。

深度学习是机器学习中的一个重要分支，特别是卷积神经网络和循环神经网络在视觉和语言处理方面表现出色。

（1）卷积神经网络：它在图像处理中占据主导地位，用于特征提取和分类，如图像识别和物体检测。

（2）循环神经网络：处理序列数据，如语音识别、自然语言生成，尤其在处理长序列依赖问题上优于传统神经网络。

（3）长短时记忆网络：它是循环神经网络的改进版本，引入门控机制来缓解梯度消失和梯度爆炸问题，更适合处理长序列数据。

（4）Transformer：它在自然语言处理中广泛使用，如 BERT、GPT 等预训练模型，通过自注意力机制处理序列数据，提升了多项任务的表现。

模型选择和解释是机器学习流程中的关键环节，帮助开发者优化模型性能并理解模型的行为。

（1）网格搜索：通过遍历所有可能的超参数组合来寻找最佳配置，但成本较高。

（2）随机搜索：在超参数空间内随机采样，相比网格搜索更具效率。

（3）贝叶斯优化：使用概率模型预测最佳超参数，节省计算成本，同时兼顾全局和局部最优。

（4）模型解释：包括 LIME 和 SHAP 等方法，分别提供局部和全局的解释，帮助用户理解单个预测或模型的整体行为。

以上是机器学习中常用的一些技术，每种技术都有其独特的优势和适用场景。在实际项目中，开发者需要根据问题的特性和数据的性质来选择合适的技术，甚至组合使用，以达到最好的预测和决策效果。在文旅行业服务优化中，机器学习技术同样发挥着巨大的作用，通过数据驱动的方法提升了服务质量和客户体验。下面列举一些在文旅行业服务优化中常见的机器学习技术及其应用场景。

（1）推荐系统：在文旅行业中，推荐系统是提高用户满意度和忠诚度的有效手段。基于用户的历史行为和喜好，系统可以推荐他们可能感兴趣的景点、活动、住宿或其他旅游产品。协同过滤算法（如用户–物品协同过滤和项目–项目协同过滤）是推荐系统的基础。此外，深度学习技术，如深度神经网络、卷积神经网络和循环神经网络，也被广泛应用于个性化推荐，如基于内容的推荐和矩阵分解方法（如 SVD++和 DGMF）。

（2）用户画像与行为建模：通过对用户的行为数据进行分析，可以构建详细的用户画像，了解用户的兴趣、偏好和消费习惯。聚类分析可用于将用户划分到不同的群体，以便针对性地提供服务和营销活动。此外，通过用户行为序列分析技术如马尔可夫链、HMM 或更先进的循环神经网络和长短时记忆网络，可以预测用户的下一步行动，提前做好准备。

（3）旅游路线规划：机器学习在解决旅行商问题（TSP）和其他路径优化问题中具有重要意义。通过遗传算法、模拟退火等启发式方法，或是强化学习（如DQN），可以设计出高效、合理的旅行路线，节省时间和费用。同时，人工智能搜索算法等传统路径查找方法也可用于实时导航，帮助游客在景区内轻松地找到目的地。

（4）智能客服与自动化服务：除了文本分析和情感分析，机器学习还可以用于语音识别和语音合成，构建语音交互的智能客服系统，如通过自动语音识别（ASR）和文本–语音转换（TTS）技术实现语音对话。此外，基于规则的对话系统和基于深度学习的聊天机器人（如基于 Seq2Seq 模型或 Transformer 的聊天机器人）也能提供即时解答，提高服务响应速度。

（5）预测与决策支持：机器学习中的时间序列分析技术，如 ARIMA、Prophet 和长短时记忆网络，可以用于预测旅游需求、酒店入住率、门票销量等，帮助企业提前调整策略。此外，回归模型（如线性回归、决策树回归或随机森林）可以用于预测未来趋势，为资源分配、定价策略提供数据支持。

（6）资源调度与优化：强化学习是解决动态资源调度问题如客房预订、导游安排、交通工具调度等的强大工具。通过模拟真实世界的情景，让智能体学习最优的决策策略，从而实现资源的最大化利用。

（7）安全监控与异常检测：在旅游安全管理中，机器学习可用于视频监控和行为分析，识别异常行为或紧急情况。基于统计的方法［如 Z 分数（Z score）、箱线图］和机器学习的方法［如单类支持向量机（one-class SVM）、孤立森林（isolation forest）］都能用于异常检测。

这些机器学习技术的应用旨在提升文旅行业的智能化水平，为游客提供更优质的服务，同时帮助企业管理者更好地理解和满足客户需求。

第6章 基于大数据挖掘的服务要素配置模型

6.1 研究思路

图 6-1 描述了本书的研究思路，本研究框架主要包含上、中、下三部分。

框架上部任务是对海量的旅游相关在线评论数据进行识别：本书在传统模型的基础上，加入观点词与评价对象分类层，实现观点与方面（属性）的分离。评论的方面级对象与评论观点则借助引入的情感层进行分离，并对评论观点的正负极性进行分类。本方案中将加入倒排索引以保留单词所在句子编号及其在句中的位置信息，将与概率较高的结果所对应的词汇找出后，通过倒排索引对应原始句子（可索引），以此来挖掘基于旅游大数据的游客体验细粒度信息。

框架中部任务是索引数据库的构建及对基于大数据的旅游服务要素及其属性权重度量：新模型需要分析旅游服务属性在多个维度的变量，因此首先需要从索引数据库中提取旅游服务要素及其属性的相关度量值（如提及频率、游客表达的主观性、游客综合满意等），并应用回归分析和相关分析计算其在不同维度（重要性、表现性、非对称性）上的权重。

框架下部任务是基于实证分析的旅游体验评估一体化模型构建及验证：结合实证案例研究，模型将运用三维网格方法系统地分析不同的旅游服务属性在 3 个维度上的差异。如图 6-1 下部所示：x 轴表示游客感知的旅游服务属性重要性，y 轴表示其表现性，z 轴表示其非对称性。根据 3 个维度的评估值，旅游服务属性会在三维坐标中被自动地划分在不同区域（类别），而三维网格中的不同区域对应不同的管理启示（旅游服务优化策略）。

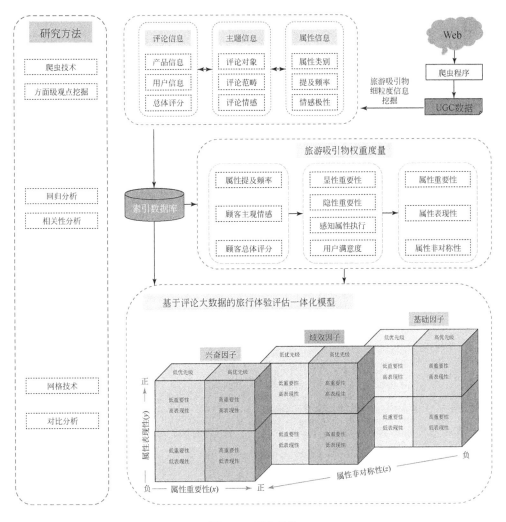

图 6-1　研究思路

6.2　基于大数据文旅要素优化配置研究模型

在日益激烈的市场竞争环境中，企业为了保持竞争力，必须不断优化其服务产品，确保顾客满意度的持续提升。然而，实现这一目标并非易事，因为顾客满意度受到多种因素的共同影响，包括服务属性的重要性和实际表现，以及这些属性与顾客满意度之间复杂的非对称关系。与此同时，在服务属性与顾客满意度研究中的现有模型有着不同的侧重点和局限性，难以在一个模型中为企业呈现和提供全面细致的见解。

　　基于此背景，本书提出了一种创新性的综合高维服务要素配置优化模型——AISPA 模型（Hu et al., 2020），如图 6-2 所示。该模型旨在尝试解决现有研究模型的局限性，基于 IPA 与 IAA 的理论方法，提供了一个更为系统化和细致化的视角来探究服务属性与顾客满意度之间的复杂互动关系。AISPA 模型不仅关注服务属性的重要性和表现性，还深入分析了服务属性对顾客满意度的非对称影响机制，以及顾客在线评价的情感倾向，从而为酒店等服务业企业提供更为精准的服务优化路径。

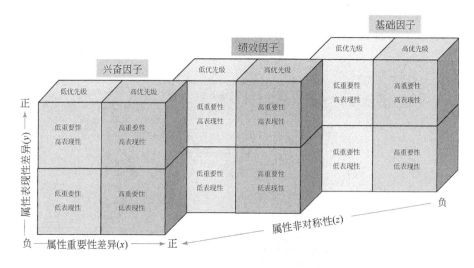

图 6-2　高维服务要素配置优化模型（AISPA 模型）

　　AISPA 模型的核心优势在于其多维度分析能力。首先，它将服务属性根据其对顾客满意度的影响潜能划分为三大类（兴奋因子、绩效因子和基础因子），以揭示服务属性对顾客满意度影响的非对称性。具体而言，兴奋因子是指那些在高水平表现下能显著提升顾客满意度的服务属性，而基础因子则是那些在低水平表现下会显著降低顾客满意度的服务属性，绩效因子介于两者之间。这一分类有助于企业明确哪些服务属性最有可能成为竞争优势的来源，哪些服务属性需要维持在基础水平以避免顾客不满。

　　AISPA 模型利用在线用户生成内容进行情感分析，这相较于传统封闭式问卷调查更具优势，因为它能够直接反映顾客的真实感受和需求，捕捉到竞争环境下的顾客视角。通过对大量在线评论的自动化挖掘，AISPA 模型能够识别出顾客频繁提及的服务属性，并对其情感倾向进行量化评估，从而得到服务属性表现的准确数据。

AISPA 模型通过引入影响范围（IR）和影响非对称性（IA）的概念，进一步细化了服务属性对顾客满意度影响的度量。MS 衡量的是属性的平均绩效（情感，表现），IR 衡量的是服务属性在极端高低表现时对满意度评分的总贡献，反映了该属性在产生满意和不满意的潜力。IA 则是属性满意度生成潜力与不满意度生成潜力之差，揭示了属性如何影响满意度评级。通过计算每个属性的 IR 和 IA，模型能更精确地定位哪些服务属性具有最大的改进空间。

另外，AISPA 模型通过比较服务属性的重要性/表现得分与其在参照组中的得分计算服务属性的重要性和表现权重。AISPA 模型根据服务属性重要性和表现的比较结果，评估服务属性的优先级（高影响或低影响）和相对表现（高表现或低表现），具体公式如下。①高表现：所选属性的 MS>参照组的属性 MS。②低表现：所选属性的 MS≤参照组的属性 MS。③高重要性：所选属性的属性 IR>参照组的内容 IR。④低重要性：所选属性的属性 IR≤参照组的属性 IR。⑤兴奋因子：所选属性的 IA>所有属性 IA 绝对值的平均值（MIA）。⑥绩效因子：−MIA≤所选属性的 IA≤MIA。⑦基础因子：所选属性的 IA<−MIA。

AISPA 模型通过 3D 网格中将服务属性性能、影响范围和影响非对称性可视化，以便全面呈现服务属性如何影响 CS 的潜在机制。在图 6-2 中，横轴表示服务属性的影响权重（重要性），纵轴表示服务属性的性能权重（表现性），而 z 轴则表示服务属性的影响非对称性（IA）。AISPA 模型的详细见解分为 12 个类别，其中类别 1~6 和 7~12 分别定义为低优先级和高优先级，以此可以全面了解客户评价、属性优先级和酒店服务属性改进策略的内在机制。

（C1）尽可能保持（兴奋因子、高表现性、低优先级）：服务属性表现性的减弱可能会使正面顾客评价轻微下降。为了保持当前的顾客满意度，建议在必要时对这类服务属性进行维护和调整。

（C2）尽可能显著改善（兴奋因子、低表现性、低优先级）：显著提高服务属性表现性可能会略微提高正面顾客评价。对于这类服务属性，可以通过改进和优化提高其表现性，从而增强顾客的正面体验。

（C3）尽可能维持（绩效因子、高表现性、低优先级）：服务属性表现性的降低可能会导致顾客评价轻微下降。对于这类服务属性，应确保它们保持在高水平，以维持现有的顾客满意度。

（C4）尽可能持续改进（绩效因子、低表现性、低优先级）：提高服务属性表现性可以略微提高顾客评价。对于这类服务属性，应定期评估并寻找改进的机会，以提高其表现，从而提升顾客满意度。

（C5）可以轻微减弱（基础因子、高表现性、低优先级）：轻微减弱服务属性的表现性可能不会引起顾客不满。对于这类服务属性，有必要减少投入或资源，可以适当降低其表现性，但要确保不会对顾客满意度造成负面影响。

（C6）需要轻微提升（基础因子、低表现性、低优先级）：略微提高服务属性的表现性可以降低顾客的些许不满。对于这类服务属性，可以通过微调和优化来提高其表现性，从而减少顾客的不满感。

（C7）继续保持（兴奋因子、高表现性、高优先级）：通过保持服务属性表现性保持积极的顾客体验和评价。对于这类服务属性，应给予特别的关注和维护，以确保它们始终保持在高水平。

（C8）需要显著加强（兴奋因子、低表现性、高优先级）：通过显著提高服务属性表现性，创造积极的顾客体验和评价。对于这类服务属性，应投入更多的资源和精力来提高其表现性，以满足顾客的期望和需求。

（C9）继续努力（绩效因子、高表现性、高优先级）：保持良好的工作表现。对于这类服务属性，应不断寻求改进和优化的机会，以继续保持良好表现。

（C10）不断改进（绩效因子、低表现性、高优先级）：通过提高服务属性表现性来增加正面的顾客评价。对于这类服务属性，应制定明确的改进计划和目标，以提高其表现性和顾客满意度。

（C11）适度削弱（基础因子、高表现性、高优先级）：可能有些资源过度，降低服务属性表现性基本不会使顾客产生不满。对于这类服务属性，如果发现资源分配过多，可以适当减少投入，但仍需确保其表现不会对顾客满意度造成负面影响。

（C12）需要轻微改善（基础因子、低表现性、高优先级）：专注于通过对服务属性表现性的轻微改善来有效地消除客户的不满意度。对于这类服务属性，应采取有针对性的措施来提高其表现性，从而减少顾客的不满意度。

总而言之，AISPA 模型借助精心构建的 12 个细致分类，为企业提供了一种全面且细致的服务优化工具，不仅涵盖了"不断改进""继续保持"等传统建议，还进一步细化到"适度削弱"等资源重新分配策略。它不仅能够帮助企业识别出顾客满意度的关键驱动因素，还能够根据属性的非对称影响和当前表现性，制定出针对性强、精细化的服务改进策略。这种综合分析方法不仅对理论研究有所贡献，填补了现有文献中关于服务属性与顾客满意度之间关系研究的空白，还为实践者提供了宝贵的实操指南，使他们在竞争激烈的市场环境中能够更有效地优化服务配置，提升顾客满意度和市场份额。

6.3 基于大数据挖掘的服务要素指标测度

在数据库中提取出服务属性后，通过层次分类法等方法将各个服务属性归类到不同的服务要素下，如住宿服务、餐饮服务、环境设施、客户服务等，确保每类服务要素能够全面覆盖顾客体验的各个方面。随后，通过大数据情感分析等方法，对各个服务要素的表现性、重要性和非对称性等指标进行测度。

6.3.1 服务要素表现性测度

服务要素的表现性测度旨在评估各个服务属性在实际操作中达到顾客期望的程度。这通常涉及从用户生成内容如在线评论、社交媒体反馈等大数据源中提取信息，运用情感分析技术来量化顾客满意度（Hu et al., 2019）。表现性测度不仅关注正面评价的数量，还分析负面反馈的具体内容，以识别服务中的不足之处。例如，通过情感极性和主题模型结合分析，可以揭示哪些服务要素频繁被顾客提及且评价积极（如客房清洁度、员工友好度），以及哪些服务要素表现不佳（如餐饮质量、设施老化）（Hu and Trivedi, 2020）。服务要素表现性的测度有助于企业快速定位服务质量的短板，指导即时改进措施。在本书中，关于服务要素表现性测度的具体步骤如下。

1. 情感词典的构建

构建情感词典库是情感分析的基础，为后续的情感倾向判断提供参照标准。情感词典通常包括积极情感词、消极情感词以及程度副词等，如"很好""糟糕""非常"等。本书构建的高维服务要素配置优化模型中，采用情感分析中流行的 LIWC 进行依存句法分析，以提取游客评论中的特征词–情感词对。该工具不仅提供了分句、分词、词性标注等功能，还执行了依存关系分析，帮助识别出诸如"设施齐全""视野好"等产品特征与"优惠""方便"等情感评价之间的依存关系。基于这些分析，作者制定了规则，如利用主谓关系（SBV）和动宾关系（VOB）来抽取出"特征词–情感词"对，如"设施–齐全""价格–优惠"。此外，建立了专门针对酒店行业的特征词词库和情感词词库，用于后续的情感值计算。

2. 属性情感值因素计算

服务属性的情感值计算是整个分析过程的核心，它直接反映了服务要素的表现性（图6-3）。为了保证顾客情感挖掘的准确性，在高维服务要素配置优化模型中，选择在句子层面而不是文档层面进行情感分析。情感分析采用了情感词典匹配的方法，并结合了自定义情感词典和领域特定情感词典（Hu and Trivedi, 2020）。情感得分的范围设定为从极端负面到极端正面，以此来量化顾客对服务属性的情感倾向。计算时考虑了名词、情感词、程度副词和否定词的影响，通过特定公式进行情感极性的量化。

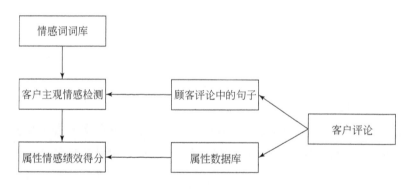

图6-3　基于句子级顾客情绪检测流程图

具体而言，首先，顾客在线评论被分成句子。其次，利用LIWC来检测每个句子的情感极性；每个句子提取两种情绪分数，包含积极情绪和消极情绪，以表示客户对句子的主观感受。与此同时，应用三点情感量表，即如果在一个句子捕捉到了积极主观性，则该句子的情感值被记录为"1"，如果主观性是消极的，则该句子的情感值被记录为"–1"，对于其他条件，则该句子的情感值被记录为"0"。所有相关评论中的服务属性得分汇总后取平均值，即可得到特定服务属性的表现性得分（图6-4）。这一得分反映了该服务属性在总体上的顾客满意度水平，帮助企业直观地了解各服务要素表现性，为服务质量的提升提供数据支持。

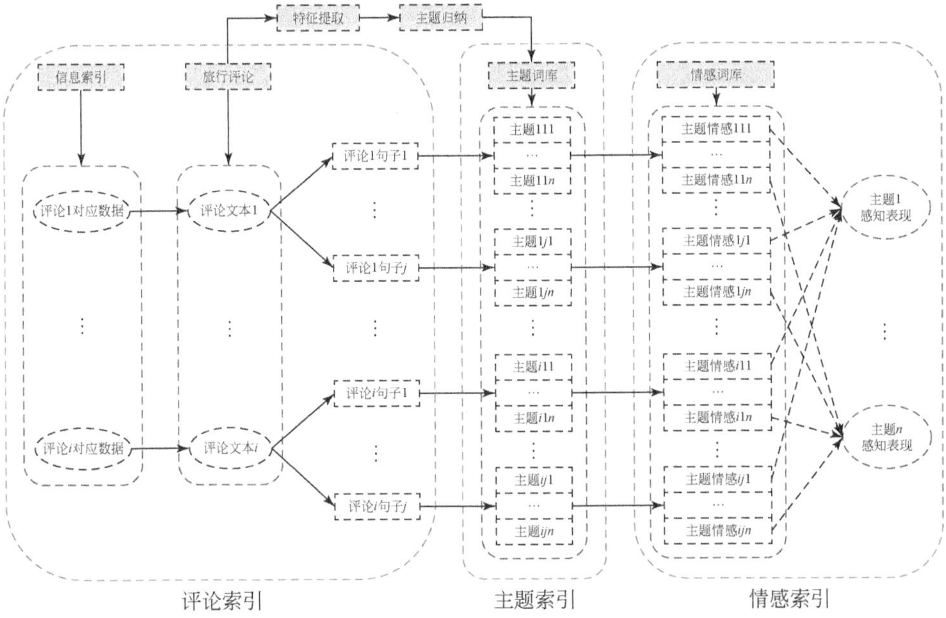

图 6-4　基于句子的旅游要素表现性测度

综上所述，服务要素表现性测度通过建立情感词典库和应用依存句法分析技术有效识别和量化了顾客对服务属性的情感反馈，为酒店等服务业提供了科学的决策依据，有助于针对性地提升服务质量，增强顾客满意度，提升酒店品牌形象并赢得更多的忠诚顾客，实现了高质量发展和可持续发展。

6.3.2　服务要素重要性测度

在探索服务管理的广阔领域中，服务要素的重要性衡量是连接顾客总体满意度与忠诚度之间的一座桥梁，其核心目标在于揭示各项服务属性如何按不同权重对顾客的总体满意度及长期忠诚产生影响。传统研究中，对顾客偏好（服务属性）的调查主要依赖于结构化的问卷。这种方法虽然直接，但其设计可能存在一定的局限性：预设的问卷可能遗漏了顾客潜在的需求，而小样本的问卷调查也难以覆盖广泛而多变的顾客意见（Hu and Trivedi, 2020）。

随着大数据技术的兴起，服务要素重要性的评估方式迎来了革新。大数据不仅提供了海量、实时的数据源，还允许企业通过先进的分析技术从顾客的自发反馈中捕捉关键信息。如今，服务要素重要性的评估不再仅仅依靠顾客的直接表达，而是通过智能分析顾客提及次数、情感的强烈程度以及文本挖掘技术揭示的高频主题综合推断（Hu et al., 2019）。例如，如果"位置便利性"频繁出现在顾客积极正面的在线评论里，这强烈暗示了它在顾客心目中占据着举足轻重的地位，是优化服务时不可忽视的要素之一。此外，大数据分析还可以揭示那些隐含于顾客语言中的微妙信号，例如，对特定服务要素的渴望或不满，即便这些没有直接以显式需求的形式出现。这种间接推断方法通过分析情感强度、主题出现的频次及语境，帮助组织理解顾客未言明的偏好，从而更精准地定位服务改进的优先级。

服务属性对满意度的影响因表现性波动而显著变化，这意味着单纯依赖重要性评分来确定服务属性的优先级可能会有误判（Mikulić and Prebežac，2008）。为克服此局限，本书借鉴了 IRPA 和 IAA 方法中的"属性影响范围"（IR）概念，用以取代传统的服务要素重要性评估标准。IR 衡量的是某一服务属性在最佳与最差表现状态下对顾客满意度的潜在影响幅度，为服务改进提供了更为细腻的导向（Hu et al., 2020；Mikulić and Prebežac，2008）。

PRCA 是一种分析方法，用于评估服务属性表现对顾客总体满意度的非对称关系（Brandt，1987）。为了提高 PRCA 的准确性，在高维服务要素配置优化模型中，只使用了绝对的积极（消极）情绪，而不使用消极术语来表示与传统 PRAC 标准集相匹配的极高（低）表现。具体来说，如果情绪绝对消极，则房间属性表现极低的惩罚分数被记录为"1"，所有其他情绪的惩罚分数被记录为"0"。相反，对于奖励分数，如果情绪绝对积极，则房间属性表现性极高的奖励分数被记录为"1"，所有其他情绪的奖励分数被记录为"0"（图6-5）。

再对这两组变量进行虚拟回归分析，以检测在不同绩效表现水平下服务属性对顾客总体满意度的具体影响，具体公式如下。在虚拟回归中，CS 为顾客满意度，C 为常数项，$reward_{index}$ 为奖励系数，$reward_{dummy}$ 为奖励的虚拟变量分数，$penalty_{index}$ 为惩罚系数，$penalty_{dummy}$ 为惩罚的虚拟变量分数，而 err 则是误差值。基于回归分析的结果，可以计算出属性影响范围（IR）、满意度生成潜力（SGP）、不满意度生成潜力（DGP）及影响非对称性（IA）等关键指标。

$$CS = C + reward_{index} \times reward_{dummy} + penalty_{index} \times penalty_{dummy} + err$$

$$IR = reward_{index} + | penalty_{index} |$$

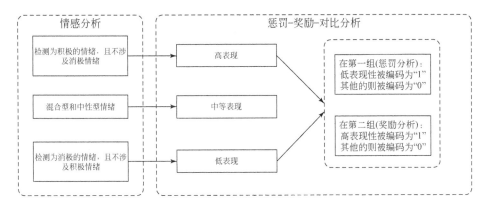

图 6-5　基于情感分析的惩罚-奖励-对比分析

$$SGP = \frac{reward_{index}}{IR}$$

$$DGP = \frac{penalty_{index}}{IR}$$

$$IA = SGP - |DGP|$$

　　重要性测度的提升对于决策者而言，意味着开发一种战略性的导航工具。它能够指引资源的合理配置，使有限的投资集中在那些对顾客满意度和忠诚度有最大提升潜力的服务要素上。通过对这种数据驱动的洞察，决策者得以避免盲目投入，转而实施精准的优化策略，确保每次改进都能精准击中顾客的痛点，从而在日益激烈的市场竞争中稳固并扩大客户基础。因此，服务要素重要性测度不仅是理解顾客需求的窗口，更是提升企业竞争力的关键杠杆。

6.3.3　服务要素非对称性测度

　　服务要素的非对称性测度作为现代服务管理分析的重要组成部分，本书深入探究服务属性与顾客满意度之间的非线性、非对称关系。它突破了传统模型的线性假设，即服务属性实际表现与顾客满意度提升呈直接正相关关系，揭示了服务要素优化的复杂性与多样性。实际上，某些服务要素的微小提升可能引发顾客满意度的大幅跃升，而另一些服务的显著改进却仅带来轻微的满意度变化，甚至有时还会因期望不匹配而引起顾客不满，这就是非对称性现象的体现。

　　本书在服务要素非对称性测度实践中融合了情感分析与多维度分析技术，为服务要素的影响力评估提供了全新的视角。情感分析是对顾客反馈、在线评论等文本数据中蕴含的积极与消极情感倾向进行量化处理，具体分析方法为 PRCA，直接捕捉顾客的真实体验感受。这种分析不仅关注顾客的表面评价，更深入挖掘其内在情绪反应，为理解顾客对特定服务属性的敏感度提供了直观证据，具体步骤及公式如下。

首先，根据服务属性的因子得分，创建两组虚拟变量。第一组虚拟变量（D1）用来衡量高绩效因子对顾客总体满意度（overall customer satisfaction, OCS）的正面影响，第二组虚拟变量（D2）则衡量低绩效因子对 OCS 的负面影响。接下来，通过多元回归分析，以 OCS 为因变量，D1 和 D2 为自变量，分别得到奖励系数（RI）和惩罚系数（PI）作为回归系数（参见 6.2.2 节中的虚拟回归公式），然后根据奖励系数和惩罚系数计算出影响非对称指数（IA）。IA 是指可以产生满意或不满意的服务属性之间的潜力差异，也就是衡量某服务属性在高绩效和低绩效状态下对满意度影响的非对称性，值域为 [−1, 1]。如果 IA 接近−1，表明该属性在低绩效时对满意度的负面影响远大于在高绩效时的正面影响；若 IA 接近 0，则表明该属性在高绩效和低绩效时对满意度的影响相似；若接近 1，则表明该属性在高绩效时对满意度的正面影响远大于在低绩效时的负面影响。

在高维服务要素配置优化模型中，多维度分析则从时间、空间、顾客细分（如首次与回头客、不同文化背景的顾客）以及服务场景等多个角度出发，全面审视服务要素对满意度影响的动态变化。这一过程强调了情境的重要性，确保了服务改进措施的针对性和有效性。例如，在度假酒店服务的语境下，通过分析发现，顾客对"房间景观"的正面评价远高于对"Wi-Fi 速度"的提及，尤其在寻求放松与自然体验的顾客群体中，优美的景观相较于高速网络更能显著提升他们的满意度。这一观察结果凸显了服务要素非对称性的典型特征，即顾客对服务的不同属性有着截然不同的价值认知与情感依赖。

基于上述分析，企业能够识别并深刻理解服务要素的非对称性影响，这对于战略规划至关重要。它促使企业避免了资源的盲目投入，转而采取更为精细的策略，即根据服务属性的实际影响力进行精准资源配置，实现效率最大化。例如，企业可能决定投资于提升景观视野而非无限制地扩大网络带宽，因为前者对目标顾客群体的吸引力更强。此外，非对称性测度还激发了服务创新，鼓励企业探索那些能够触动顾客心灵的独特服务点，如提供定制化体验，创造难以复制的价值，从而巩固顾客忠诚度，提升市场竞争力。

总结而言，服务要素非对称性测度不仅是一种精细化管理工具，更是企业深入了解顾客心理、精准定位服务价值、高效配置资源的理论与实践框架。它引导企业在竞争日益激烈的市场中，精准把握顾客需求，有效应对市场变化，最终实现顾客满意度与企业可持续发展的双赢目标。

第7章 研究案例：大数据应用

7.1 研究问题

酒店经营者投入大量资源以满足客户需求乃情理之中。鉴于顾客满意度是评估酒店业绩的关键指标，深入理解使顾客满意与不满意的因素对酒店管理至关重要。一方面，极度满意的（或感到惊喜的）顾客更有可能再次光顾并推荐酒店。欣喜的顾客表现出的行为模式与仅适度满意的顾客截然不同。另一方面，极度不满（或感到沮丧的）的顾客极有可能传播负面口碑，不仅损害目标酒店的形象和声誉，还会因阻止潜在顾客而减少酒店收入。事实上，已有研究表明，一位不满意的顾客的一条负面评价可能导致后续失去30位顾客。

上述现象凸显了现代酒店行业追求顾客惊喜同时避免顾客沮丧的紧迫性。然而，酒店运营商为了达到这两个商业目标，采取不同的经营策略并不令人意外。先前的研究已证实，引起顾客惊喜的因素与导致顾客沮丧的因素存在显著区别（Alegre and Garau，2011；Füller and Matzler，2008）。例如，虽然酒店客人对干净的毛巾可能无特别感觉，但脏毛巾的存在却可能让他们恼火。相反，客房内提供的欢迎巧克力可能会给顾客惊喜，即便缺乏此类服务，顾客也不太可能因此而不满。可以设想，酒店的特性可能对顾客满意度产生非对称影响：顾客可能因为某项酒店特性而高度满意，也可能因另一项特性而产生同等程度不满（Caber et al.，2013）。换句话说，酒店特性与顾客满意度之间的关系可能是不对称的。具体而言，酒店某一特性的正向表现每增加一个单位，对顾客满意度的影响可能远大于相应负向表现减少一个单位，反之亦然，某特性的负向表现可能比其正向表现对顾客满意度的影响更为显著。这一发现强调了区分和理解酒店特性如何以不同方式影响顾客满意度的重要性，为酒店管理者提供了更精细的视角，以制定更有效的顾客满意度提升策略。

三因素理论指出，产品/服务属性对总体顾客满意度产生非对称影响。依据三因素理论（Kano，1984），酒店特性可被归类为基础因子、绩效因子和兴奋因子，其中，基础因子和兴奋因子分别代表导致不满意和满意的要素，而绩效因子则以线性和对称的方式引发满意和不满意。

虽然先前的研究暗示了产品/服务属性与总体顾客满意度之间存在非对称关系，但现有文献在顾客满意度领域的研究仍聚焦于这些关系的对称性。虽然过去的研究提及了产品/服务属性与总体顾客满意度之间的对称关系，但大多忽略了那些单方面导致顾客不满意或满意的属性的重要性。此外，即使少数研究证实了酒店行业中产品/服务属性与总体顾客满意度之间存在非对称关系，但仍缺乏系统地根据三因素理论对酒店特性进行分类的研究（Hu et al.，2020）。因此，探讨酒店特性对酒店行业总体顾客满意度产生非对称影响的研究尚匮乏，特别是针对以下3种特性的研究：①基础因子，其缺失会导致不满；②兴奋因子，其存在会带来满意；③绩效因子，它们以对称和线性的方式影响满意度。

此外，虽然国内客人与国际客人相比，可能对不同星级的酒店性能持有不同的期望，但我们对于酒店星级是否在不同顾客群体（如国内与国际客人）中调节酒店特性对顾客满意度的非对称影响知之甚少。这一研究缺口提示我们，探究酒店星级（作为调节变量）如何影响酒店特性对不同顾客群体满意度的非对称效应，是一个值得深入探讨的课题。这不仅有助于酒店管理者更精确地理解不同顾客群体的需求差异，还能帮助指导制定更加有针对性和有效的服务质量改进策略，以满足多元化的顾客期望，提升顾客满意度。

为填补上述知识空白，Li 等（2020）借鉴三因素理论，通过对大量在线酒店评论进行数据分析，解析顾客满意度与不满意度的决定因素。三因素理论曾被以往研究应用于揭示不同情境下顾客满意度与不满意度的决定因素，它提供了一个坚实的理论框架，通过考虑酒店属性对顾客评估酒店表现的非对称影响，帮助我们理解顾客满意与不满意（Matzler and Renzl，2007；Mikulić and Prebežac，2012b）。在此基础上，本研究旨在揭示酒店属性作为基础因子、兴奋因子和绩效因子的作用如何随酒店星级的不同和顾客群体的差异而变化。鉴于酒店星级反映了基于价格、设施和服务水平等质量维度的酒店排名，顾客对高星级酒店的期望往往要高于低星级酒店，且国内顾客与国际顾客可能对酒店表现的期望存在差异。通过探索酒店星级和顾客群体（即国内和国际客人）对满意与不满意的调节影响，本研究致力于为三因素理论在酒店行业背景下的应用提供新颖见解。基于在线酒店评论，该案例不仅运用三因素理论解析顾客满意度的决定因素，还考察了这些决定因素对于国内与国际客人以及不同星级酒店是否有所不同。

7.2 数据收集与处理

7.2.1 抽样和数据收集

本研究所采纳的数据源于 Tripadvisor 平台，该平台作为全球首屈一指的在线旅游服务网站，为用户提供了评价酒店性能及表达整体满意度的在线评分机制。鉴于 Tripadvisor 数据已被广泛运用于现有文献中的酒店行业研究，故选择其作为本研究的数据来源，尤其因其涵盖了全球用户用多种语言撰写的详尽酒店评论，为本研究的数据分析提供了丰富素材。

通过定制的基于超文本预处理器（PHP）的脚本工具，实现了对 Tripadvisor 平台的数据抓取。截至 2014 年 9 月 20 日，共计采集了 412 784 条顾客生成的评论数据，覆盖中国五大城市：三亚（$N = 30\,307$ 条）、北京（$N = 150\,616$ 条）、广州（$N = 55\,600$ 条）、上海（$N = 127\,673$ 条）、杭州（$N = 48\,588$ 条）的酒店。每条评论中，用户基于个人的整体满意度及针对五大关键酒店属性——清洁度、地理位置、客房条件、服务和性价比进行了量化评价。这些评价采用五点量表形式，等级范围为 1（极差）~5（卓越）。同时，用户提供了旅行目的信息，包括商务出行（$N = 165\,652$ 条）、情侣出游（$N = 26\,283$ 条）、家庭度假（$N = 16\,984$ 条）、休闲旅游（$N = 132\,527$ 条）、个人独行（$N = 9\,788$ 条）以及未标明（$N = 61\,550$ 条）。此外，研究收集了各酒店基本信息，如星级评定及所在城市。

在所收集的评论中，92.94%（$N = 383\,639$ 条）为中文或英文撰写。相比于数量庞大的中英文评论，其他语言的评论（含无法识别）数量不足 30 000 条。剔除非中英文评论后，剩余评论被区分为两大类别：中文评论（$N = 287\,550$ 条）与英文评论（$N = 96\,089$ 条）。本次数据集内的 383 639 条顾客生成评论，涵盖了五大城市中的 10 093 家酒店。如表 7-1 所示，非星级与五星级酒店的评论数量最为突出。大约 30% 的评论针对的是非星级酒店，这类酒店虽然占所有酒店的近 70%，但基本相同比例的评论集中在仅占总量 3.52% 的五星级酒店上。这种五星级酒店评论集中度较高的现象可能与酒店鼓励顾客根据住宿体验撰写评论的行为有关。

表 7-1 中英文评论数据

星级	酒店数量	比例/%	评论数/条	平均评分/分
无	7 000	69. 35	116 124	3. 82
1	20	0. 20	149	3. 72
2 ~ 2.5	736	7. 29	34 765	3. 80
3 ~ 3.5	1 128	11. 18	42 935	3. 75
4 ~ 4.5	854	8. 46	84 800	4. 02
5	355	3. 52	104 042	4. 28

就酒店整体满意度的平均评分而言，顾客对五星级酒店的满意度最高，其次
为四星至四星半级酒店、非星级酒店，再次是二星至二星半级酒店、三星至三星
半酒店，最后是一星级酒店。值得注意的是，顾客对非星级酒店的满意度高于
一星至三星半级酒店，这凸显了在探讨酒店整体顾客满意度决定因素时，考量酒
店星级的重要性。此发现不仅揭示了顾客对不同星级酒店期待的差异化，还为酒
店管理者提供了调整服务策略、优化顾客体验的重要启示。

7.2.2　数据处理

鉴于非星级酒店并未纳入酒店行业普遍采用的评级体系，该体系依据酒店设
施、价格及服务水平进行评级，这意味着非星级酒店间可能存在显著差异。基于
此，决定将非星级酒店从样本中剔除。此外，考虑到样本中一星级酒店的数量
（20 家）及其相关评论（149 条）过少，一星级酒店也被排除在数据分析之外。
过滤掉无星级数据、一星级数据和部分无意义的评论后，最终得到的数据依据酒
店星级分为四类（即二星至二星半级、三星至三星半级、四星至四星半级和五星
级），用于后续分析。

这一处理方式确保了分析的严谨性和有效性，避免了因非星级酒店间固有的
巨大差异以及一星级酒店样本量不足可能引入的偏误。通过将样本按照明确的星
级分类细分，不仅有助于更精准地识别不同星级水平下顾客满意度的决定因素，
还为酒店管理策略的制定提供了更为具体和有针对性的参考依据。

7.3　数　据　分　析

为识别顾客生成评论所使用的语言，本研究采用了 MySQL 数据库与 R 语言软件中的 textcat 包。随后，运用 R 软件进行数据分析，以探究核心酒店属性对顾客满意度与不满情绪的非对称性影响。在先前的研究中，虚拟变量回归分析已广泛应用于检测不同情境下的非对称关系。遵循现有文献的方法，本研究生成了一系列虚拟变量。具体而言，评分 1 或 2 被视为低表现，评分 3 或 4 被视为平均表现，评分 5 被视为高表现。因此，虚拟变量设定为：低表现（0，1）、高表现（1，0）和平均表现（0，0）。通过固定效应虚拟变量回归分析，在控制城市差异、旅行类型及评分年份的基础上检测非对称效应。数据分析公式如下：

总体评分 $=\beta_0+\beta_1$（高清洁度评分）$+\beta_2$（低清洁度评分）$+\beta_3$（高性价比评分）$+\beta_4$（低性价比评分）$+\beta_5$（高客房评分）$+\beta_6$（低客房评分）$+\beta_7$（高服务评分）$+\beta_8$（低服务评分）$+\beta_9$（高位置评分）$+\beta_{10}$（低位置评分）+城市+（旅行类型）+年份$+\varepsilon$

根据 Mikulić 和 Prebežac（2012b）的建议，采用非标准化系数来识别回归分析中的非对称效应。鉴于使用了大量数据，定义表现因子时采取保守策略，主要比较每个回归系数的 95% 置信区间（95% CI）。95% CI 表示"以 95% 的概率包含总体或'真实'值的值域"（Nakagawa and Cuthill，2007）。因此，当某一酒店属性的高满意度水平与低满意度水平的 95% CI 重叠时，该属性被归类为表现因子。反之，若两组不同水平的 95% CI 无重叠，则认为相关系数真正分离。

此方法论框架确保了分析的严谨性与准确性，通过细致考察不同表现水平下的置信区间，为识别酒店属性的非对称效应提供了有力支持。此举不仅深化了对酒店服务质量与顾客反馈之间复杂关系的理解，还促进了更为精细和有针对性的策略制定，以优化顾客体验并提升酒店业绩。

通过回归分析，我们发现不论酒店的星级高低，各酒店属性的优劣表现均对顾客的总体满意度产生了显著影响（表 7-2 和表 7-3）。大部分酒店属性虽然普遍被视为国内外旅客的基础因子，但在满意与不满意因素的具体影响上，国内与国际旅客之间存在着细微但重要的区别。

表 7-2　在控制城市差异、旅行类型及评级年份差异的情况下针对国内旅客进行的
固定效应虚拟变量回归分析的结果

星级（可调整 R^2）	属性（编码）	高满意	95% CI	低满意	95% CI	比率（低/高）	分类
2~2.5星（67.1%）	清洁度	0.256 ***	[0.216, 0.296]	0.402 ***	[−0.474, −0.329]	1.57	基础因子
	地理位置	0.141 ***	[0.112, 0.170]	0.186 ***	[−0.248, −0.124]	1.32	绩效因子
	客房条件	0.471 ***	[0.430, 0.512]	0.761 ***	[−0.834, −0.688]	1.62	基础因子
	服务	0.247 ***	[0.209, 0.285]	0.608 ***	[−0.669, −0.546]	2.46	基础因子
	性价比	0.277 ***	[0.244, 0.309]	0.483 ***	[−0.546, −0.419]	1.74	基础因子
3~3.5星（66.2%）	清洁度	0.241 ***	[0.204, 0.277]	0.325 ***	[−0.396, −0.254]	1.35	绩效因子
	地理位置	0.123 ***	[0.096, 0.149]	0.213 ***	[−0.269, −0.157]	1.73	基础因子
	客房条件	0.481 ***	[0.443, 0.519]	0.724 ***	[−0.796, −0.653]	1.51	基础因子
	服务	0.270 ***	[0.234, 0.305]	0.711 ***	[−0.765, −0.657]	2.63	基础因子
	性价比	0.229 ***	[0.197, 0.260]	0.521 ***	[−0.578, −0.462]	2.28	基础因子
4~4.5星（63.7%）	清洁度	0.227 ***	[0.204, 0.249]	0.374 ***	[−0.436, −0.311]	1.65	基础因子
	地理位置	0.117 ***	[0.100, 0.134]	0.255 ***	[−0.301, −0.209]	2.18	基础因子
	客房条件	0.473 ***	[0.450, 0.495]	0.751 ***	[−0.813, −0.689]	1.59	基础因子
	服务	0.231 ***	[0.209, 0.252]	0.773 ***	[−0.816, −0.729]	3.35	基础因子
	性价比	0.193 ***	[0.173, 0.214]	0.513 ***	[−0.558, −0.468]	2.66	基础因子
5星（61.5%）	清洁度	0.204 ***	[0.186, 0.222]	0.398 ***	[−0.472, −0.323]	1.95	基础因子
	地理位置	0.105 ***	[0.090, 0.119]	0.247 ***	[−0.293, −0.201]	2.35	基础因子
	客房条件	0.490 ***	[0.472, 0.507]	0.656 ***	[−0.732, −0.578]	1.34	基础因子
	服务	0.227 ***	[0.210, 0.243]	0.910 ***	[−0.954, −0.865]	4.01	基础因子
	性价比	0.132 ***	[0.115, 0.148]	0.514 ***	[−0.555, −0.472]	3.89	基础因子

*** $p<0.001$。

具体而言，在三星至三星半级的酒店中，清洁度对国内旅客而言成为一个关键的绩效因子，而其余四大核心属性——客房条件、服务、性价比和地理位置，无论对于国内旅客还是国际旅客，均被视为基础因子。当聚焦于二星至二星半级的酒店时，对于国内旅客而言，地理位置对顾客满意度的影响尤为突出，成为绩效因子；与此同时，清洁度、客房条件、服务和性价比则成为基础因子。然

而，对于国际旅客而言，客房条件与服务转而成为绩效因子，清洁度和性价比则退居为基础因子，而地理位置却跃升为兴奋因子，对满意度的提升具有显著的促进作用。

表 7-3　在控制城市差异、旅行类型及评级年份差异的情况下针对国际旅客进行的固定效应虚拟变量回归分析的结果

星级 (可调整 R^2)	属性 (编码)	高满意	95% CI	低满意	95% CI	比率 (低/高)	分类
2~2.5星 (79.5%)	清洁度	0.235***	[0.129, 0.341]	0.521***	[-0.644, -0.399]	2.22	基础因子
	地理位置	0.170***	[0.093, 0.245]	0.132 n.s.	[-0.268, 0.003]	0.78	兴奋因子
	客房条件	0.401***	[0.280, 0.521]	0.493***	[-0.629, -0.358]	1.23	绩效因子
	服务	0.406***	[0.298, 0.515]	0.541***	[-0.645, -0.436]	1.33	绩效因子
	性价比	0.322***	[0.237, 0.407]	0.785***	[-0.915, -0.655]	2.44	基础因子
3~3.5星 (76.7%)	清洁度	0.254***	[0.215, 0.294]	0.452***	[-0.505, -0.399]	1.78	基础因子
	地理位置	0.132***	[0.102, 0.162]	0.288***	[-0.337, -0.239]	2.18	基础因子
	客房条件	0.370***	[0.327, 0.412]	0.555***	[-0.612, -0.499]	1.50	基础因子
	服务	0.372***	[0.333, 0.411]	0.633***	[-0.678, -0.587]	1.70	基础因子
	性价比	0.310***	[0.275, 0.344]	0.581***	[-0.637, -0.524]	1.87	基础因子
4~4.5星 (74.6%)	清洁度	0.237***	[0.218, 0.256]	0.392***	[-0.428, -0.355]	1.65	基础因子
	地理位置	0.116***	[0.101, 0.131]	0.312***	[-0.341, -0.282]	2.69	基础因子
	客房条件	0.353***	[0.334, 0.372]	0.446***	[-0.482, -0.410]	1.26	基础因子
	服务	0.391***	[0.373, 0.409]	0.812***	[-0.840, -0.784]	2.08	基础因子
	性价比	0.234***	[0.216, 0.251]	0.674***	[-0.707, -0.641]	2.88	基础因子
5星 (73.4%)	清洁度	0.245***	[0.229, 0.261]	0.380***	[-0.415, -0.340]	1.55	基础因子
	地理位置	0.095***	[0.082, 0.107]	0.300***	[-0.331, -0.270]	3.16	基础因子
	客房条件	0.334***	[0.319, 0.350]	0.521***	[-0.557, -0.485]	1.56	基础因子
	服务	0.429***	[0.414, 0.444]	0.855***	[-0.882, -0.829]	1.99	基础因子
	性价比	0.176***	[0.162, 0.189]	0.695***	[-0.723, -0.666]	3.95	基础因子

　　*** $p<0.001$。

　　n. s. 无显著差异。

　　此分析揭示了不同星级的酒店在接待国内外顾客时，其关键属性对顾客满意

度影响的复杂模式。一方面，多数属性如服务和客房条件普遍被视为基础因子，必须达到一定标准以确保顾客的基础满意度；另一方面，某些特定属性如清洁度对于国内旅客在三星至三星半级酒店中的重要性，或是地理位置对于国际旅客在二星至二星半级酒店中的独特值，凸显了绩效因子与兴奋因子在不同顾客群体间的差异化影响。这些发现为酒店管理者提供了宝贵的经验，促使他们根据目标客群的特定需求，精准调整服务重点，以有效提升顾客满意度和增强品牌忠诚度，从而在竞争激烈的市场环境中脱颖而出（Li et al., 2020）。

如图 7-1 所示，酒店星级在酒店属性对顾客整体满意度的非对称效应中扮演着关键的调节角色。构建的研究框架展现出强大的解释能力，对于国内旅客的满意度，该模型能够解释 61.5% ~ 67.1% 的变异程度；而对于国际旅客，这一比例更是显著提升，达到了 73.4% ~ 79.5%，彰显了该模型在国际旅客满意度预测上的卓越效能。这些结果不仅验证了酒店星级在满意度评价体系中的核心地位，还为酒店管理者提供了基于数据驱动的决策支持，助力其更精准地识别目标客群的偏好，优化服务质量，进而提升顾客满意度和市场竞争力。

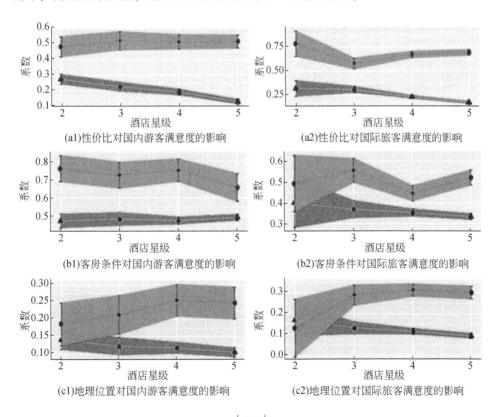

(a1)性价比对国内游客满意度的影响　　(a2)性价比对国际旅客满意度的影响

(b1)客房条件对国内游客满意度的影响　　(b2)客房条件对国际旅客满意度的影响

(c1)地理位置对国内游客满意度的影响　　(c2)地理位置对国际旅客满意度的影响

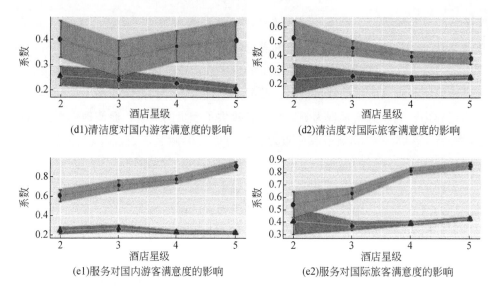

图 7-1　酒店星级评定对酒店属性在顾客满意度上产生非对称效应的调节影响

对于每个属性，圆点表示低满意度系数的绝对值，三角形点表示高满意度系数；圆点所在区域和三角形所在区域分别突出显示了低满意度与高满意度的 95% 置信区间；X 轴上的值 1 ~ 5 分别代表 0 ~ 1、2 ~ 2.5、3 ~ 3.5、4 ~ 4.5 和 5 星级酒店；该图是通过使用 R 语言中的 ggplot2 包（Wickham，2009）开发的

7.4　研究发现

毋庸置疑，旅客在入住酒店时持有一定期望，并渴望优化住宿体验。本研究中所聚焦的五项核心酒店属性，不仅辅助顾客评估其住宿经历，还有助于揭示每项属性在推动顾客满意度方面相对重要性的差异。

7.4.1　不同星级酒店背景下顾客满意度的关键驱动因素有所差异

经由实证研究发现，多数酒店属性扮演着基础性角色，其缺失将直接导致顾客不满。对于四星半至五星级酒店而言，无论面向国内外旅客，清洁度、地理位置、客房条件、服务与性价比这 5 项核心属性均被视为基础因子。研究结果表明，在豪华酒店(如四星至五星级酒店)中，上述 5 项属性应被视为基础因子，以降低国内外旅客的不满情绪。这一发现部分印证了 Padma 和 Ahn（2020）及 Zhou

等（2014）先前的研究成果。基于在线酒店评论的内容分析，Padma 和 Ahn（2020）发现，豪华酒店的旅客对客房条件、清洁度和服务有特定期待。而 Zhou 等（2014）指出，房间大小、清洁度、地理位置（如靠近景点、公共交通便利）以及性价比（如房价）是豪华酒店（如四星至五星级酒店）旅客的不满来源，此类观察可归因于多个因素。鉴于四星至五星级酒店价格较高，旅客对其在 5 项核心属性表现上的期望自然也更高。若这类酒店在五项核心属性上的表现未达预期，无论是国内旅客还是国际旅客都将感到不满。但同时由于高期望值的存在，即使四星至五星级酒店在 5 项核心属性上的表现有所提升，也难以让国内和国际旅客感到惊喜。

对于中档酒店（如三星至三星半级酒店），5 项核心属性对于国际旅客而言均为基础因子；而国内旅客则视地理位置、客房条件、服务与性价比为基础因子，清洁度则被视为绩效因子。我们观察到，清洁度作为国内旅客眼中的绩效因子，可能源于高星级酒店（如四星至五星级酒店）在保持清洁度方面的表现优于低星级酒店（一星至三星半级酒店）。因此，虽然国内旅客同样重视住宿环境的清洁度，但他们对中档酒店的清洁度抱有更为合理预期，即当酒店清洁度与其预期相符时，他们倾向于表示满意；反之，则可能产生不满。

以上研究结果揭示了不同星级酒店背景下，旅客满意度形成机制的复杂性。它强调了酒店管理者在满足顾客基础需求的同时，需根据酒店星级与旅客类型调整管理策略，以有效提升顾客满意度。此外，对于豪华酒店而言，超越顾客高期望的挑战性更大，要求酒店在提供基础服务之外，还需不断创新，寻找差异化竞争优势，以期在竞争激烈的市场环境中脱颖而出。而对于中档酒店，则需更加注重基础因子的稳定表现，同时在某些关键领域（如清洁度）上实现超越，以满足顾客的合理预期，从而提高顾客忠诚度与酒店市场竞争力。

对于经济型酒店（如二星至二星半级酒店），地理位置被国内旅客视为绩效因子，而清洁度、客房条件、服务与性价比则被视为基础因子。相反，对于国际旅客而言，客房条件与服务成为绩效因子，清洁度与性价比为基础因子，而地理位置则升级为兴奋因子。成本节约对入住经济型酒店的国内和国际旅客至关重要。因此，地理位置成为这些旅客考虑的重要因素，因为他们可以通过步行而非乘坐公共交通来节省费用。对于国内旅客，地理位置优越的经济型酒店将令其满意，而地理位置不佳则会导致其不满。正如 Ren 等（2016）所述，地理位置是中国旅客对中国境内经济型酒店满意度的重要决定因素，这或许是因为国内旅客期望经济型酒店位于交通便利之处。至于国际旅客，虽然地理位置不佳不会引发不满，但地理位置优越的经济型酒店仍能让他们感到欣喜。原因可能是，如果国际旅客在最初预订时已将地理位置不佳纳入考量，那么他们并不会过于介意经济型酒店的地理位置问题。此外，由于经济型酒店缺乏餐饮和娱乐设施，房间质量的提升将使国际旅客感到惊喜，因为他们需要一个舒适的休息空间。鉴于中国境内经济型酒店的服务质量现状，我们的研究结果表明，如果服务质量达到国际旅客的预期，他们会感到满意；反之，则会产生不满。

本研究的结果凸显了清洁度、地理位置、客房条件、服务与性价比在降低顾客不满情绪中的重要作用。对于国内顾客，除了三星至三星半级酒店外，我们发现清洁度普遍被视为基础因子。这一观察结果与以往研究中清洁度兼具基础因子与绩效因子双重角色的观点相异。Albayrak 和 Caber（2015）基于调查数据，将清洁度分类为顾客满意度的基础因子；而 Ryan 和 Huimin（2007）则依据中国酒店顾客的调查反馈，认为清洁度属于绩效因子。我们关于服务作为基础要素的发现与Albayrak 和 Caber（2015）、Deng（2007）的研究结果一致，唯一的区别在于服务也被入住经济型酒店的国际旅客认定为绩效因子。我们关于性价比作为顾客满意度基础因子的发现，与 Ramanathan U 和 Ramanathan R（2011）将其等同于兴奋因子的观点相左。在我们的研究中，无论对于国内旅客还是国际旅客，客房条件都是基础因子，但针对国际旅客，仅限于入住三星至三星半级酒店的情况除外，这一点与 Ramanathan U 和 Ramanathan R（2011）将客房条件分类为基础因子的研究结论相符。有趣的是，我们的研究表明，地理位置在不同顾客群体和不同星级的酒店中，可以承担基础因子、绩效因子与兴奋因子的角色。某种程度上，我们的发现支持了 Füller 和 Matzler（2008）研究，即对于国内和国际旅客而言，清洁度、地理位置、客户条件与服务作为基础因子、绩效因子与兴奋因子的作用存在差异。

7.4.2 不同文化背景下顾客满意度的关键驱动因素有所差异

关于令国内旅客感到惊喜的因素，房间品质显得尤为重要，其次是服务与性价比，这一发现与 Rhee 和 Yang（2015）的研究结果相吻合，他们证实房间属性对国内旅客至关重要，尤其在酒店房间的舒适度方面。类似地，地理位置优良对旅客的愉悦感影响相对较弱，对于豪华酒店（四星至五星级）的旅客而言，地理位置与性价比的影响力也不强。相较于入住二星至三星半级酒店的旅客，五星级酒店的旅客在清洁度与服务质量方面获得惊喜的可能性较低。

此外，房间或服务质量的低下对旅客造成的挫败感强烈，且这种影响独立于酒店星级。此外，四星至五星级豪华酒店的旅客受到低质服务的负面影响比入住经济型与中档（二星至三星半级）酒店的旅客更为显著。这种影响在国内旅客入住五星级酒店时尤为突出，相比之下，入住四星至四星半级酒店的旅客感受较轻。对于入住二星至三星半级星级酒店的国内旅客，房间质量似乎比服务更具挫败感。然而，入住三星级酒店的国内旅客却呈现出相反的趋势。研究结果表明，提升房间质量是防止入住二星至三星半级星级酒店国内旅客不满最有效的方式，其次是服务。改善服务质量对于四星至五星级酒店至关重要。未能提供优质房间与服务会消极影响国内顾客的体验。

我们的研究结果显示，酒店服务是令国际旅客感到惊喜的首要因素，其次为房间与性价比。这一发现与 Liu 等（2017）的研究一致，他们通过研究在线酒店评论，比较顾客对酒店的满意度，发现国际旅客更重视与房间质量相关的酒店服务，而国内旅客则呈现相反趋势。对于二星至五星级酒店而言，低质服务对国际旅客不满情绪的影响逐渐增强。在二星至二星半级酒店中，房间与服务质量被测定为国际旅客的"绩效因子"表现因素，表明这两项酒店属性对国际旅客的顾客满意度具有线性影响。我们的研究进一步显示，地理位置不佳与房间质量低劣的经济型酒店会引发国际旅客不满，而地理位置优越与房间质量优良则会给其带来惊喜。酒店房间性价比不佳往往比房间质量低劣更能引起国际旅客的不满。

Magnini 和 Zehrer（2011）指出，顾客满意度可能受顾客来源地或旅行性质（如国内或国际旅客）的影响。Ryan 和 Huimin（2007）也提出，酒店星级对顾客满意度有影响。我们关于国内旅客与国际旅客满意度的基础因子、绩效因子与兴奋因子的研究结果进一步证实了酒店星级与顾客（如国内旅客与国际旅客）文化背景对顾客满意度影响的证据。

综上所述，本研究从不同星级、国内和国际旅客角度出发，深入探讨了酒店属性对顾客满意度的影响机制。研究结果不仅丰富了顾客满意度理论知识，还为酒店管理者提供了实用的策略建议，帮助他们根据不同类型的酒店和顾客群体采取相应的管理措施，以提升顾客满意度和酒店的整体竞争力。例如，豪华酒店需关注所有核心属性的高水平表现，以满足顾客的高期望；中档酒店则应在确保基础因子稳定表现的基础上，提升某些关键领域的质量；而经济型酒店则应着重考虑地理位置、房间与服务的质量，以吸引并留住顾客。通过精细化管理，酒店管理者可以更有效地满足顾客需求，提升顾客体验，从而在竞争激烈的市场中占据有利地位。

第8章 研究案例：AISPA 应用一

8.1 研究问题

顾客满意度(CS)是顾客对各种服务属性的表现做出的主观评估。众多学者，如 Hu 等(2019)强调了这一点，并指出顾客满意度与服务质量属性之间的性能与重要性关系，对于营销策略的制定具有不可估量的价值。Bontis 等(2007)与 Han 和 Bi(2024)进一步指出，这种关系不仅是服务质量提升的基石，更是构建顾客忠诚度的关键所在。尤其在旅游领域，通过属性满意度研究来洞察顾客需求，已成为学术界与业界共同关注的热点。

然而，虽然已有大量研究致力于探索服务属性与顾客满意度之间的关系，但这些研究往往受限于单一模型的应用。例如，IPA 模型侧重于通过对比属性性能与顾客期望来识别改进点，却忽视了属性间可能存在的非对称影响(Hu et al.，2020)。而 Kano 模型虽能揭示这种非对称性，但在提出具体服务优化策略上显得力不从心。这种单一模型的局限性促使我们寻求更加全面、综合的研究框架。

另外，传统的研究方法多依赖于预设的服务属性清单，通过问卷调查或访谈收集数据。这种方法虽有其便捷之处，但面临着诸多挑战：首先，预设的属性可能无法全面反映顾客的真实需求，因为它们往往基于研究者的主观判断而非顾客视角(Hu，2020；Kim et al.，2016)；其次，有限的属性列表可能忽略了顾客关心的细微差异，限制了研究的深度和广度；最后，小规模问卷数据可能因信息选择性偏差而结论不准确(Lau et al.，2005)。

为了突破上述局限性，本书创新性地提出一种基于大规模用户生成内容的 AISPA 模型。该模型充分利用了互联网平台上丰富的顾客评论数据，这些数据不仅量大且真实地反映了顾客的实际体验。以酒店房间评论为例，通过先进的文本挖掘和情感分析技术，我们能够自动识别出顾客关注的房间属性，并量化顾客对这些属性表现的满意度。

具体而言，该案例研究围绕 5 个核心问题展开：①我们旨在揭示游客在酒店房间选择中最关心的属性是什么；②分析游客对这些属性实际表现的评价；③探讨这些属性在影响游客房间满意度方面的重要性及作用机制；④构建属性满意度与整体满意度之间的非线性关系模型，以深入理解它们之间的复杂互动；⑤基于以上分析，为企业提出切实可行的策略建议，以优化资源配置，提升游客满意度。

通过 AISPA 模型的应用，我们不仅能够突破传统研究方法的局限性，实现服务属性与顾客满意度之间关系的全面、深入洞察，还能为旅游企业提供更加精准、有效的市场反馈，助力其在竞争激烈的市场环境中脱颖而出。这不仅是学术研究的进步，更是对旅游业实践的重要贡献。

8.2 数据收集与处理

8.2.1 数据收集

Tripadvisor 作为全球领先的旅游社区和在线评论平台，汇聚了海量的旅行者评论和评分，为酒店、景点等旅游服务提供了丰富的用户反馈。鉴于其广泛的影响力和数据的可靠性，该案例从 Tripadvisor 上收集所需的酒店评论数据。为了消除新冠疫情对旅行者服务评价可能产生的干扰，将数据收集的时间范围限定在 2010 年 1 月～2019 年 12 月，其间的评论数据既具有代表性，又能保持分析的纯净性。

该案例利用 R 语言软件中的 textcat 包，高效地识别并筛选出了所有英文评论，以聚焦于国际旅行者的视角。随后，对这些评论进行了严格的二次筛选，剔除了缺失房间评级的条目，以确保每条保留的评论都能为分析提供有价值的房间服务评价信息。经过这一系列的精细操作，最终收集到了来自 596 家酒店的共计 87 065 条英文评论。这些评论分布在北京(32 384 条)、上海(38 883 条)、广州(8 760 条)和深圳(7 038 条)4 个城市，为研究提供了详细而丰富的客户反馈数据。

8.2.2　服务属性检测

在文本挖掘与属性识别阶段，该案例采用了 KH Coder 软件来挖掘酒店评论中与房间相关的关键属性。为了精准捕捉房间属性的候选词汇，我们严格遵循了 Hu 和 Liu（2004）提出的方法论，在句子层面上细致筛选"名词"作为词性标注（POS）的筛选标准。这一策略帮助我们缩小了搜索范围，聚焦于那些最有可能描述房间特征的词汇。随后，我们进行了深入的关联分析，通过复杂的算法计算，从海量文本中筛选出了与"房间"这一核心概念紧密相关的前 300 个候选术语。为了验证这些术语的准确性和适用性，我们邀请了 6 名具备旅游管理专业知识的研究人员参与评估、审查与筛选。得到了 2/3 以上研究人员的认可，成功确认了 36 个术语作为房间属性的候选集合。最后，经过手动组合与归纳工作，确定了 18 个核心的房间属性（表 8-1）。这些属性不仅全面覆盖了酒店房间的各个方面，如设施、装饰、舒适度等，还具有较高的代表性和普遍性。为了直观地展示这些属性的分布情况，我们在表 8-1 中详细列出了这 18 个房间属性，并附上了与它们相关联的句子频率。通过统计，我们共检测到 106 575 个包含这些房间属性的句子，充分证明了这些属性在酒店评论中广泛存在及其重要性。

表 8-1　检测到的 18 个核心的房间属性

序号	属性	属性编码	评论数（百分比）
1	床	bed	16 979（15.93%）
2	浴室	bathroom	15 820（14.85%）
3	房间景观	view & room	10 225（9.59%）
4	浴缸	bath ｜ tub ｜ bathtub	9 242（8.67%）
5	淋浴	shower	8 901（8.35%）
6	无线网	internet ｜ Wi-Fi	8 881（8.33%）
7	电视	tv ｜ channel	5 544（5.20%）
8	房间尺寸	(size ｜ space) & room	4 669（4.38%）
9	窗户	window	4 575（4.29%）
10	装饰	(design ｜ style ｜ decor) & room	4 232（3.97%）
11	卫生间	toilet	3 198（3.00%）
12	饮品	(drink ｜ coffee ｜ cafe ｜ tea) & room	2 901（2.72%）

序号	属性	属性编码	评论数(百分比)
13	吧台	(bar & room)｜mini-bar｜(mini & bar)	2 432(2.28%)
14	毛巾	towel	2 322(2.18%)
15	床上用品	pillow｜quilt	2 150(2.02%)
16	空调	(room & temperature)｜conditioning	1 604(1.51%)
17	灯光	light & room	1 519(1.43%)
18	地毯	carpet	1 381(1.30%)
	汇总		106 575(100.00%)

8.3　数　据　分　析

8.3.1　情感–表现评估

通过采用基于词汇的情感分析技术,捕捉并解析顾客对酒店服务的情感反应。为确保情感概念挖掘的精确度与细致度,将分析聚焦于句子层面,即将长篇累牍的酒店评论拆解为独立的句子单元,以便进行更为细致的情感剖析。在情感分析的核心环节,引入语言学研究中广受赞誉的 LIWC 工具,这一强大的工具能够敏锐地捕捉并量化每个句子中蕴含的情感色彩。具体而言,利用 LIWC 工具为每个句子提取了两组关键的情感分数——积极情绪分数与消极情绪分数,这两组分数分别精准刻画了顾客对特定句子内容的正面感受与负面感受。

为了进一步细化情感评估的粒度,我们应用了一个三点情绪量表,该量表基于积极情绪分数与消极情绪分数的相对强弱来判定句子的整体情感倾向。若句子的积极情绪分数显著高于消极情绪分数,则我们将其情感值判定为"1",代表正面情感;反之,若消极情绪占据上风,则情感值被赋予"–1",代表负面情感;而在两者相当或难以明确区分的情况下,情感值设定为"0",表示中性或无显著情感倾向。随后,我们利用这些句子的情感值,映射并评估评论中提及的各个酒店房间属性或服务的表现。通过计算每个属性所关联句子的平均情感得分,我们能够直观地展示出该属性在顾客心中的整体评价水平,进而为酒店管理者提供宝贵的顾客反馈内容。

8.3.2 属性的影响范围和影响非对称性评估

在评估属性绩效对顾客满意度产生的非对称影响时，我们采用 PRCA 法，该方法基于 Brandt（1987）的理论，旨在精准捕捉服务属性表现对顾客情感的差异化影响。为了提升 PRCA 法评估的精确度，我们严格界定了情感输入的范畴，仅纳入绝对积极或绝对消极的情绪表达，排除了模糊或中性情绪，以此确保本书基于大数据的分析对标传统 PRCA 分析的定义，聚焦于属性表现中卓越（高）与不足（低）的分析。

在具体实施过程中，我们设定了明确的情感阈值与相应的计分规则：当房间属性的相关评论展现出绝对负面情感时，将其视为该属性在表现上的严重不足，并对此给予"1"的惩罚分数，以突出其对顾客满意度的负面影响；反之，若评论中流露出绝对正面的情感，则将其视为该属性表现卓越，对应地赋予"1"的奖励分数，彰显其对提升顾客满意度的积极作用。对于不满足上述绝对情感标准的评论，无论其情感倾向如何，均不计入奖惩分数，即均记为"0"。

随后，我们对这两组奖惩分数变量进行虚拟回归分析，以揭示不同房间属性在各自性能水平下对总体顾客满意度的独特贡献。这一过程不仅量化了房间属性在极端高/低性能状态下对顾客满意度的总体影响（IR），即它们分别激发顾客满意与不满意的潜在能力，还通过计算影响非对称性（IA），洞察了服务属性在创造满意与不满之间转换的潜力差异，进一步阐释了服务属性如何微妙而深刻地影响着顾客的整体满意度体验。

8.4 研 究 发 现

8.4.1 属性的表现性、影响范围和非对称性指标

表 8-2 呈现了对 18 个房间属性的全面评估结果，不仅揭示了每个属性在影响顾客满意度时所展现的广泛影响力范围（IR），还深入剖析了这些影响的非对称性（IA），以及它们各自在顾客情感表达中的具体表现。这份报告为我们提供

了一幅丰富多彩的画像，展示了服务属性在塑造顾客体验中的多维度作用。如表 8-2 所示，所有评估的房间属性均展现出了显著的奖励指数，这意味着当这些属性表现出色时，它们能够显著地提升顾客满意度。然而，令人意外的是，在 18 个房间属性中，有 4 个房间属性的惩罚指数并未达到统计学上的显著性水平（$P>0.05$）。这可归因于两个原因：首先是数据样本量因素，部分属性如房间条件（占比仅为 1.50%）在顾客评论中被提及的频率相对较低，这导致了与这些属性相关的样本量偏少，从而影响了统计检验的效率。其次更深层次的是社会心理因素。顾客在 Tripadvisor 网站可能更倾向于分享他们的积极体验而非负面反馈。这种"好评偏向"在我们的数据样本中得到了有力印证：仅有 1% 的评论给出了最低的 1 分（极度负面）房间评级，而高达 65.50% 的评论则慷慨地给出了

表 8-2 属性性能、影响范围和非对称影响分析结果

序号	属性	奖励系数	显著性	惩罚系数	显著性	IR	SGP	DGP	IA	绩效
1	床	0.409	0.000 ***	0.571	0.000 ***	0.981	0.418	−0.582	−0.165	0.553
2	浴室	0.397	0.000 ***	0.556	0.000 ***	0.953	0.417	−0.583	−0.166	0.505
3	房间景观	0.210	0.000 ***	0.538	0.000 ***	0.748	0.281	−0.719	−0.438	0.640
4	浴缸	0.279	0.000 ***	0.278	0.000 ***	0.557	0.501	−0.499	0.003	0.538
5	淋浴	0.438	0.000 ***	0.327	0.000 ***	0.765	0.573	−0.427	0.145	0.509
6	无线网	0.311	0.000 ***	0.179	0.000 ***	0.490	0.635	−0.365	0.271	0.528
7	电视	0.303	0.000 ***	0.406	0.000 ***	0.710	0.428	−0.572	−0.145	0.458
8	房间大小	0.282	0.000 ***	0.513	0.000 ***	0.795	0.354	−0.646	−0.291	0.661
9	窗户	0.524	0.000 ***	0.129	0.100	0.652	0.803	−0.197	0.606	0.291
10	装饰	0.391	0.000 ***	0.706	0.000 ***	1.097	0.356	−0.644	−0.287	0.657
11	卫生间	0.442	0.000 ***	0.519	0.000 ***	0.961	0.460	−0.540	−0.081	0.207
12	饮品	0.320	0.000 ***	0.084	0.303	0.403	0.792	−0.208	0.585	0.631
13	吧台	0.302	0.000 ***	0.439	0.000 ***	0.741	0.408	−0.592	−0.185	0.418
14	毛巾	0.449	0.000 ***	0.208	0.063	0.656	0.684	−0.316	0.367	0.323
15	床上用品	0.438	0.000 ***	0.324	0.015 *	0.762	0.574	−0.426	0.149	0.606
16	空调	0.609	0.000 ***	0.042	0.230	0.652	0.935	−0.065	0.871	0.122
17	灯光	0.464	0.000 ***	0.019	0.000 ***	0.483	0.961	−0.039	0.922	0.400
18	地毯	0.612	0.000 ***	0.487	0.000 ***	1.099	0.557	−0.443	0.114	0.240

* $p<0.05$，*** $p<0.001$。

最高的（极度正面）房间评级（5 分）。这种评价分布的不均衡性，无疑在一定程度上削弱了惩罚指数的统计显著性，因为负面评论的稀缺使得我们难以捕捉到某些属性在表现不佳时对顾客满意度的具体削弱作用。

8.4.2 非对称影响-情感-表现分析模型分析结果

表 8-3 深入阐述了基于 AISPA 模型的关键见解，该模型从属性表现、IR 和 IA 3 个核心视角为我们揭示了顾客在评价酒店房间属性时的复杂心理机制与偏好结构。通过分析，发现房间景观、房间大小与装饰被确定为基础因子，意味着这些属性构成了顾客住宿体验的基础框架，是任何优质住宿服务不可或缺的组成部分。窗户、饮品、灯光以及空调被确定为是兴奋因子，说明这些属性虽非必要，但当它们得到妥善安排时，能够显著提升顾客的住宿满意度，为顾客带来额外的愉悦与惊喜。此外，表 8-3 还列出了 11 个绩效因子，涵盖了从床、浴室、浴缸、淋浴等基础设施，到无线网、电视、吧台等现代服务设施，再到毛巾、床上用品、地毯等细节用品，全面覆盖了顾客住宿体验的各个方面。在这些属性中，床、浴室、淋浴、房间大小、装饰、卫生间、吧台、床上用品以及地毯因其对顾客体验的直接且重要影响，被特别标注为更为关键的属性。

表 8-3 AISPA 模型分析结果

序号	属性	非对称性	表现性	影响范围	分类	对策
1	床	绩效因子	高	高	C9	继续努力（高优先）
2	浴室	绩效因子	高	高	C9	继续努力（高优先）
3	房间景观	基础因子	高	低	C5	可以轻微减弱（低优先）
4	浴缸	绩效因子	高	低	C3	尽可能维持（低优先）
5	淋浴	绩效因子	高	高	C9	继续努力（高优先）
6	无线网	绩效因子	高	低	C3	尽可能维持（低优先）
7	电视	绩效因子	低	低	C4	尽可能持续改进（低优先）
8	房间大小	基础因子	高	高	C11	适度削弱（高优先）
9	窗户	兴奋因子	低	低	C2	尽可能显著改善（低优先）
10	装饰	基础因子	高	高	C11	适度削弱（高优先）

续表

序号	属性	非对称性	表现性	影响范围	分类	对策
11	卫生间	绩效因子	低	高	C10	不断改进（高优先）
12	饮品	兴奋因子	高	低	C1	尽可能保持（低优先）
13	吧台	绩效因子	低	低	C4	尽可能持续改进（低优先）
14	毛巾	绩效因子	低	低	C4	尽可能持续改进（低优先）
15	床上用品	绩效因子	高	高	C9	继续努力（高优先）
16	空调	兴奋因子	低	低	C2	尽可能显著改善（低优先）
17	灯光	兴奋因子	低	低	C2	尽可能显著改善（低优先）
18	地毯	绩效因子	低	高	C10	不断改进（高优先）

在顾客对各个属性性能的实际感知方面，床、浴室、房间景观、浴缸、淋浴、无线网、房间大小、装饰以及饮品和床上用品等均被顾客普遍评价为具有卓越的性能，远超过其他属性，充分证明了这些属性在提升顾客住宿满意度中的核心作用。这一评估不仅为酒店管理者提供了宝贵的反馈，还为未来服务质量的优化指明了方向。

根据表8-3数据，可以得到综合的非对称属性满意度分析象限图（图8-1）。其中，X轴代表属性对顾客满意度的影响范围，Y轴为顾客对属性的情感表现。三角形、圆点和方块分别表示基础因子、兴奋因子和绩效因子，直观地揭示了不同属性对顾客满意度的深层影响机制。如图8-1所示，8个属性因其在影响范围上的显著优势而被识别为更高优先级，其中，房间大小与装饰（C11）作为基础因子，不仅高效满足了顾客的基本需求，还因其高优先级特性被建议适度削弱。同样，床、床上用品、浴室及淋浴（C9）作为绩效因子中的佼佼者，因其卓越的表现被建议继续努力。然而，卫生间与地毯（C10）作为绩效因子中表现欠佳却优先级高的属性，则成为不断改进的重点。

在制定策略以强化剩余10个较低优先级属性时，酒店管理者需审慎评估自身的资源状况。在资源紧张的情况下，策略应聚焦于不过度强调，如无线网和浴缸（C3）等绩效因子，而是将有限资源倾斜于那些能带来直接情感提升的兴奋因子，如房间内的饮品（C1），同时确保基本属性如房间景观（C5）的稳定供给。若公司资源充裕，则建议尽可能显著改善诸如灯光、空调及窗户（C2）等能显著提升顾客体验的兴奋因子，并尽可能持续改进电视、吧台及毛巾（C4）等绩效因子，以全方位提升顾客满意度。

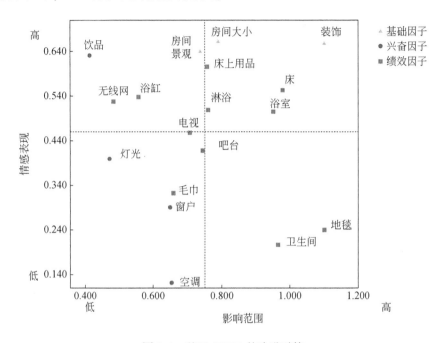

图 8-1　基于 AISPA 的改进对策

第 9 章 | 研究案例：AISPA 应用二

9.1　研 究 问 题

　　研究人员引用各种理论来探究服务属性对顾客满意度的重要性、表现性和（非）对称影响之间的独特关系。然而，缺乏一个完全集成的模型，使实践者能够在竞争环境下自动执行分析，以优化他们的服务产品。以往的研究主要依赖于从封闭式问卷中获取的预设服务属性的重要性和表现性评分，而这很难从客户的角度捕捉到竞争环境。该案例引入了一种新的 AISPA 方法，通过自动挖掘在线评论解决这些问题。本章将以 3 家连锁酒店为例演示这种方法的应用。酒店服务属性对顾客满意度的影响非对称性以及属性影响和表现以三维网格的形式实时可视化，使得我们能深入理解服务评估，进而确定属性优先级，并为未来产品的优化提出具体建议。

　　AISPA 的独特之处在于它结合了情感分析和自动文本挖掘技术，从大量的客户评论中提取出关于服务属性的主观评价。这些评价不仅包含了对属性表现的直接反馈，还反映了属性在提升或降低客户满意度方面的非对称影响。通过比较各个酒店品牌间的服务属性重要性和表现性，AISPA 旨在精确回答以下研究问题：①顾客对酒店服务属性的表现性有何看法？②这些酒店服务属性是否对酒店的顾客满意度产生重要影响？③这些属性如何影响酒店的顾客满意度评分？④酒店如何在业务运营中改进这些服务属性？

　　Hu 等（2020）在 3 家连锁酒店中对本研究模型进行了实证检验。首先，基于顾客的评价，在 UGC 中识别出频繁提及的关键服务属性。其次，通过情感分析和高级统计方法评估这些已识别服务属性的表现性和重要性（影响力），以及服务属性与顾客满意度之间的关系。最后，为每家酒店连锁店创建一个三维网格，可视化属性的影响非对称性、相对重要性和表现性，提供关于顾客服务评估内在机制、属性优先级和详细改进策略的全方位见解。

这种研究方法不仅考虑了预定义服务属性的评价，还通过分析大量的 UGC 数据，捕捉到了顾客对实际体验的直接反馈，避免了问卷调查中可能出现的代表性偏差和遗漏关键属性的问题。这有助于酒店更好地理解顾客的需求，制定更有针对性的改进措施，最终提升顾客满意度。

9.2　数据收集与处理

该案例的研究框架（图 9-1）包括 3 个阶段：数据收集、意见挖掘（属性检测和情感评估）以及效果评估。在第一阶段提取了模型测试所需的数据；第二阶段进行属性检测，揭示顾客评论中经常提到的服务属性并进行情感评估，以解决第一个研究问题（属性表现）；第三阶段效果评估集中在回答第二～四个研究问题。

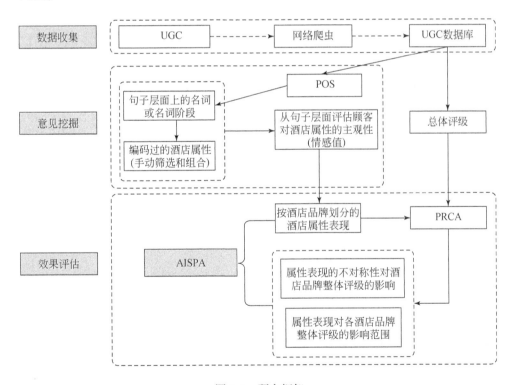

图 9-1　研究框架

在数据收集阶段，研究人员从各大在线旅游平台获取了大量关于 3 家酒店连锁店的真实顾客评价，在意见挖掘阶段，使用自然语言处理技术和词云分析来识别最常见的服务属性。接着利用情感分析技术对这些属性的表现性进行量化，判断它们在顾客评价中是积极、消极还是中立态度。这样就能够回答第一个研究问题，即顾客对酒店服务属性的表现性有何看法。

在效果评估阶段，研究人员通过计算属性的影响范围和影响非对称性来回答剩下的研究问题。影响范围指的是一个属性影响顾客评分的能力（重要性），而影响非对称性则揭示了属性对顾客评分的具体影响方式。将这些信息以三维网格的形式展示出来，使得每家酒店的特性一目了然，便于管理者根据自身特点和市场定位制定个性化的服务改进计划。

9.2.1 数据收集

本研究以国际旅行者在中国十大城市的酒店连锁品牌的在线评价为实证案例，验证 AISPA 模型的有效性。首先从 Tripadvisor 网站上收集了 2004 年 5 月 22 日~2019 年 3 月 7 日的酒店评论，使用 PHP 编程语言进行数据抓取，其次使用 R 语言软件中的 MySQL 和 textcat 包检测书面评论的语言。

本研究的重点是探讨三大豪华酒店品牌——香格里拉、皇冠假日和希尔顿的国际旅客评价。对于每篇评论，研究人员均提取了评论的语言、内容、酒店名称以及客户对酒店的整体评分。最终样本涵盖了 3 个连锁酒店的 23 614 条英文评论（总计 46 家酒店）：香格里拉（$N = 9605$ 条）、皇冠假日（$N = 6370$）和希尔顿（$N = 7639$）。

9.2.2 服务属性检测

本研究采用了 KH Coder 工具进行服务属性检测。按照 Hu 和 Liu（2004）的方法，使用"名词"和"名词短语"作为 POS 选项来识别酒店属性候选词，从中抽取前 150 个候选词。随后，将这些检测到的词汇发送给 3 位旅游管理专业的研究员，请他们从这 150 个词汇中识别酒店特征。经过专家评审，有 32 个词汇被至少 2/3 的研究员确认为酒店属性。酒店领域的另外 3 位研究员进一步对这 32 个术语进行了手动合并。最终应用了 21 个属性，表 9-1 展示了包含这些属性（代码）的句子频率。

表 9-1 检测到的酒店属性

序号	属性	属性编码	句子数（百分比）
1	房间	room	28 442 （20.51%）
2	员工	staff	16 420 （11.85%）
3	服务	service	13 251 （9.56%）
4	早餐	breakfast	10 868 （7.84%）
5	位置	location	7 515 （5.42%）
6	前台	（front_ desk） ｜ concierge ｜ reception ｜ check-in	6 120 （4.42%）
7	休息室	lounge	5 902 （4.26%）
8	景观	view	4 568 （3.30%）
9	俱乐部	club	4 096 （2.96%）
10	自助餐	buffet	4 005 （2.89%）
11	价格	price ｜ money ｜ value	3 977 （2.87%）
12	浴室	bathroom ｜ bath	3 893 （2.81%）
13	饮品	coffee ｜ tea ｜ drink	3 886 （2.80%）
14	床	bed	3 707 （2.67%）
15	设施	facility ｜ amenity	3 701 （2.67%）
16	泳池	pool ｜ swimming	3 659 （2.64%）
17	大厅	lobby	3 500 （2.53%）
18	出租车	taxi	3 311 （2.39%）
19	吧台	bar	3 107 （2.24%）
20	网络	internet ｜ Wi-Fi	2 535 （1.83%）
21	健身房	gym	2 131 （1.54%）
	汇总		138 594 （100.00%）

9.3 数据分析

9.3.1 情感-表现评估

基于词典的方法在情感分析中很常见。本研究采用基于词典的方法来探测顾客对数十种酒店属性（代码）的情绪。之前的情感分析通常在两个不同的语义层面（文档级别和句子级别）进行。一般来说，句子级别的挖掘比文档级别的挖掘能获得更好的结果，因为一篇顾客评论（文档）可能包含了更多的服务属性和相互矛盾的观点。为了提高情感分析的准确性，本研究在句子级别上进行情感探测。

本研究首先将顾客评论分割成多个句子，然后使用 LIWC 技术来检测每个句子的情感极性。首先，通过 POS 和文本挖掘的人工筛选来识别服务属性。其次，使用基于词典的方法（LIWC 2015 词典）在句子层面上探究顾客对服务属性的情绪。具体来说，本研究对每句评论都进行了情感分析，如果句子中含有识别出来的服务属性，则记录下相应的情感极性（正面、负面或中性），这样就能够量化各个服务属性在顾客评论中的情感倾向，从而回答了介绍部分提出的第一个研究问题，即顾客对酒店服务属性的表现性有何看法。

例如，如果我们发现某一评论中有"舒适的床铺"这一属性，并且该句子的情感评分为正向，那么我们可以认为这个属性在这个句子中表现良好。通过对所有包含特定属性的句子进行这样的情感分析，我们就能得出这个属性在整个数据集中的平均表现情况。通过这种方式，我们不仅可以了解顾客对单个属性的感受，还可以了解这些感受是如何影响顾客对整个酒店的总体评分的。

情感得分将用于后续的非对称影响分析，以了解这些属性如何影响顾客的总体评分。表 9-2 罗列出了 3 家连锁酒店及其各自酒店服务属性的情感得分。

表 9-2 3 家连锁酒店服务属性的情感得分

序号	属性	情感得分			
		所有品牌	香格里拉	皇冠假日	希尔顿
1	房间	6.232	6.364	6.026	6.233
2	员工	8.541	8.410	8.277	8.741
3	服务	8.375	8.364	7.965	8.185
4	早餐	8.042	7.572	8.343	8.274
5	位置	8.739	9.181	8.144	8.599
6	前台	4.666	4.456	4.703	4.579
7	休息室	6.814	6.501	6.691	6.971
8	景观	8.084	7.878	7.898	8.148
9	俱乐部	5.858	5.719	5.655	5.720

序号	属性	情感得分			
		所有品牌	香格里拉	皇冠假日	希尔顿
10	自助餐	6.741	6.168	7.194	7.063
11	价格	7.204	6.699	7.426	7.476
12	浴室	5.775	6.321	5.435	5.657
13	饮品	5.272	5.242	5.319	5.009
14	床	9.367	9.446	9.383	9.363
15	设施	8.248	7.986	8.119	8.540
16	泳池	7.240	7.201	6.690	7.629
17	大厅	6.170	6.685	5.922	5.559
18	出租车	1.552	1.508	1.377	1.635
19	吧台	6.186	6.585	5.884	5.909
20	网络	5.530	7.845	5.467	4.583
21	健身房	8.845	8.956	8.273	9.088

9.3.2 评估属性的影响范围和影响非对称性

本研究运用 PRCA 来评估酒店属性对满意度评分的非对称影响。顾客对酒店属性的情感可以用来指示该属性的表现性。一句评论可能会涉及积极和消极两种情绪，如"床很大但有点硬"。此外，一些评论还可能包含复杂的否定词，这可能会误导情感分析的结果，如"淋浴不差（好）"。为了提高情感分析的准确性和满足 PRCA 设定的标准，只有不含否定词的积极（消极）情绪才被用在 PRCA 中表示高（低）性能。

在 PRCA 中，本研究使用情感分析的结果来揭示酒店属性表现对顾客满意度的非对称影响。惩罚分析衡量酒店属性低性能对整体评分的影响：不含否定词的消极情绪被编码为"1"，其他所有情绪都被编码为"0"。奖励分析评估酒店属性高性能对整体评分的影响：重新编码不含否定词的积极情绪被编码为"1"，其他情绪则被编码为"0"。基于这种编码，作者进行了虚拟回归分析，以考察酒店属性在低和高性能水平下的整体评分影响。其中 IR 衡量的是一个属性在多大程度上影响了顾客的整体评分，而 IA 则说明了该属性如何非对称地影响评分，也就是说，当属性表现良好时，它的加分效果是否大于其表现不佳时的减分效果。通过这两个指标能够全面理解不同属性对顾客评价的影响，并据此提出有针对性的服务改进策略。

如表 9-3 ~ 表 9-6 所示，报告了 21 个酒店属性的 PRCA 结果，分别呈现了这3 家连锁酒店以及各连锁酒店的属性影响范围和影响非对称性。

表 9-3　属性影响范围和影响非对称性（所有品牌）

序号	属性	奖励系数	显著性	惩罚系数	显著性	影响
1	房间	0.489	0.000***	-0.654	0.000***	1.143
2	员工	0.463	0.000***	-0.689	0.000***	1.152
3	服务	0.453	0.000***	-1.007	0.000***	1.460
4	早餐	0.339	0.000***	-0.570	0.000***	0.909
5	位置	0.151	0.000***	-0.181	0.001**	0.332
6	前台	0.583	0.000***	-0.617	0.000***	1.200
7	休息室	0.389	0.000***	-0.695	0.000***	1.084
8	景观	0.239	0.000***	-0.653	0.000***	0.892
9	俱乐部	0.334	0.000***	-0.781	0.000***	1.115
10	自助餐	0.214	0.000***	-0.703	0.000***	0.917
11	价格	0.415	0.000***	-0.417	0.000***	0.832
12	浴室	0.370	0.000***	-0.605	0.000***	0.975
13	饮品	0.484	0.000***	-0.498	0.000***	0.982
14	床	0.478	0.000***	-0.482	0.000***	0.960
15	设施	0.261	0.000***	-0.509	0.000***	0.770
16	泳池	0.284	0.000***	-0.401	0.000***	0.685
17	大厅	0.425	0.000***	-0.430	0.000***	0.855
18	出租车	0.230	0.000***	-0.183	0.003**	0.413
19	吧台	0.347	0.000***	-0.488	0.000***	0.835
20	网络	0.417	0.000***	-0.259	0.000***	0.676
21	健身房	0.227	0.000***	-0.566	0.000***	0.793

**　*p*<0.01，***　*p*<0.001。

表 9-4　属性影响范围和影响非对称性（香格里拉）

序号	属性	奖励系数	显著性	惩罚系数	显著性	IR	SGP	DGP	影响
1	房间	0.477	0.000***	-0.722	0.000***	1.199	0.398	-0.602	-0.204
2	员工	0.463	0.000***	-0.733	0.000***	1.196	0.387	-0.613	-0.226
3	服务	0.417	0.000***	-1.120	0.000***	1.537	0.271	-0.729	-0.457

续表

序号	属性	奖励系数	显著性	惩罚系数	显著性	IR	SGP	DGP	影响
4	早餐	0.326	0.000***	−0.617	0.000***	0.943	0.346	−0.654	−0.309
5	位置	0.216	0.000***	−0.381	0.006**	0.597	0.362	−0.638	−0.276
6	前台	0.591	0.000***	−0.571	0.000***	1.162	0.509	−0.491	0.017
7	休息室	0.368	0.000***	−1.118	0.000***	1.486	0.248	−0.752	−0.505
8	景观	0.173	0.000***	−0.644	0.000***	0.817	0.212	−0.788	−0.576
9	俱乐部	0.293	0.000***	−1.037	0.000***	1.330	0.220	−0.780	−0.559
10	自助餐	0.181	0.000***	−0.696	0.000***	0.877	0.206	−0.794	−0.587
11	价格	0.371	0.000***	−0.319	0.023*	0.690	0.538	−0.462	0.075
12	浴室	0.374	0.000***	−0.642	0.000***	1.016	0.368	−0.632	−0.264
13	饮品	0.543	0.000***	−0.724	0.000***	1.267	0.429	−0.571	−0.143
14	床	0.396	0.000***	−0.887	0.000***	1.283	0.309	−0.691	−0.383
15	设施	0.305	0.000***	−0.396	0.019*	0.701	0.435	−0.565	−0.130
16	泳池	0.201	0.000***	−0.396	0.011*	0.597	0.337	−0.663	−0.327
17	大厅	0.383	0.000***	−0.713	0.000***	1.096	0.349	−0.651	−0.301
18	出租车	0.267	0.000***	−0.117	0.309[n.s.]	0.384	0.695	−0.305	0.391
19	吧台	0.283	0.000***	−0.675	0.000***	0.958	0.295	−0.705	−0.409
20	网络	0.353	0.000***	−0.332	0.061[n.s.]	0.685	0.515	−0.485	0.031
21	健身房	0.214	0.000***	−0.771	0.002**	0.985	0.217	−0.783	−0.565

$*\ p<0.05$，$**\ p<0.01$，$***\ p<0.001$。

n. s. 无显著性。

表9-5 属性影响范围和影响非对称性（皇冠假日）

序号	属性	奖励系数	显著性	惩罚系数	显著性	IR	SGP	DGP	影响
1	房间	0.540	0.000***	−0.562	0.000***	1.102	0.490	−0.510	−0.020
2	员工	0.493	0.000***	−0.510	0.000***	1.003	0.492	−0.508	−0.017
3	服务	0.549	0.000***	−0.856	0.000***	1.405	0.391	−0.609	−0.219
4	早餐	0.330	0.000***	−0.611	0.000***	0.941	0.351	−0.649	−0.299
5	位置	0.127	0.001**	−0.072	0.551[n.s.]	0.199	0.638	−0.362	0.276
6	前台	0.520	0.000***	−0.559	0.000***	1.079	0.482	−0.518	−0.036
7	休息室	0.461	0.000***	−0.199	0.215[n.s.]	0.660	0.698	−0.302	0.397

续表

序号	属性	奖励系数	显著性	惩罚系数	显著性	IR	SGP	DGP	影响
8	景观	0.332	0.000***	-0.995	0.000***	1.327	0.250	-0.750	-0.500
9	俱乐部	0.332	0.000***	-0.514	0.003**	0.846	0.392	-0.608	-0.215
10	自助餐	0.248	0.000***	-0.625	0.000***	0.873	0.284	-0.716	-0.432
11	价格	0.406	0.000***	-0.377	0.008**	0.783	0.519	-0.481	0.037
12	浴室	0.404	0.000***	-0.491	0.000***	0.895	0.451	-0.549	-0.097
13	饮品	0.442	0.000***	-0.310	0.027*	0.752	0.588	-0.412	0.176
14	床	0.601	0.000***	-0.260	0.146 n.s.	0.861	0.698	-0.302	0.396
15	设施	0.181	0.001**	-0.544	0.005**	0.725	0.250	-0.750	-0.501
16	泳池	0.269	0.000***	-0.344	0.040*	0.613	0.439	-0.561	-0.122
17	大厅	0.403	0.000***	-0.349	0.025*	0.752	0.536	-0.464	0.072
18	出租车	0.208	0.002**	-0.187	0.070 n.s.	0.395	0.527	-0.473	0.053
19	吧台	0.470	0.000***	-0.107	0.403 n.s.	0.577	0.815	-0.185	0.629
20	网络	0.267	0.000***	-0.222	0.061 n.s.	0.489	0.546	-0.454	0.092
21	健身房	0.279	0.000***	-0.329	0.095 n.s.	0.608	0.459	-0.541	-0.082

* $p<0.05$，** $p<0.01$，*** $p<0.001$。

n.s. 无显著性。

表9-6 属性影响范围和非对称性（希尔顿）

序号	属性	奖励系数	显著性	惩罚系数	显著性	IR	SGP	DGP	影响
1	房间	0.436	0.000***	-0.655	0.000***	1.091	0.400	-0.600	-0.201
2	员工	0.427	0.000***	-0.752	0.000***	1.179	0.362	-0.638	-0.276
3	服务	0.421	0.000***	-0.968	0.000***	1.389	0.303	-0.697	-0.394
4	早餐	0.365	0.000***	-0.410	0.000***	0.775	0.471	-0.529	-0.058
5	位置	0.098	0.002**	-0.174	0.067 n.s.	0.272	0.360	-0.640	-0.279
6	前台	0.625	0.000***	-0.692	0.000***	1.317	0.475	-0.525	-0.051
7	休息室	0.368	0.000***	-0.587	0.000***	0.955	0.385	-0.615	-0.229
8	景观	0.357	0.000***	-0.436	0.002**	0.793	0.450	-0.550	-0.100
9	俱乐部	0.437	0.000***	-0.293	0.359 n.s.	0.730	0.599	-0.401	0.197
10	自助餐	0.239	0.000***	-0.837	0.000***	1.076	0.222	-0.778	-0.556

序号	属性	奖励系数	显著性	惩罚系数	显著性	IR	SGP	DGP	影响
11	价格	0.477	0.000***	-0.579	0.000***	1.056	0.452	-0.548	-0.097
12	浴室	0.294	0.000***	-0.668	0.000***	0.962	0.306	-0.694	-0.389
13	饮品	0.410	0.000***	-0.432	0.001**	0.842	0.487	-0.513	-0.026
14	床	0.426	0.000***	-0.216	0.240[n.s.]	0.642	0.664	-0.336	0.327
15	设施	0.270	0.000***	-0.599	0.002**	0.869	0.311	-0.689	-0.379
16	泳池	0.347	0.000***	-0.435	0.002**	0.782	0.444	-0.556	-0.113
17	大厅	0.476	0.000***	-0.150	0.307[n.s.]	0.626	0.760	-0.240	0.521
18	出租车	0.207	0.000***	-0.210	0.030*	0.417	0.496	-0.504	-0.007
19	吧台	0.285	0.000***	-0.685	0.000***	0.970	0.294	-0.706	-0.412
20	网络	0.366	0.000***	-0.228	0.040*	0.594	0.616	-0.384	0.232
21	健身房	0.174	0.003**	-0.623	0, 001[n.s.]	0.797	0.218	-0.782	-0.563

* $p<0.05$, ** $p<0.01$, *** $p<0.001$。

n. s. 无显著性。

这些结果可以帮助酒店管理者深入了解哪些属性在极大提升或者降低顾客满意度方面具有更强的影响力，从而为酒店提供改进服务质量的策略建议。例如，如果某个属性的 IR 和 IA 都很高，那么优化该属性的表现就有可能显著提高顾客满意度；反之，如果 IA 接近 0，即使属性的 IR 很高，改善其表现也可能不会对满意度产生太大影响。因此，酒店管理者可以根据这些数据来确定应该优先关注哪些关键属性，以便更有效地提高顾客满意度。

9.3.3 非对称影响–情感–表现分析

在竞争激烈的环境中实施有效的服务改进策略，酒店管理者需要了解最强烈影响顾客满意度的服务属性，这些属性如何影响顾客满意度，以及它们在这些服务属性上的当前表现。AISPA 根据生成品牌满意或不满意的可能性，将服务属性分类为 3 种非对称类别，包括兴奋因子、绩效因子和基础因子。AISPA 模型还识别出归类为基础因子、绩效因子和兴奋因子的酒店服务属性的重要性/表现相对关系，从而展示它们对客户满意度的非对称影响。

在 AISPA 模型中，对于给定的酒店集团，一个属性的重要性和表现权重是基于此属性对该酒店集团的重要性/表现评分与其在参考酒店品牌中的评分进行比较计算得出的。根据属性重要性和表现评分的比较结果，AISPA 模型评估每个酒店集团服务属性的优先级（"高影响"和"低影响"）和相对表现（"高表现"和"低表现"），第 8 章详细阐述了 AISPA 模型如何为酒店服务改进策略提供见解。根据 AISPA 模型分类的 12 个类别，可以全面理解顾客评价背后的机制、属性优先级以及酒店服务属性的改进策略。

本书总结了由 AISPA 模型提供的详细见解（图 8-1），第 1 ~ 6 类和第 7 ~ 12 类分别被定义为低优先级和高优先级（影响），建议尽快实施与高优先级属性相关的改进策略，而与低优先级属性相关的改进策略应在组织拥有充足资源的情况下进行考虑。

9.4　研　究　发　现

9.4.1　AISPA 对香格里拉酒店的启示

表 9-7 展示了香格里拉酒店的 AISPA 结果。首先，属性非对称性揭示了顾客对酒店属性评价的机制。9 项属性被识别为基础因子，包括服务、休息室、景观、俱乐部、自助餐、床、泳池、吧台和健身房。11 项属性属于绩效因子，包括房间、员工、早餐、位置、前台、价格、浴室、饮品、设施、大厅和网络。出租车属性被视为兴奋因子。

其次，相对影响表明酒店属性对给定品牌的重要性权重。酒店服务属性的相对影响/表现是将香格里拉酒店中某属性的影响/表现评分与其他两家连锁酒店的相应评分进行比较后得出的结果，用作参考评分。在这项研究中，发现有些酒店属性对香格里拉酒店来说比其他两家酒店更为重要，包括房间、员工、服务、早餐、位置、休息室、俱乐部、浴室、床、大厅、吧台、网络和健身房，而少数其他属性的重要性较低。

最后，相对表现报告显示，某些酒店属性在香格里拉酒店的表现优于其他两家连锁酒店，例如，房间、位置、浴室、床、大厅、吧台、网络和健身房的表现更好，而其他属性的表现较差。这些见解对香格里拉酒店来说非常有价值，因为它们指出了哪些属性在提升客户满意度方面至关重要，哪些属性在表现上已经超越了竞争对手，以及哪些方面可能需要进一步改进，以维持或增强其在市场中的领先地位。

表 9-7　香格里拉酒店的 AISPA 结果

序号	属性	非对称性		影响		绩效（表现性）		品牌策略
1	房间	-0.204	绩效因子	0.056	高	0.132	高	C9
2	员工	-0.226	绩效因子	0.044	高	-0.131	低	C10
3	服务	-0.457	基础因子	0.077	高	-0.011	低	C12
4	早餐	-0.309	绩效因子	0.034	高	-0.470	低	C10
5	位置	-0.276	绩效因子	0.265	高	0.442	高	C9
6	前台	0.017	绩效因子	-0.038	低	-0.210	低	C4
7	休息室	-0.505	基础因子	0.402	高	-0.313	低	C12
8	景观	-0.576	基础因子	-0.075	低	-0.206	低	C6
9	俱乐部	-0.559	基础因子	0.215	高	-0.140	低	C12
10	自助餐	-0.587	基础因子	-0.040	低	-0.572	低	C6
11	价格	0.075	绩效因子	-0.142	低	-0.504	低	C4
12	浴室	-0.264	绩效因子	0.041	高	0.546	高	C9
13	饮品	-0.143	绩效因子	0.285	高	-0.030	低	C10
14	床	-0.383	基础因子	0.323	高	0.079	高	C11
15	设施	-0.130	绩效因子	-0.069	低	-0.263	低	C4
16	泳池	-0.327	基础因子	-0.088	低	-0.038	低	C6
17	大厅	-0.301	绩效因子	0.241	高	0.515	高	C9
18	出租车	0.391	兴奋因子	-0.029	低	-0.045	低	C2
19	吧台	-0.409	基础因子	0.123	高	0.399	高	C11
20	网络	0.031	绩效因子	0.009	高	2.315	高	C9
21	健身房	-0.565	基础因子	0.192	高	0.111	高	C11

如图 9-2 所示，服务属性的位置呈现在一个三维图表上，提供了针对香格里拉酒店的具体服务改进策略细节。在 14 个高优先级（高影响）属性中，房间、位置、浴室、大厅和网络（C9：位于高表现和高影响象限的绩效因子）被认为"继续保持良好的表现"。而对于员工、早餐和饮品（C10：位于低表现和高影响象限的绩效因子），建议持续努力改进。床、吧台和健身房（C11：位于高表现

和高影响象限的基础因子）不需要改变，因为降低这些属性的表现性可能会导致客户不满。而对于服务、休息室和俱乐部（C12：位于低表现和高影响象限的基础因子），建议稍微提高它们的表现性。

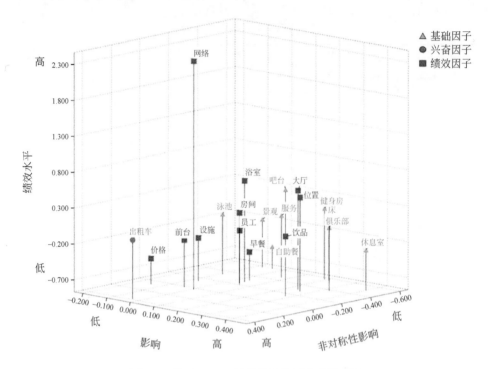

图 9-2　基于 AISPA 的香格里拉酒店改进对策

对于另外 7 个低优先级（低影响）的属性，如果香格里拉酒店有足够的资源实施改善措施，则建议采取相应的策略。具体而言，对于位于低表现和低影响象限的兴奋因子——出租车（C2），建议进行显著（如果可能）地改进；对于同样位于低表现和低影响象限的绩效因子——前台、价格和设施（C4），建议持续（如果可能）努力；对于位于低表现和低影响象限的基础因子——景观、自助餐和泳池（C6），推荐在条件允许的情况下稍加改善。在香格里拉酒店的重要属性中（高影响），房间、位置、浴室和大厅（C9）被识别为"保持良好"，早餐和饮品（C10）需要持续努力，床、吧台和健身房（C11）则建议不做改变，而服务、休息室和俱乐部（C12）建议稍作改进。

这些策略为香格里拉酒店提供了全面的指导，帮助他们决定哪些领域需要投入更多资源以实现改进，从而在不影响总体客户满意度的前提下，提升特定服务领域的表现。同时，它强调了即使在影响力较低的领域，持续关注与适度改进也是必要的，以维护品牌的整体形象和竞争力。

9.4.2 AISPA 对皇冠假日酒店的启示

表 9-8 展示了皇冠假日酒店的 AISPA 结果，涵盖了影响非对称性、相对影响和表现性的相关内容。早餐、景观、自助餐和设施被评估为基础因子；绩效因子包括房间、员工、服务、前台、俱乐部、价格、浴室、饮品、泳池、大厅、出租车、网络和健身房；兴奋因子包括位置、休息室、床和吧台。早餐和景观两项属

表 9-8　皇冠假日酒店的 AISPA 结果

序号	属性	非对称性		影响		绩效（表现性）		品牌策略
1	房间	-0.020	绩效因子	-0.041	低	-0.206	低	C4
2	员工	-0.017	绩效因子	-0.149	低	-0.264	低	C4
3	服务	-0.219	绩效因子	-0.055	低	-0.410	低	C4
4	早餐	-0.299	基础因子	0.032	高	0.300	高	C11
5	位置	0.276	兴奋因子	-0.133	低	-0.595	低	C2
6	前台	-0.036	绩效因子	-0.121	低	0.037	高	C3
7	休息室	0.397	兴奋因子	-0.424	低	-0.123	低	C2
8	景观	-0.500	基础因子	0.435	高	-0.186	低	C12
9	俱乐部	-0.215	绩效因子	-0.269	低	-0.204	低	C4
10	自助餐	-0.432	基础因子	-0.044	低	0.453	高	C5
11	价格	0.037	绩效因子	-0.049	低	0.223	高	C3
12	浴室	-0.097	绩效因子	-0.080	低	-0.340	低	C4
13	饮品	0.176	绩效因子	-0.230	低	0.047	高	C3
14	床	0.396	兴奋因子	-0.099	低	0.016	高	C1
15	设施	-0.501	基础因子	-0.045	低	-0.129	低	C6
16	泳池	-0.122	绩效因子	-0.072	低	-0.550	低	C4
17	大厅	0.072	绩效因子	-0.103	低	-0.248	低	C4
18	出租车	0.053	绩效因子	-0.018	低	-0.175	低	C4
19	吧台	0.629	兴奋因子	-0.258	低	-0.302	低	C2
20	网络	0.092	绩效因子	-0.187	低	-0.064	低	C4
21	健身房	-0.082	绩效因子	-0.185	低	-0.572	低	C4

性被评估为对皇冠假日酒店更为重要。此外，皇冠假日酒店在早餐、前台、自助餐、价格、饮品和床方面的表现优于其他两家连锁酒店。这些发现对于皇冠假日酒店制定战略、优化资源配置以及提高顾客满意度具有重要意义。通过识别出在竞争中占据优势的领域，酒店可以集中精力强化这些优势，同时关注那些需要改进的环节，以巩固其市场地位并提升品牌形象。

图 9-3 使用三维网格可视化皇冠假日酒店的 21 项酒店服务属性的相对影响/表现。如图 9-3 所示，对于两个高优先级属性，早餐（C11）不建议有任何变化；而景观（C12）则推荐稍作提升。对于其余 19 个低优先级属性，如果皇冠假日酒店拥有足够的资源，建议维持床（C1）和前台、价格、饮品（C3）的服务水平；强烈建议对位置、休息室和吧台（C2）进行显著改进；对房间、员工、服务、俱乐部、浴室、泳池、大厅、出租车、网络和健身房（C4）提出持续增强的建议；而设施（C6）可以考虑稍作提升。如果公司的资源不足，可以考虑略微削弱自助餐（C5）这一属性，以便释放更多的资源。这些见解为皇冠假日酒店提供了有针对性的策略，使它们能够在有限的资源下优化服务，重点放在对顾

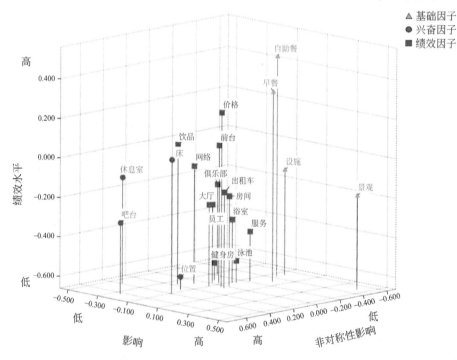

图 9-3 基于 AISPA 的皇冠假日酒店改进对策

客满意度产生最大影响的领域。通过这种精细化管理，酒店能够保持竞争优势，同时提高顾客忠诚度和整体业务表现。

9.4.3 AISPA 对希尔顿酒店的启示

表 9-9 呈现了希尔顿酒店的 AISPA 结果。首先，根据它们对顾客满意度的非对称影响，将 21 项属性分为基础因子、绩效因子和兴奋因子。如表 9-9 所示，员工、服务、位置、自助餐、浴室、设施、吧台和健身房被确定为基础因子；绩效因子包括房间、早餐、前台、休息室、景观、俱乐部、价格、饮品、泳池、出租车和网络；而床和大厅是希尔顿酒店的兴奋因子。

表 9-9 希尔顿酒店的 AISPA 结果

序号	属性	非对称性		影响		绩效（表现性）		品牌策略
1	房间	−0.201	绩效因子	−0.052	低	0.001	高	C3
2	员工	−0.276	基础因子	0.027	高	0.200	高	C11
3	服务	−0.394	基础因子	−0.071	低	−0.190	低	C6
4	早餐	−0.058	绩效因子	−0.134	低	0.231	高	C3
5	位置	−0.279	基础因子	−0.060	低	−0.141	低	C6
6	前台	−0.051	绩效因子	0.117	高	−0.088	低	C10
7	休息室	−0.229	绩效因子	−0.129	低	0.157	高	C3
8	景观	−0.100	绩效因子	−0.099	低	0.064	高	C3
9	俱乐部	0.197	绩效因子	−0.385	低	−0.139	低	C4
10	自助餐	−0.556	基础因子	0.159	高	0.322	高	C11
11	价格	−0.097	绩效因子	0.224	高	0.272	高	C9
12	浴室	−0.389	基础因子	−0.013	低	−0.118	低	C6
13	饮品	−0.026	绩效因子	−0.140	低	−0.263	低	C4
14	床	0.327	兴奋因子	−0.318	低	−0.004	低	C2
15	设施	−0.379	基础因子	0.099	高	0.292	高	C11
16	泳池	−0.113	绩效因子	0.097	高	0.389	高	C9
17	大厅	0.521	兴奋因子	−0.229	低	−0.611	低	C2
18	出租车	−0.007	绩效因子	0.004	高	0.083	高	C9
19	吧台	−0.412	基础因子	0.135	高	−0.276	低	C12
20	网络	0.232	绩效因子	−0.082	低	−0.947	低	C4
21	健身房	−0.563	基础因子	0.004	高	0.243	高	C11

研究还发现，有 9 项属性，即员工、前台、自助餐、价格、设施、泳池、出租车、吧台和健身房，被视为对希尔顿酒店顾客满意度至关重要的属性。同时，这家酒店在以下 11 方面表现出色：房间、员工、早餐、休息室、景观、自助餐、价格、设施、泳池、出租车和健身房。这些发现为希尔顿酒店提供了宝贵的意见，使其能更好地理解哪些服务属性对顾客满意度至关重要，并据此制定有效的策略。通过对关键领域进行投资和优化，希尔顿酒店可以进一步提升顾客体验，增加顾客忠诚度，从而在竞争激烈的酒店行业中保持领先地位。

希尔顿酒店的 21 个属性相对影响/表现，如图 9-4 所示。在希尔顿酒店的重要属性中，价格、泳池和出租车（C9）被识别为"保持良好"，前台（C10）需要持续努力，吧台（C12）建议稍作改进。对于员工、自助餐、设施和健身房（C11），则建议不进行改变。至于其他低优先级的属性，如果希尔顿酒店拥有充足的资源，强烈建议对床属性（C2）进行显著改善；服务、休息室和景观（C3）建议维持现状；俱乐部、饮品和网络（C4）建议持续提升；而服务、位置和浴室（C6）可以适度改进。

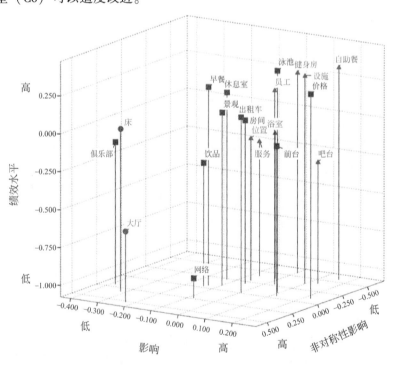

图 9-4 基于 AISPA 的希尔顿酒店改进对策

9.4.4 从三维视角揭示三大连锁酒店的差异

在竞争激烈的市场环境中，酒店有效的商业策略不仅关乎满足顾客期望的服务改进，还涉及与其他竞争对手之间的服务差异化。表 9-10 进一步解释了 AISPA（图 8-1）是如何通过对三大连锁酒店进行三维比较来解决上述研究问题的：①揭示每个连锁酒店服务属性对顾客满意度的作用机制（非对称性）；②区分每个连锁酒店服务属性对顾客满意度的独特影响力；③比较这些属性在三大连锁酒店中的顾客满意度绩效水平。例如，服务这一属性对香格里拉酒店的顾客满意度影响远大于其他两家连锁酒店。作为性能相对较弱的基础因子，尽管可能不会直接提高顾客满意度，但建议略微提升服务质量以突出其角色并消除顾客不满。

表 9-10 三大连锁酒店服务属性的维度比较

序号	属性	非对称性			影响			绩效（表现性）		
		香格里拉	皇冠假日	希尔顿	香格里拉	皇冠假日	希尔顿	香格里拉	皇冠假日	希尔顿
1	房间	绩效因子	绩效因子	绩效因子	高	低	低	高	低	高
2	员工	绩效因子	绩效因子	基础因子	高	低	高	低	低	高
3	服务	基础因子	绩效因子	基础因子	高	低	低	低	低	低
4	早餐	绩效因子	基础因子	绩效因子	高	高	低	低	高	高
5	位置	绩效因子	兴奋因子	基础因子	高	低	低	高	低	低
6	前台	绩效因子	绩效因子	绩效因子	低	低	高	低	高	低
7	休息室	基础因子	兴奋因子	绩效因子	高	低	低	低	低	高
8	景观	基础因子	基础因子	绩效因子	低	高	低	低	低	高
9	俱乐部	基础因子	绩效因子	绩效因子	高	低	低	低	低	低
10	自助餐	基础因子	基础因子	基础因子	低	低	高	低	高	高
11	价格	绩效因子	绩效因子	绩效因子	低	低	高	低	高	高
12	浴室	绩效因子	绩效因子	基础因子	高	低	低	高	低	低
13	饮品	绩效因子	绩效因子	绩效因子	高	低	低	低	高	低
14	床	基础因子	兴奋因子	兴奋因子	高	低	低	高	高	低
15	设施	绩效因子	基础因子	基础因子	低	低	高	低	低	高

续表

序号	属性	非对称性			影响			绩效（表现性）		
		香格里拉	皇冠假日	希尔顿	香格里拉	皇冠假日	希尔顿	香格里拉	皇冠假日	希尔顿
16	泳池	基础因子	绩效因子	绩效因子	低	低	高	低	低	高
17	大厅	绩效因子	绩效因子	兴奋因子	高	低	低	高	低	低
18	出租车	兴奋因子	绩效因子	绩效因子	低	低	高	低	低	高
19	吧台	基础因子	兴奋因子	基础因子	高	低	高	高	低	低
20	网络	绩效因子	绩效因子	绩效因子	高	低	低	高	低	低
21	健身房	基础因子	绩效因子	基础因子	高	低	高	高	低	高

第 10 章 ｜ 总 结

10.1 研究总结

本书以一种系统而全面的方式，采用"问题−数据"的双向路径来探究旅游行为，并在此基础上优化服务要素配置。整个研究过程严谨有序，从明确研究问题开始，逐步深入，最终得出了一系列富有洞见的结论。

首先，在研究问题的明确阶段，主要关注旅游者的决策行为、他们的旅游体验以及如何通过这些信息优化服务。我们认识到，旅游者的行为决策是他们对服务的初步反应，而旅游体验则是这种决策结果的具体展现，因此服务优化应以此为基础展开。其次，本书对相关概念（如旅游大数据的定义、类型及其在旅游业中的应用）进行详细界定确保后续分析的基础稳固。同时，还详细介绍理论模型，包括服务质量和满意度的相关理论，以便于理解和解释研究结果。在大数据分析方法的提出阶段，本书着重展示如何运用大数据技术，如情感分析和机器学习，去解析旅游者的情绪表达和行为倾向，进一步跟踪他们的旅游体验变化。这一步骤至关重要，因为它使得我们能够从海量数据中提取出有价值的信息，深入了解旅游者的心理和行为特征。构建高维旅游服务优化模型是该案例研究的关键环节。这个模型综合考虑了旅游服务的多元性和复杂性，将众多服务要素置于一个统一的框架下进行考量，旨在找出最有效的服务配置方案。通过量化和比较不同服务要素的影响，我们得以优化服务组合，提高整体满意度。最后，本书选取系列案例进行实证分析，验证本书所提出的理论模型和数据分析方法的实际有效性。我们看到了大数据驱动旅游行为洞察和旅游服务优化的巨大潜力，还发现了实际操作中可能存在的一些问题和挑战。

总结而言，本书的研究成果主要体现在以下几方面。

10.1.1　旅游服务满意度的深度解析

在当今高度竞争的旅游市场中，提供优质的服务并确保游客满意度成为旅游企业成功的关键。本书旨在深化对旅游服务的理解，通过系统性的研究和探索，构建出一个旅游服务要素配置优化的全面框架，以期为提升服务质量提供有力的支持。

第一，本书着重于厘清旅游服务领域的核心概念，如服务属性、服务要素、属性的表现性和重要性、游客满意度等。这些基本概念的准确定义不仅是研究的基础，还是企业日常运营中衡量和改进服务的重要工具。例如，服务属性定义了服务的本质特性，服务要素则是构成服务的各个组成部分，而属性的表现性和重要性则决定了它们对游客满意度的实际影响。通过对这些概念的精确把握，企业可以更准确地识别和满足游客的需求，从而提升他们的满意度。

第二，本书对旅游大数据的概念、特征和类型进行详尽的阐述，并探讨其与旅游服务优化的内在联系。在数字化时代，大量数据的产生为理解游客行为、预测游客需求，甚至提供个性化的服务提供了新的可能性。然而，如何有效地利用这些数据，如何将其转化为提升服务质量的实际行动，是当前面临的重要课题。本书对此进行了初步的探索，为未来的研究指明了方向。

第三，本书对传统的服务优化理论、模型和方法进行系统的梳理和评估，其中包括 IPA 法、Kano 模型和 Vavra 重要性网格模型等。通过对这些工具的深入分析，本书不仅展示了服务优化理论的发展历程，还让读者了解到各种模型的适用场景和局限性，这对于选择适合自己的优化策略具有极大的价值。同时，这些理论模型的比较和评价也为后续研究和实践应用提供了重要依据和参考。

综合来看，本书的研究结论之一在于：明确旅游服务的内涵，运用现代科技如大数据，结合成熟的服务优化理论和方法，形成一个有力的旅游服务要素配置优化框架。这个框架不仅有助于我们理解旅游服务的本质，还能指导企业在实践中提升服务质量，从而显著提高游客的满意度。同时，大数据的应用预示着旅游服务优化的新趋势，值得持续关注和深入研究。

10.1.2　大数据驱动的旅游行为洞察

本书通过对旅游大数据的深度挖掘，揭示游客在旅行过程中的真实需求、偏好和痛点，为旅游产品的创新和服务质量的提升提供了宝贵的信息，不仅在理论上拓展了我们对旅游行为和体验的认知边界，还在实践中为旅游企业和政策制定者提供了切实可行的策略建议。

在数据采集阶段，本书指出可以采取多渠道、多元化的方法，从旅游网站、社交媒体、论坛、App 评论区等众多源头获取大量的在线评论数据，以及航空、旅行社和信用卡消费记录等交易数据。这些数据如同一幅丰富多彩的画卷，描绘了顾客的旅行足迹和消费行为。而网络爬虫技术和 API 接口的应用使得大规模数据的获取变得既高效又便捷，为后续的分析工作奠定了扎实的数据基础。

在数据预处理环节，本书详细阐述如何运用自然语言处理技术对非结构化的文本数据进行标准化处理，包括去噪、分词、词干提取和同义词归一化等步骤。这些技术切割并剔除数据中的冗余和噪声，让数据变得更加纯净，便于后续的分析。同时，实体和概念抽取技术的应用使得我们能够从海量的评论中抽丝剥茧，精确地识别出与旅游服务紧密相关的各项要素及其属性，如餐厅食物质量、酒店舒适度、交通状况、服务人员态度等，为深入分析提供了有针对性的素材。

为了更深入地理解顾客的需求和偏好，本书引入机器学习和深度学习算法。聚类分析将评论划分为多个类别，揭示顾客对特定服务特征组合的喜好，如"高品质餐饮+优越地理位置"或"舒适房间+优质客户服务"，这为企业迅速定位服务强项和改进点提供了直观的指南。关联规则挖掘则揭示不同服务要素之间的相互作用，如"高性价比"与"丰富早餐"的关联，帮助企业设计更具吸引力的产品组合，制定精准的营销策略。

在情感分析部分，本书展示深度学习模型的重要作用。先进的文本分析工具能够捕捉到评论中的微妙情感变化和上下文依赖性，准确判断每条评论的情感极性。此外，命名实体识别技术更是锦上添花，它不仅可以判断整篇评论的情感倾向，还能锁定引发该情感的具体服务属性，如某一餐厅的菜肴质量、某一景点的卫生情况或某家酒店的客房服务，为旅游企业实施针对性改进措施提供了详细的参考。

通过这种细致入微的分析，本书揭示顾客在旅游过程中的真实体验，为旅游企业提供了丰富的经营现状和市场洞察信息。例如,如果一家酒店发现其客房清洁度经常受到好评,那么可以继续保持这一优势;但如果餐饮服务常常被抱怨,就需要立即进行整改。同样,如果某个景点因其历史背景和文化氛围受到游客喜爱,那么可以加强这方面的宣传推广。这样的精细化管理,有助于提升游客满意度,塑造良好的品牌形象,最终促进旅游业的繁荣。

此外,本书的研究方法为政策制定者提供了有价值的参考。政府可以通过分析大数据了解旅游市场的整体态势,预测未来趋势,制定相应的政策和措施,引导行业健康有序发展。总而言之,本书的研究结论表明,通过科学的数据采集、预处理和分析,可以深入挖掘顾客在旅游过程中的行为模式和体验感受,为旅游产品创新、服务优化和市场营销提供精准的决策依据。这种方法论的提出标志着旅游研究进入了一个精细化和智能化的新时代,为旅游产业的可持续发展注入了强大的动力。

10.1.3 旅游服务优化高维模型的构建

本书的研究成果是对传统服务优化理论模型的重大革新,旨在应对行业进步和顾客需求变迁带来的挑战。在深入剖析 IPA 法和 Kano 模型的局限性后,本书提出一个全新的、高维的旅游服务优化模型,旨在打破单一维度的思考方式,对服务属性的表现性、重要性和非对称性进行考量,从而更全面、更深入地探究旅游服务优化的可能性。

IPA 法以其简洁明快的逻辑深受业界欢迎,但在面对日益复杂的旅游服务环境时,其假设的线性关联开始显得过于简化。它未能体现服务属性之间可能存在的非线性交互效应,以及顾客对不同属性的主观评价差异。例如,一项服务在客观上表现优秀,但如果顾客并不认为它十分重要,这项服务就可能无法带来预期的满意度提升效果。相反,一项看似普通的服务,如果恰好满足了顾客的关键需求,就可能成为满意度提升的关键。本书的研究成果正是对这种现象的深刻认识,强调在优化服务时必须兼顾表现性和重要性两方面,以确保服务与顾客期望相契合。

Kano 模型在一定程度上弥补了 IPA 法的不足,它强调服务属性与顾客满意度之间的非线性关系,尤其是区分了必需型、期望型和魅力型服务属性。然而,Kano 模型并没有提供明确的量化改进路径和优先级排序,这对于企业来说意味着在具体优化服务以提升满意度时仍然面临着困难。本书的新模型则在此基础上进行拓展，不仅考虑到服务属性的分类，还更进一步量化了各属性之间的相互作用关系，明确改进的优先顺序，使得企业能够在有限的资源下做出最有效的决策。

新模型的核心理念是将旅游服务优化视为一个多维度的问题，其中包含服务属性的表现性、重要性和非对称性3个核心维度。表现性是指服务的实际水平，即顾客实际体验到的服务质量；重要性则关乎顾客的需求和期望，体现他们对不同服务属性的重视程度；非对称性则描述服务属性对满意度的影响机制，不同属性可能带来的满意度提升效果不同。这3个维度共同构建一个高维空间，每个维度都代表着影响满意度的一个关键因子，而这些因素之间的相互作用则决定优化策略的效果。

在高维空间中，服务优化不再是一个孤立的过程，而是需要综合考虑所有维度的动态变化。例如，当一项服务属性的表现性提升，而顾客对该属性的重要性认知也较高时，总体满意度可能会大幅上升。然而，如果一项服务属性的表现性已经很高，但顾客对其重要性的评价较低，那么继续投入资源进行优化可能不会带来明显的满意度提升效果。因此，新模型强调了服务优化的动态性和个性化，鼓励企业根据顾客需求的变化及时调整服务策略。

新模型还引入了量化服务属性间相互作用关系的理念，这在很大程度上解决了以往模型在改进优先级上的缺失问题。通过量化分析，企业可以清楚地看到哪些服务属性的优化将带来最大的满意度提升效果，哪些服务属性的优化可能效益较低。这不仅有利于企业优化资源配置，减少不必要的支出，还有助于培养企业的战略思维，使其从长远的角度看待服务优化。

总的来说，本书的研究结论是对现有服务优化理论模型的创新性提升，它强调服务属性的三维特性，并引入量化分析手段，以求在纷繁复杂的旅游环境中找到最优的服务优化路径。高维旅游服务优化模型不仅为企业提供了科学的决策依据，还给学术界带来了新的研究视角，对于推动旅游服务业的进步具有深远的意义。

10.1.4　大数据优化策略的实战应用

本书通过对中国酒店行业实际案例进行解析，验证了基于游客在线评论的旅游行为及体验细粒度信息挖掘方法的实用性和有效性，以及高维旅游服务优化模型在指导酒店行业提升服务质量、优化服务要素配置、增加顾客满意度方面的巨大潜力。这一系列深入的分析和实践，不仅丰富了旅游服务理论研究的内涵，还为实际操作提供了可借鉴的经验和策略。

在研究的初始阶段，采用先进的网络爬虫技术和数据抓取技术，系统地收集了案例酒店过去一段时间内的大量在线评论数据。这些评论覆盖酒店的各个方面，包括但不限于服务、设施、环境和地理位置，它们真实地反映游客的真实体验和满意度。这样庞大的数据集为后续的深度分析提供了坚实的基础，确保了研究结果的可靠性。

接下来运用自然语言处理技术，对这些评论文本进行深度挖掘。首先进行文本预处理，清理掉无用的信息，然后使用关键词抽取技术，识别出评论中涉及的各种酒店服务要素，如客房清洁度、餐饮质量、员工服务态度、设施完善度等。这一系列步骤使得原本看似杂乱无章的评论被转化为有结构、可分析的数据，从而为后续的分析工作做好准备。

随后运用情感分析技术，对每条评论进行情感极性判断，分析游客对各项服务要素的情感反应。这些情感分析的结果揭示游客对酒店服务的好恶，帮助研究者理解游客对服务的期待和不满，为优化策略的制定提供了情感层面的依据。例如，如果大部分评论对餐饮质量表示满意，而对客房清洁度的评价却普遍偏低，那么酒店就可以把重点放在提高客房清洁标准上，以满足大多数顾客的期望。

在完成了数据预处理和情感分析后，将这些数据输入高维旅游服务优化模型中进行深入分析。该模型不仅考虑到服务属性的表现性，即实际服务质量，还考虑到服务属性的重要性，即顾客需求的权重，以及服务属性对满意度影响的非对称性，即不同的服务改进措施可能会产生不同程度的满意度提升效果。该模型通过复杂的算法揭示服务属性间的动态变化和相互作用，从而为酒店提供个性化的服务优化建议，使酒店明确改进的优先级。

具体来说，该模型会根据大量的在线评论数据识别出对酒店整体顾客满意度产生最大影响的服务属性，例如，如果模型显示"客房舒适度"是最重要的服务属性，且当前的评价不高，那么酒店应该优先考虑提升客房的舒适度。同时，该模型揭示出不同服务属性间的相互作用，例如，提高餐饮质量可能会间接提升客房清洁度的评价，因为这两者往往被视为酒店整体质量的一部分。

通过实证案例研究，本书证明基于在线评论的旅游行为及体验细粒度信息挖掘方法的实用性和有效性，以及高维旅游服务优化模型在解决实际问题时的强大能力。这种结合大数据分析和深度学习技术的研究方法不仅揭示游客需求的多元化和个性化，还为酒店业提供改进的方向和策略。研究的结论不仅对酒店行业具有深远的影响，还为其他旅游相关领域提供了启示。例如，景区、航空公司甚至旅游咨询公司都可以借鉴这些方法，从游客的在线评论中提取有价值的信息，以优化自身的产品和服务。

10.2　主要贡献

10.2.1　理论贡献

本书突破传统的单一模型分析方法，开创性地融合多种理论模型的优势，提出一种全新的基于大数据挖掘的高维旅游服务优化模型，为理解和改善旅游服务提供了前所未有的深度和广度。本书的理论贡献体现在以下几方面。

1. 经典理论和传统模型的梳理

本书以深邃的洞察力和广阔的视野，对旅游服务属性与顾客满意度研究领域的主流理论模型进行系统地梳理和深入地解读。本书详细探讨 IPA 法和 Kano 模型这两种被广泛应用的理论工具，这两者在学术界和业界都有广泛的应用，但对于其优势和局限性的理解却并不完全统一。IPA 法作为一种经典的二维矩阵分析方法，强调服务属性的重要性与表现性的双重考量，为识别关键服务属性，优化服务组合提供了有力的工具。然而，它在处理服务属性的非对称性方面存在一定的局限性，即并未充分反映一些服务属性即使表现不佳也可能导致顾客高度满意的现象。这一不足可能会影响对某些服务改进策略的判断，相比之下，Kano 模型则以其独特的分类方式和对顾客期望的重视提供另一种观察服务属性与满意度关系的视角。它将服务属性分为基本型、期望型和兴奋型三类，揭示了顾客满意度的多层次结构。然而，Kano 模型在实际应用中的分类标准的主观性较强，可能导致不同的分析者对同一服务属性的归类产生分歧，从而影响结论的稳定性和一致性。

本书通过对这两个模型的深入解读和比较，不仅揭示了两者的优缺点，还为我们理解顾客满意度的复杂性提供了新的视角。这既是对既有理论的深化，又是对未来研究的一种引导。研究者可以根据自身的研究目标和数据特征，选择最适宜的分析工具，从而提高研究的针对性和实效性。这种对既有知识体系的梳理和整合无疑是对学术研究的重要贡献之一，它拓宽了我们的思考边界，丰富了我们对旅游服务与顾客满意度关系的认知。

此外，本书对这些理论模型的实际应用进行详尽的讨论，通过对真实的旅游服务案例进行深入分析，展示这些理论工具在实际问题解决中的应用过程和效果。这使得理论与实践紧密结合，使读者不仅能理解理论的内在逻辑，还能看到它们在现实生活中的生动体现。通过系统梳理和深入解读主流理论模型，不仅深化了我们对旅游服务属性与顾客满意度关系的认识，还为研究者提供了选择和运用理论工具的实用指南，对学术研究和实践工作都有着重要的推动作用。

2. 基于大数据挖掘的高维分析模型

本书对现有的旅游服务属性与顾客满意度研究模型进行了深刻的审视与拓展，发现虽然 IPA 法和 Kano 模型在服务属性的评估和顾客满意度预测方面各有独特之处，但都存在着一定的局限性：IPA 法过于注重性能与满意度的线性关系，未能充分捕捉服务属性的非对称性；而 Kano 模型虽强调了非对称性，但在处理重要性和表现性的平衡上有所欠缺。因此，本书通过对 IPA 法和 Kano 模型的系统梳理和深入解析，提炼出它们的核心理念，并在此基础上构建了一个全新的高维旅游服务优化模型。它打破了单一模型的束缚，跨越了 IPA 法和 Kano 模型的界限，形成一个包容性和综合性的分析框架，真正实现了服务属性与顾客满意度的多维度考察。这样的设计使得该模型能够更准确地刻画服务属性与顾客满意度之间复杂的相互作用，避免了传统模型中可能存在的偏颇或遗漏。更重要的是，该模型不仅是一个理论工具，更是具有实践指导价值的操作平台。它可以帮助酒店管理者和旅游从业者依据模型的输出制定出更有针对性、更有效的服务优化策略。例如，他们可以清晰地看到哪些服务属性是关键的，哪些服务属性的提升能带来最大的满意度提升效果，从而进行资源配置的合理规划。

本书提出的高维旅游服务优化模型，是对现有理论模型的创新性扩展，它超越了单一模型的局限，为理解和优化旅游服务提供了更为全面和深入的视角，系统地回答了服务属性优化的三个问题，即哪些（维度一）、是否（维度二）、如何（维度三）。服务属性的重要性聚焦于服务属性在顾客心目中所占的相对地位，即服务属性影响顾客的决策过程和总体满意度的权重，回答哪些服务属性是影响顾客满意度的关键因素。服务属性的表现性是对顾客对具体服务特征执行程度的衡量，即服务是否在实际操作层面满足顾客需要（或满足了多少），回答服务属性是否需要优化的问题。服务属性表现性影响顾客体验的非对称性，即服务属性的表现性是如何影响顾客满意度的（线性或非线性），回答服务属性如何优化问题。这一模型的提出，极大地丰富了服务属性与顾客满意度关系的理论框架，为未来的研究者提供了更为科学、灵活的研究工具，也为企业实践提供了更具前瞻性的战略指引。

长期以来，传统的研究手段往往依赖于问卷调查，这种方式虽然严谨可靠，但却难以大规模、快速地获取信息，而且受到问卷设计的限制，无法深入挖掘顾客的内心感受。更重要的是，调查对象的响应率往往是决定研究质量的关键因素，而低响应率往往会削弱研究结果的可信度。然而，本书巧妙地避开了这些问题，它借助互联网的便利性，挖掘了海量的在线评论，这些评论直接反映了顾客的真实体验，其真实性不容置疑，且收集成本低廉，大大提高了研究效率。

本书的另外一个创新之处在于引入"基于 UGC 的 PRCA"方法。这种基于大数据的方法并非仅仅停留在情绪的表面感知，而是深入探究服务属性对顾客满意度的具体影响。它能够区分并量化服务属性对顾客满意度的正向或负向影响，甚至能揭示那些看似微小，实则重大的影响因子。这样精细化的分析使得我们能够从更深层次理解顾客的需求和期待，从而有针对性地改进服务，提升顾客满意度。

"基于 UGC 的 PRCA"不仅显著提升了在线评论情感分析的精度，还为旅游服务属性的分类和优化提供了精准的指导。它帮助我们明确哪些服务属性是顾客最为看重的，哪些服务属性需要着重改善，这对于企业来说，无疑是一份宝贵的决策依据。同时，它推动了基于情感分析的旅游服务研究方法的发展和完善，使之更加科学、有效。

3. 资源优化配置的新思路

提供细化的改进建议，量化用户的真实反馈，使得资源配置更加精准。本书为服务改进和资源配置的现有文献做出了贡献。传统的服务改进和资源配置策略，如 IPA 和 AIPA 等方法，虽然在一定程度上为组织提供了方向，但因其方法论的局限性，往往只能提供较为粗糙的建议，缺乏针对具体情境的细致考量。

IPA 法尝试通过四个象限的划分，即"低优先级"、"可能过度投入"、"保持良好工作"和"集中于此"，指导服务改进和资源配置，但这些建议往往过于笼统，难以应对复杂多变的市场环境。而本书首创的 AISPA 模型细化了服务属性的分类，将其划分为 12 类，并给出每种属性详尽的解释和分析。

本书的创新之处在于，首次将在线酒店评论的情感分析应用到服务改进和资源配置的研究中，为这一领域带来了全新的洞察信息。通过情感分析技术，本书不仅能精准地识别出顾客对不同服务属性的主观感受，还能量化这些感受，进而针对服务改进和资源配置给出更为精确的建议。例如，对于那些被标记为"稍弱"的服务属性（C5），会建议组织适度地减少资源投入，因为这些属性对顾客满意度的直接影响较小。相反，对于那些被认为是"核心优势"的服务属性，则会强烈推荐加大资源投入，以确保维持其优势地位。这种方法的优势在于，它能根据实时的、真实的顾客反馈调整服务策略，使资源配置更加精准、高效。

此外，本书拓宽了我们对服务改进和资源配置的理解，不再只是关注静态的属性分类，而是更多地考虑到了顾客情绪的变化，以及这些变化如何影响服务效果。总之，本书通过引入在线评论情感分析，打破了传统服务改进和资源配置策略的固有框架，为业界提供了更加细致入微、适应性强的策略建议，从而更好地满足不断变化的市场需求，提升服务质量和顾客满意度。这种创新性研究方法的运用不仅丰富了服务管理的理论体系，还为实际操作提供了切实可行的指南，对整个服务业的发展产生了深远的影响。

10.2.2 实践贡献

本书的结论在旅游研究与实践中起到了实质性的推进作用，为旅游研究者、旅游企业等主体提供了极具价值的参考和指导。

1. 为旅游科研人员提供新的研究思路

本书提供了一套完整的游客在线评论分析方法，这套完整的方法论涵盖了数据收集、观点挖掘，以及服务属性的识别和分类，为研究者和企业打开了一扇全新的窗口，让他们能够从游客的亲身经历和感受中洞悉旅游服务的本质，从而更好地理解游客的需求，制定有效的改进策略。

　　数据收集是整个过程的基础，本书强调的是利用现代科技手段，广泛收集各类在线平台上的游客评论，包括社交媒体、旅游论坛、酒店预订网站等。这些评论包含了丰富的信息，是了解游客真实感受的第一手资料。通过大规模的数据抓取，研究者和企业可以获取海量的原始数据，为后续的分析工作提供充足的素材。观点挖掘则是对数据进行深度处理的关键步骤。本书提倡使用先进的自然语言处理技术和文本挖掘算法，从大量无结构的文本数据中提取出有用的信息，如游客对服务质量的评价、对价格合理性的看法、对景点特色的感知等。这些观点的提取，如同抽丝剥茧，逐步揭示出隐藏在繁杂文字背后的游客态度和期待。服务属性的识别和分类是评论分析的核心环节。本书倡导根据游客的评论内容，将服务属性划分为多个维度，如服务质量、价格合理性、景点特色、餐饮水平、设施完备性等。每种属性都有其特定的评价标准和重要性权重，通过系统地分类和量化，可以让复杂多样的旅游服务变得有条不紊，便于研究者和企业进行深入的比较和分析。

　　这种方法的应用使得旅游服务的微观问题不再抽象模糊，而是以直观的形式呈现在眼前。研究者可以通过分析洞察游客的真实体验，理解他们对每个服务细节的敏感度，这对于揭示旅游服务的短板和优势具有决定性意义。同时，这也为改进措施提供了精准的定位，让企业在面对众多可能的优化选项时能够有的放矢，直击要害。

　　本书提供的评论分析方法是一种创新且高效的工具，它将游客的声音转化为可操作的数据，为旅游研究者和企业提供了前所未有的视角和洞察信息。这不仅是对传统旅游研究方法的一种革新，还是对旅游服务业发展的一次有力推动。它使得我们能够站在游客的角度审视服务，真正实现了以游客为中心的管理理念，为提升旅游服务质量和游客满意度奠定了坚实的基础。

　　本书引入情感分析技术，赋予了研究者和企业一种前所未有的力量，即利用大数据来量化游客对服务属性的情感反应。这项技术的引入，不仅显著提升了研究的精度和可靠性，还为旅游业的实践操作提供了新的视角和手段。

　　以往的研究往往依赖于问卷调查或访谈等传统的数据收集方式，虽然能获取一定的主观评价，但难以捕捉到游客情绪的微妙变化，也无法全面反映服务属性的全貌。然而，本书引入的情感分析技术却弥补了这一空白。它通过深度学习和自然语言处理技术能够从海量的游客在线评论中识别出各种情感词汇，从而量化游客对各项服务属性的情感强度，如喜悦、满意、失望、愤怒等。这一创新方法的运用，使得服务属性的重要性、表现性以及对满意度的非对称影响得以可视化。研究人员可以根据情感分析的结果直观地看出哪些服务属性获得了高度赞誉，哪些服务属性引发了负面情绪，从而为后续的研究提供明确的方向。企业也能借此洞见游客的真实感受，了解哪些服务属性需要加强，哪些服务属性可能造成游客不满，进而进行有针对性的改进。

更重要的是，情感分析技术的引入极大地提高了研究的客观性和科学性。过去，人们对服务质量和游客满意度的评估往往带有主观色彩，容易受到个人经验和偏好的影响。而现在，通过情感分析，人们可以从大量的数据中提取出普遍规律，减少个体差异带来的干扰，从而得出更为准确、公正的结论。对于企业而言，这意味着他们可以用数据说话，而非仅凭感觉行事，这对于提升服务质量，优化经营策略具有重大意义。

此外，情感分析技术为企业提供了一种衡量服务质量和游客满意度的新工具。以往，评价服务质量和游客满意度往往依赖于定性描述或者简单的满意度评分，这些方法无法揭示深层次的客户需求和情感状态。如今，情感分析技术使企业能够量化这些看似无形的因素，形成更全面、更深入的评价体系。企业可根据情感分析结果，确定哪些服务属性对游客满意度的提升最为关键，哪些服务属性可能导致游客满意度下降，从而进行更有针对性的改进，提升整体服务水平。

情感分析技术不仅增强了旅游研究的科学性和客观性，还为旅游企业提供了新的决策依据，帮助他们更精准地识别问题，更高效地优化服务，从而提升顾客满意度，赢得市场竞争的优势。这项技术的广泛应用，无疑预示着旅游研究与实践进入了一个崭新的时代。

2. 为旅游从业者优化资源配置提供参考

本书构建了一个基于游客在线评论的高维旅游服务优化模型，为研究者和企业带来了全新的视角和强大的工具。这个模型的一大特点就是全面性，它综合考虑服务属性的重要性、表现性和非对称性3个维度。重要性是指服务属性对游客满意度的影响程度，表现性则反映服务的实际执行情况，而非对称性则关注某些服务属性对满意度的影响是否超越其本身的权重。这3个维度相互交织，共同决定服务的整体效果。通过模型的构建，研究者和企业能够从不同角度全面审视服务，找出其中的关键点，从而更有针对性地进行改进。

另外，高维旅游服务优化模型充分考虑了企业的现实条件，特别是资源限制。在现实中，任何企业都面临着资源的约束，不可能在所有服务属性上做到完美。因此，高维旅游服务优化模型将服务属性划分为 12 个类别，每一类代表一类服务特性，如餐饮、住宿、交通、导游服务等，这样可以帮助企业清晰地认识自己在各个方面的优势和劣势，从而做出合理的资源配置决策。高维旅游服务优化模型的每个类别下，还会提供具体的优化建议，这是高维旅游服务优化模型实用性的体现。它不仅仅是理论的探讨，更是实实在在的行动指南。企业可以根据这些建议，知道应该在哪些服务上投入更多的资源，哪些服务可以稍加放松，以达到最优的资源配置，提高服务效率。这种科学的方法，让企业在面临竞争压力时有了应对之道，能够在有限的资源内实现最大的服务价值。

为了确保高维旅游服务优化模型的可靠性和有效性，本书进行实证研究，通过具体的案例验证高维旅游服务优化模型的可行性。这一步骤至关重要，它将理论与实践紧密联系起来，使得高维旅游服务优化模型不再是空中楼阁，而是扎根于实地土壤，有着实实在在的实用价值。案例研究的成功，不仅证明了高维旅游服务优化模型的科学性，还展示了其在解决实际问题上的强大能力。

总的来说，本书构建的高维旅游服务优化模型是一个理论与实践相结合的典范。它不仅提供了一种科学的方法，帮助旅游企业识别服务属性的重点和平衡点，实现资源的有效配置，还具有极强的可操作性和实用性。这样的模型无疑为旅游服务的优化升级开辟了新的道路，对提升游客体验以及增强企业的竞争力具有深远的影响。

本书不仅阐述了一系列理论和方法，更进一步展示了它们如何在实际案例中得以应用。本书以中国酒店行业为研究对象，其覆盖全国 10 个最具人气的旅游城市，确保样本的广泛性和代表性。在收集了大量在线评论数据后，本书运用先进的数据挖掘技术，特别是基于游客在线评论的旅游服务属性提取方法提炼出服务属性的重要性和表现性。接着进一步深化了分析，提出服务属性的多维评价方法。通过模型的运行，得到一个详细的优化策略，明确哪些服务需要优先改进，哪些服务可以适度调整，这无疑给酒店管理者提供了宝贵的操作指南。

基于模型的输出，酒店管理者可以制定出定制化的服务优化策略，按照优先级进行排列，从而实现资源的有效分配，确保改善措施的精准实施。这意味着酒店不再盲目追求全面无缺，而是有目标、有计划地提升服务品质，满足顾客的多元化需求。在本书的实证部分，通过在中国酒店行业的实际案例中应用这些理论和方法，验证其在实际运营中的有效性。这不仅是对理论的有力佐证，还是对业界的一份珍贵启示，证明了从游客在线评论中挖掘服务属性、进行多维度评价以及运用高维旅游服务优化模型进行决策是一种切实可行的策略。

本书的贡献在于，它不仅提供理论框架，更提供实践路径，将抽象的概念转化为可操作的步骤，为酒店行业如何更好地理解顾客需求、优化服务提供了强有力的工具。这不仅可以提升酒店服务的质量，还可以提升顾客的满意度，对于整个旅游业的进步有着深远的影响。

参 考 文 献

冯道光. 2015. 攀岩运动研究. 体育文化导刊,（1）：51-54.

韩春鲜. 2015. 旅游感知价值和满意度与行为意向的关系. 人文地理, 30（3）：137-144, 150.

胡卉宇, 文吉, 林珊珊, 等. 2021. 未来时间洞察力与旅游意向的关系研究：以成功老龄化群体为例. 旅游学刊, 36（4）：31-45.

简兆权, 令狐克睿, 李雷. 2016. 价值共创研究的演进与展望：从"顾客体验"到"服务生态系统"视角. 外国经济与管理, 38（9）：3-20.

厉新建, 曾博伟, 张辉, 等. 2024. 新质生产力与旅游业高质量发展. 旅游学刊, 39（5）：15-29.

梁燕. 2007. 顾客满意研究述评. 北京工商大学学报（社会科学版）,（2）：75-80.

刘斌, 李洋, 陈浩. 2024. 老年人出游决策的情感类群研究：基于动机中愿望与顾虑的协调视角. 旅游科学, 38（2）：84-101.

刘佳, 宋秋月, 张广海. 2017. 基于扎根理论的民宿游客满意度研究：以青岛市为例. 山东工商学院学报, 31（6）：26-36.

刘逸, 保继刚, 朱毅玲. 2017. 基于大数据的旅游目的地情感评价方法探究. 地理研究, 36（6）：1091-1105.

吕兴洋, 宋慧林, 金媛媛. 2017. 信息过载情境下旅游者目的地选择决策研究：热门形象与长尾形象的差异化作用分析. 人文地理, 32（5）：154-160.

任明丽, 孙琦. 2023. 补充医疗保险会促进老年家庭旅游消费吗？——来自 CHARLS 数据的经验分析. 旅游学刊, 38（2）：30-46.

史达, 王乐乐, 衣博文. 2020. 在线评论有用性的深度数据挖掘：基于 TripAdvisor 的酒店评论数据. 南开管理评论, 23（5）：64-75.

宋瑞, 保继刚, 魏小安, 等. 2024. 旅游强国建设与旅游业高质量发展. 旅游学刊, 39（7）：16-27.

邢云菲, 曹高辉, 陶然. 2021. 网络用户在线评论的主题图谱构建及可视化研究：以酒店用户评论为例. 情报科学, 39（9）：101-109, 116.

徐君宜. 2023. 酒店在线评论对游客消费行为的影响：基于酒店类型与个性化服务的实证. 商

业经济研究，（15）：69-72.

杨一翁，孙国辉，陶晓波．2017．国家目的地形象和出境旅游意向．经济管理，39（4）：143-158.

中国互联网信息中心．2024．第53次《中国互联网络发展状况统计报告》发布．新闻论坛，38（2）：17.

曾佳．2015．浅析老年人出境旅游行为特征：以武汉市为例．现代经济信息，（6）：479.

湛研．2019．智慧旅游目的地的大数据运用：体验升级与服务升级．旅游学刊，34（8）：6-8.

赵春艳，陈美爱．2019．基于网络文本分析的游客满意度影响因素分析．统计与决策，35（13）：115-118.

赵磊．2022．数字经济赋能旅游业高质量发展的内涵与维度．旅游学刊，37（4）：5-6.

周学军，吕鸿江．2022．游客涉入情境下网红旅游目的地形象与游客忠诚的关系研究．干旱区资源与环境，36（1）：192-200.

Albayrak T, Caber M. 2015. Prioritisation of the hotel attributes according to their influence on satisfaction: a comparison of two techniques. Tourism Management, 46: 43-50.

Albayrak T, Caber M. 2016. Destination attribute effects on rock climbing tourist satisfaction: an asymmetric impact-performance analysis. Tourism Geographies, 18 (3): 280-296.

Albayrak T, Caber M, Bideci M. 2016. Identification of hotel attributes for senior tourists by using Vavra's importance grid. Journal of Hospitality and Tourism Management, 29: 17-23.

Alegre J, Garau J. 2011. The factor structure of tourist satisfaction at sun and sand destinations. Journal of Travel Research, 50 (1): 78-86.

Anderson S W, Baggett L S, Widener S K. 2009. The impact of service operations failures on customer satisfaction: evidence on how failures and their source affect what matters to customers. Manufacturing & Service Operations Management, 11 (1): 52-69.

Azzopardi E A, Ferguson E L, Thomas D W. 2013. The enhanced permeability retention effect: a new paradigm for drug targeting in infection. Journal of Antimicrobial Chemotherapy, 68 (2): 257-274.

Badu-Baiden F, Kim S, Xiao H, et al. 2022. Understanding tourists' memorable local food experiences and their consequences: the moderating role of food destination, neophobia and previous tasting experience. International Journal of Contemporary Hospitality Management, 34 (4): 1515-1542.

Baek J, Ok C. 2017. The power of design: how does design affect consumers' online hotel booking. International Journal of Hospitality Management, 65: 1-10.

Baum J A C, Mezias S J. 1992. Localized competition and organizational failure in the manhattan hotel industry, 1898—1990. Administrative Science Quarterly, 37 (4): 580-604.

Beerli A, Martín J D. 2004. Factors influencing destination image. Annals of Tourism Research, 31 (3): 657-681.

Bontis N, Booker L, Serenko A. 2007. The mediating effect of organizational reputation on customer loyalty and service recommendation in the banking industry. Management Decision, 45 (9): 1426-1445.

Brakus J J, Schmitt B H, Zarantonello L. 2009. Brand experience: what is It? how is it measured? does it affect loyalty?. Journal of Marketing, 73 (3): 52-68.

Brandt R D. 1987. A procedure for identifying value−enhancing service components using customer satisfaction Survey Data// Surprenant C F. Add Value to Your Service: the Key to Success. Chicago: American Marketing Association: 61-65.

Caber M, Albayrak T, Loiacono E T. 2013. The classification of extranet attributes in terms of their asymmetric influences on overall user satisfaction: an introduction to asymmetric impact-performance analysis. Journal of Travel Research, 52 (1): 106-116.

Cai L A. 2004. State-owned economy and budget hotels in China-from commodity to brand. Asia Pacific Journal of Tourism Research, 9 (1): 29-42.

Calheiros A C, Moro S, Rita P. 2017. Sentiment classification of consumer-generated online reviews using topic modeling. Journal of Hospitality Marketing & Management, 26 (7): 675-693.

Cantallops A S, Salvi F. 2014. New consumer behavior: a review of research on eWOM and hotels. International Journal of Hospitality Management, 36: 41-51.

Chan S H, Pilkington P, Wan Y K P. 2012. Policies on smoking in the casino workplace and their impact on smoking behavior among employees: case study of casino workers in Macao. International Journal of Hospitality Management, 31 (3): 728-734.

Chang S. 2021. Food tourism in Korea. Journal of Vacation Marketing, 27 (4): 420-436.

Chang W L. 2018. Mine is yours? Using sentiment analysis to explore the degree of risk in the sharing economy. Electronic Commerce Research and Applications, 28: 141-158.

Chen A, Peng N. 2014. Examining Chinese consumers' luxury hotel staying behavior. International Journal of Hospitality Management, 39: 53-56.

Choe J Y, Kim S. 2018. Effects of tourists' local food consumption value on attitude, food destination image, and behavioral intention. International Journal of Hospitality Management, 71: 1-10.

Chu R K S, Choi T. 2000. An importance-performance analysis of hotel selection factors in the Hong Kong hotel industry: a comparison of business and leisure travellers. Tourism Management, 21 (4): 363-377.

Chung W, Kalnins A. 2001. Agglomeration effects and performance: a test of the Texas lodging industry. Strategic Management Journal, 22 (10): 969-988.

Clemes M D, Gan C, Ren M. 2011. Synthesizing the effects of service quality, value, and customer satisfaction on behavioral intentions in the motel industry: an empirical analysis. Journal of Hospitality & Tourism Research, 35 (4): 530-568.

Crompton J L. 1979. An assessment of the image of mexico as a vacation destination and the influence of geographical location upon that image. Journal of Travel Research, 17 (4): 18-23.

Dean J, Ghemawat S. 2008. MapReduce: simplified data processing on large clusters. Communications of the ACM, 51 (1): 107-113.

Deerwester S, Dumais S, Landauer T, et al. 1990. Indexing by latent semantic analysis. Journal of the American Society for Information Science, 41: 391-407.

Deng W. 2007. Using a revised importance - performance analysis approach: the case of Taiwanese hot springs tourism. Tourism Management, 28 (5): 1274-1284.

Draper N, Jones G A, Fryer S, et al. 2010. Physiological and psychological responses to lead and top rope climbing for intermediate rock climbers. European Journal of Sport Science, 10 (1): 13-20.

Evangelopoulos N. 2011. Citing taylor: tracing taylorism's technical and sociotechnical duality through latent semantic analysis. Journal of Business and Management, 17: 57-74.

Fiorentino A. 1995. Budget hotels: not just minor hospitality products. Tourism Management, 16 (6): 455-462.

Florida R. 2003. The rise of the creative class: and how it's transforming work, leisure, community and everyday life. Canadian Public Policy/Analyse de Politiques, 29: 10. 2307/3552294.

Fong L, Lei S S I, Law R. 2016. Asymmetry of hotel ratings on Tripadvisor: evidence from single-versus dual-valence reviews. Journal of Hospitality Marketing & Management, 26 (1): 67-82.

Füller J, Matzler K. 2008. Customer delight and market segmentation: an application of the three-factor theory of customer satisfaction on life style groups. Tourism Management, 29 (1): 116-126.

Ghaderi Z, Saboori B, Khoshkam M. 2017. Does security matter in tourism demand? . Current Issues in Tourism, 20 (6): 552-565.

Gu H, Ryan C. 2008. Chinese clientele at Chinese hotels—Preferences and satisfaction. International Journal of Hospitality Management, 27 (3): 337-345.

Han T Y, Bi J W. 2024. Exploring the asymmetric relationships between satisfaction factors and overall employee satisfaction in the airline industry. Current Issues in Tourism, 27 (14): 2325-2344.

Heinonen K. 2011. Consumer activity in social media: managerial approaches to consumers' social media behavior. Journal of Consumer Behaviour, 10 (6): 356-364.

Heo C Y, Hyun S S. 2015. Do luxury room amenities affect guests' willingness to pay?. International Journal of Hospitality Management, 46: 161-168.

Hu F. 2020. What makes a hotel review helpful? An information requirement perspective. Journal of Hospitality Marketing & Management, 29 (5): 571-591.

Hu F, Jin Y, Niu Y, et al. 2024. Does the tourist appreciate your employees? prioritizing service employee improvements based on user-generated content mining. Sage Open, 14 (2): 21582440241254902.

Hu F, Li H, Liu Y, et al. 2020. Optimizing service offerings using asymmetric impact-sentiment-performance analysis. International Journal of Hospitality Management, 89: 102557.

Hu F, Liu Y, Li H, et al. 2019. Evolving customer expectations of hospitality services: differences in attribute effects on satisfaction and Re-Patronage. Tourism Management, 74: 345-357.

Hu F, Teichert T, Liu Y, et al. 2019. Evolving customer expectations of hospitality services: differences in attribute effects on satisfaction and Re-Patronage. Tourism Management, 74: 345-357.

Hu F, Trivedi R H. 2020. Mapping hotel brand positioning and competitive landscapes by text-mining user-generated content. International Journal of Hospitality Management, 84: 102317.

Hu F, Trivedi R, Teichert T. 2022. Using hotel reviews to assess hotel frontline employees' roles and performances. International Journal of Contemporary Hospitality Management, 34 (5): 1796-1822.

Hu M, Liu B. 2004. Mining and summarizing customer reviews. https://doi.org/10.1145/1014052.1014073 [2024-08-29].

Husbands P, Simon H, Ding C H Q. 2001. On the use of the singular value decomposition for text retrieval//Berry M W. Computational Information Retrieval. Philadelphia: Society for Industrial and Applied Mathematics: 145-156.

Jacoby J, Olson J C, Haddock R A. 1971. Price, brand name, and product composition characteristics as determinants of perceived quality. Journal of Applied Psychology, 55 (6): 570-579.

Ji X, Shao L, Du Y. 2020. Collaborating with local communities to identify improvement priorities for historic urban landscape based on residents' satisfaction: an application of asymmetric impact-performance analysis in Dandong, China. Sustainability, 12 (4): 1463.

Jiang Y, Wen J. 2020. Effects of COVID-19 on hotel marketing and management: a perspective article. International Journal of Contemporary Hospitality Management, 32 (8): 2563-2573.

Jin J, Liu Y, Ji P, et al. 2016. Understanding big consumer opinion data for market-driven product design. International Journal of Production Research, 54 (10): 3019-3041.

Jones D L, Day J, Quadri-Felitti D. 2013. Emerging definitions of boutique and lifestyle hotels: a delphi study. Journal of Travel & Tourism Marketing, 30 (7): 715-731.

Ju Y, Back K J, Choi Y, et al. 2019. Exploring Airbnb service quality attributes and their asymmetric effects on customer satisfaction. International Journal of Hospitality Management, 77: 342-352.

Jung H S, Yoon H H. 2013. Do employees' satisfied customers respond with an satisfactory relationship? The effects of employees' satisfaction on customers' satisfaction and loyalty in a family restaurant. International Journal of Hospitality Management, 34: 1-8.

Kangale A, Kumar S K, Naeem M A. 2016. Mining consumer reviews to generate ratings of different product attributes while producing feature-based review-summary. International Journal of Systems Science, 47 (13-16): 3272-3286.

Kannan K, Goyal M, Jacob G T. 2013. Modeling the impact of review dynamics on utility value of a product. Social Netowrk Analysis & Mining, 3 (3): 401-418.

Kano. 1984. Attractive quality and must-be quality. Journal of The Japanese Society for Quality Control, 14 (2): 147-156.

Kassinis G I, Soteriou A C. 2003. Greening the service profit chain: the impact of environmental management practices. Production and Operations Management, 12 (3): 386-403.

Khalilzadeh J, Tasci A D A. 2017. Large sample size, significance level, and the effect size: solutions to perils of using big data for academic research. Tourism Management, 62: 89-96.

Khan M J, Chelliah S, Ahmed S. 2017. Factors influencing destination image and visit intention among young women travellers: role of travel motivation, perceived risks, and travel constraints. Asia Pacific Journal of Tourism Research, 22 (11): 1139-1155.

Kim B, Kim S, Heo C Y. 2016. Analysis of satisfiers and dissatisfiers in online hotel reviews on social media. International Journal of Contemporary Hospitality Management, 28 (9): 1915-1936.

Kim H J, Park J, Kim M J, et al. 2013. Does perceived restaurant food healthiness matter? Its influence on value, satisfaction and revisit intentions in restaurant operations in South Korea. International Journal of Hospitality Management, 33: 397-405.

Kim J J, Han H. 2022. Saving the hotel industry: strategic response to the COVID-19 pandemic, hotel selection analysis, and customer retention. International Journal of Hospitality Management, 102: 103163.

Kim S, Badu-Baiden F, Oh M, et al. 2020. Effects of African local food consumption experiences on post-tasting behavior. International Journal of Contemporary Hospitality Management, 32 (2): 625-643.

Kirilenko A, Stepchenkova S, Kim H, et al. 2017. Automated sentiment analysis in tourism: comparison of approaches. Journal of Travel Research, 57 (8): 1012-1025.

Krippendorff K. 2019. Content analysis: an introduction to its methodology. https://methods.sagepub.com/book/content-analysis-4e [2024-08-30].

Lau K N, Lee K H, Ho Y. 2005. Text mining for the hotel industry. Cornell Hotel and Restaurant Administration Quarterly, 46 (3): 344-362.

Lee E, Chung N, Koo C. 2023. Exploring touristic experiences on destination image modification. Tourism Management Perspectives, 47: 101114.

Lee J S, Choi M. 2020. Examining the asymmetric effect of multi- shopping tourism attributes on overall shopping destination satisfaction. Journal of Travel Research, 59 (2): 295-314.

Lehdonvirta V. 2009. Virtual item sales as a revenue model: identifying attributes that drive purchase decisions. Electronic Commerce Research, 9 (1-2): 97-113.

Levy S, Duan W, Boo S. 2013. An analysis of one- star online reviews and responses in the washington, D. C., Lodging Market. Cornell Hospitality Quarterly, 54: 49-63.

Li H, Liu Y, Tan C W, et al. 2020. Comprehending customer satisfaction with hotels: data analysis of consumer- generated reviews. International Journal of Contemporary Hospitality Management, 32 (5): 1713-1735.

Li X, Cheng C K, Kim H, et al. 2008. A systematic comparison of first-time and repeat visitors via a two-phase online survey. Tourism Management, 29 (2): 278-293.

Li Y, Joshi K D. 2012. The state of social computing research: a literature review and synthesis using the latent semantic analysis approach. Seattle: 18th Americas Conference on Information Systems 2012.

Liew S L, Hussin S R, Abdullah N H. 2021. Attributes of senior- friendly tourism destinations for current and future senior tourists: an importance- performance analysis approach. SAGE Open, 11 (1): 215824402199865.

Litvin S W, Goldsmith R E, Pan B. 2008. Electronic word-of-mouth in hospitality and tourism management. Tourism Management, 29 (3): 458-468.

Liu M T, Liu Y, Mo Z, et al. 2020. Using text mining to track changes in travel destination image: the case of Macau. Asia Pacific Journal of Marketing and Logistics, 33 (2): 371-393.

Liu Y, Huang K, Bao J, et al. 2019. Listen to the voices from home: an analysis of Chinese tourists' sentiments regarding Australian destinations. Tourism Management, 71: 337-347.

Liu Y, Teichert T, Rossi M, et al. 2017. Big data for big insights: investigating language- specific drivers of hotel satisfaction with 412, 784 user- generated reviews. Tourism Management, 59: 554-563.

Lockyer T. 2005. Understanding the dynamics of the hotel accommodation purchase decision. International Journal of Contemporary Hospitality Management, 17 (6): 481-492.

Lu W, Stepchenkova S. 2015. User-generated content as a research mode in tourism and hospitality applications: topics, methods, and software. Journal of Hospitality Marketing & Management, 24 (2): 119-154.

Magnini V, Zehrer A. 2011. Understanding customer delight: an application of travel blog analysis. Journal of Travel Research, 50: 535-545.

Manning C, Surdeanu M, Bauer J, et al. 2014. The Stanford CoreNLP Natural Language Processing Toolkit. Baltimore: 52nd Annual Meeting of the Association for Computational Linguistics: System Demonstrations.

Martilla J A, James J C. 1977. Importance-performance analysis. Journal of Marketing, 41 (1): 77-79.

Matzler K, Renzl B. 2007. Assessing asymmetric effects in the formation of employee satisfaction. Tourism Management, 28 (4): 1093-1103.

Mikulić J, Prebežac D. 2008. Prioritizing improvement of service attributes using impact range-performance analysis and impact-asymmetry analysis. Managing Service Quality: An International Journal, 18 (6): 559-576.

Mikulić J, Prebežac D. 2012a. Accounting for dynamics in attribute-importance and for competitor performance to enhance reliability of BPNN-based importance-performance analysis. Expert Systems with Applications, 39 (5): 5144-5153.

Mikulić J, Prebežac D. 2012b. Using dummy regression to explore asymmetric effects in tourist satisfaction: a cautionary note. Tourism Management, 33 (3): 713-716.

Mittal V, Ross W T, Jr, Baldasare P M. 1998. The asymmetric impact of negative and positive attribute-level performance on overall satisfaction and repurchase intentions. Journal of Marketing, 62: 33.

Mohammed I, Guillet B D, Law R. 2014. Competitor set identification in the hotel industry: a case study of a full-service hotel in Hong Kong. International Journal of Hospitality Management, 39: 29-40.

Nakagawa S, Cuthill I C. 2007. Effect size, confidence interval and statistical significance: a practical guide for biologists. Biological Reviews of the Cambridge Philosophical Society, 82 (4): 591-605.

Nash R, Thyne M, Davies S. 2006. An investigation into customer satisfaction levels in the budget accommodation sector in Scotland: a case study of backpacker tourists and the Scottish Youth Hostels Association. Tourism Management, 27 (3): 525-532.

Oh M, Kim S, Choi Y, et al. 2019. Examination of benefits sought by hiking tourists: a comparison of impact-range performance analysis and impact asymmetry analysis. Asia Pacific Journal of Tourism

Research, 24 (8): 850-864.

Oliver R L. 2010. Satisfaction: a Behavioral Perspective on the Consumer. 2nd ed. New York: Routledge.

Padma P, Ahn J. 2020. Guest satisfaction & dissatisfaction in luxury hotels: an application of big data. International Journal of Hospitality Management, 84: 102318.

Pan M, Li N, Huang X. 2022. Asymmetrical impact of service attribute performance on consumer satisfaction: an asymmetric impact-attention-performance analysis. Information Technology & Tourism, 24 (2): 221-243.

Parasuraman A, Zeithaml V A, Berry L L. 1985. A conceptual model of service quality and its implications for future research. Journal of Marketing, 49 (4): 41-50.

Park S, Ok C, Chae B. 2016. Using twitter data for cruise tourism marketing and research. Journal of Travel & Tourism Marketing, 33 (6): 885-898.

Pekar V, Ou S. 2008. Discovery of subjective evaluations of product features in hotel reviews. Journal of Vacation Marketing, 14 (2): 145-155.

Peng J, Zhao X, Mattila A S. 2015. Improving service management in budget hotels. International Journal of Hospitality Management, 49: 139-148.

Powell P H, Watson D. 2006. Service unseen: the hotel room attendant at work. International Journal of Hospitality Management, 25 (2): 297-312.

Ramanathan U, Ramanathan R. 2011. Guests' perceptions on factors influencing customer loyalty: an analysis for UK hotels. International Journal of Contemporary Hospitality Management, 23 (1): 7-25.

Ren L, Qiu H, Wang P, et al. 2016. Exploring customer experience with budget hotels: dimensionality and satisfaction. International Journal of Hospitality Management, 52: 13-23.

Rhee H T, Yang S B. 2015. Does hotel attribute importance differ by hotel? Focusing on hotel star-classifications and customers' overall ratings. Computers in Human Behavior, 50: 576-587.

Russell D W. 2002. In search of underlying dimensions: the use (and abuse) of factor analysis in personality and social psychology bulletin. Personality and Social Psychology Bulletin, 28 (12): 1629-1646.

Ryan C, Huimin G. 2007. Perceptions of Chinese hotels. Cornell Hotel and Restaurant Administration Quarterly, 48 (4): 380-391.

Sainaghi R. 2011. RevPAR determinants of individual hotels: evidences from Milan. International Journal of Contemporary Hospitality Management, 23 (3): 297-311.

Slevitch L, Oh H. 2010. Asymmetric relationship between attribute performance and customer satisfaction: a new perspective. International Journal of Hospitality Management, 29: 559-569.

Sparks B A, Browning V. 2011. The impact of online reviews on hotel booking intentions and perception of trust. Tourism Management, 32 (6): 1310-1323.

Stringam B, Gerdes J. 2010. An analysis of word-of-mouse ratings and guest comments of online hotel distribution sites. Journal of Hospitality Marketing & Management, 19: 773-796.

Stylidis D. 2022. Exploring resident-tourist interaction and its impact on tourists' destination image. Journal of Travel Research, 61 (1): 186-201.

Stylidis D, Cherifi B. 2018. Characteristics of destination image: visitors and non-visitors' images of London. Tourism Review, 73 (1): 55-67.

Taplin R H. 2012. The value of self-stated attribute importance to overall satisfaction. Tourism Management, 33 (2): 295-304.

TsaiC T (Simon), Wang Y C. 2017. Experiential value in branding food tourism. Journal of Destination Marketing & Management, 6 (1): 56-65.

Vavra. 1997. Improving your measurement of customer satisfaction: a guide to creating, conducting, analyzing, and reporting customer satisfaction measurement programs. Choice Reviews Online, 35: 35-2217-35-2217.

Virkar A R, Mallya P D. 2018. A review of dimensions of tourism transport affecting tourist satisfaction. Indian Journal of Commerce & Management Studies, (1): 72.

Walker S G, Mattson S L, Sellers T P. 2020. Increasing accuracy of rock - climbing techniques in novice athletes using expert modeling and video feedback. Journal of Applied Behavior Analysis, 53 (4): 2260-2270.

Wang D, Chan H L R, Pan S. 2015. The impacts of mass media on organic destination image: a case study of Singapore. Asia Pacific Journal of Tourism Research, 20 (8): 860-874.

Wang Y, Lu X, Tan Y. 2018. Impact of product attributes on customer satisfaction: an analysis of online reviews for washing machines. Electronic Commerce Research and Applications, 29: 1-11.

Wickham H. 2009. ggplot2: Elegant Graphics for Data Analysis. New York: Springer.

Wong J W C, Lai I K W. 2018. Evaluating value co-creation activities in exhibitions: an impact-asymmetry analysis. International Journal of Hospitality Management, 72: 118-131.

Xiang Z, Schwartz Z, Gerdes J H, et al. 2015. What can big data and text analytics tell us about hotel guest experience and satisfaction? . International Journal of Hospitality Management, 44: 120-130.

Xu X. 2016. The antecedents of customer satisfaction and dissatisfaction toward various types of hotels: a text mining approach. International Journal of Hospitality Management, 55: 57-69.

Yadav M L, Roychoudhury B. 2019. Effect of trip mode on opinion about hotel aspects: a social media analysis approach. International Journal of Hospitality Management, 80: 155-165.

Yavas U, Babakus E. 2005. Dimensions of hotel choice criteria: congruence between business and leisure travelers. International Journal of Hospitality Management, 24 (3): 359-367.

Ye B H, Fu H, Law R. 2016. Use of impact-range performance and asymmetry analyses to improve OTA website quality. Journal of Hospitality and Tourism Management, 26: 9-17.

Zhou L, Ye S, Pearce P L, et al. 2014. Refreshing hotel satisfaction studies by reconfiguring customer review data. International Journal of Hospitality Management, 38: 1-10.